Augustin GAZIER

PROFESSEUR HONORAIRE À LA SORBONNE

HISTOIRE GÉNÉRALE

DU

MOUVEMENT JANSÉNISTE

DEPUIS SES ORIGINES JUSQU'À NOS JOURS

(Sixième Édition)

TOME SECOND

PARIS

LIBRAIRIE ANCIENNE HONORÉ CHAMPION

ÉDOUARD CHAMPION

Libraire de la Société de l'Histoire de France et de la Société des Anciens Textes Français

5, QUAI MALAQUAIS (VIᵉ)

1924

HISTOIRE GÉNÉRALE

DU MOUVEMENT JANSÉNISTE

DEPUIS SES ORIGINES JUSQU'A NOS JOURS

Augustin GAZIER

PROFESSEUR HONORAIRE A LA SORBONNE

HISTOIRE GÉNÉRALE

DU

MOUVEMENT JANSÉNISTE

DEPUIS SES ORIGINES JUSQU'A NOS JOURS

TOME SECOND

PARIS

LIBRAIRIE ANCIENNE HONORÉ CHAMPION

ÉDOUARD CHAMPION

Libraire de la Société de l'Histoire de France et de la Société des Anciens Textes Français

5, QUAI MALAQUAIS (VIᵉ)

1924

NOTE DE L'ÉDITEUR

M. Augustin GAZIER est mort à Paris, le 20 mars 1922, avant d'avoir vu la publication complète de cet ouvrage, qu'il considérait comme la synthèse des études d'histoire religieuse auxquelles il avait consacré une grande partie de sa vie.

Mais il avait entièrement terminé son manuscrit, remis à l'impression, écrit de sa main de la première à la dernière page, en octobre 1921. Il avait même eu la satisfaction de donner le bon à tirer de la dernière feuille du tome Ier, et, la veille même de sa mort, il corrigeait et complétait l'avant-propos. Comme il l'écrivait à un ami peu de temps auparavant, son œuvre était vraiment terminée.

Il n'a donc manqué à ce tome II que les corrections de détail qu'il aurait pu faire à la lecture des épreuves d'imprimerie.

HISTOIRE GÉNÉRALE
DU MOUVEMENT JANSÉNISTE
DEPUIS SES ORIGINES JUSQU'A NOS JOURS

CHAPITRE XVIII

Les évêques de France et la Bulle. — Le cardinal Fleury; le théatin
Boyer. — Vintimille archevêque de Paris. — Languet de Gergy. —
Mort de Colbert et de Soanen. — Bossuet évêque de Troyes. — Caylus
évêque d'Auxerre. — Ségur, Rastignac et Souillac. — Condamnation
du Père Pichon par quarante évêques.

Au temps de Port-Royal, les évêques de France
avaient été constamment mêlés aux querelles religieuses, et c'est l'intervention d'un grand nombre d'entre
eux qui a rendu possible en 1668 la Paix de Clément
IX. Au temps de la Bulle *Unigenitus*, c'est la mésin-
telligence des prélats français qui a éternisé la lutte et
rendu les accommodements impossibles. Louis XIV
avait dû soumettre aux évêques du royaume la constitution qu'il avait demandée au pape; il avait escompté
une adhésion presque unanime, et il vit avant de
mourir qu'il s'était trompé lourdement. Après lui, le
Régent eut encore recours aux évêques pour tâcher

d'arriver à des compromis ; mais le fameux corps de doctrine élaboré en 1720 par une centaine de prélats des deux partis ne pacifia pas l'Église de France. Après comme avant la Déclaration qui était l'œuvre de Dubois, il y eut parmi eux des acceptants fougueux et intolérants ; d'autres n'acceptèrent que conditionnellement, d'autres enfin refusèrent de la manière la plus absolue. On a vu dans les chapitres précédents le rôle des uns et des autres ; Bissy évêque de Meaux et successeur immédiat de Bossuet, le cardinal de Rohan, évêque de Strasbourg, le cardinal de Mailly, archevêque de Reims, l'ancien jésuite Belsunce, évêque de Marseille et l'invraisemblable Languet de Gergy, évêque de Soissons et ensuite archevêque de Sens, furent à la tête de ceux qui voulaient assurer à tout prix le triomphe de la Bulle. Les appelants reconnaissaient pour chefs les quatre premiers d'entre eux : Colbert, La Broue, de Langle et Soanen, et à la tête du tiers parti se trouva longtemps le cardinal de Noailles, archevêque de Paris.

A dater de 1726, et durant les dix-sept années qui suivirent, la France fut gouvernée par un évêque, le cardinal Fleury, (1653-1743), qui exerça sans en avoir le titre les fonctions de premier ministre, et qui sous une apparence débonnaire fut un despote. Quarante mille lettres de cachet expédiées sous son ministère montrent le cas qu'il faisait de la liberté individuelle. Ancien évêque de Fréjus et nommé par Louis XIV précepteur de Louis XV, Fleury avait soixante-treize ans quand il remplaça en 1726 le duc de Bourbon disgracié. Il adopta la politique religieuse du Régent, et fit de l'acceptation de la Bulle *Unigenitus* une question de principe et une affaire d'État. Ce n'était pas le fanatisme qui le faisait agir, car il avait dans sa jeunesse contresigné la Déclaration de 1682, et, comme évêque de Fréjus, il avait dans ses instructions pastorales établi formellement les dogmes augustiniens de la Grâce efficace par elle-même et de la Prédestination gratuite. Il jugeait très sévèrement la Bulle de Clément XI, et néanmoins il s'employa dix-sept années durant à la faire reconnaître comme loi de l'Église et comme loi de l'État. Tous les actes de rigueur contre les Parlements, contre les évêques appelants et contre les ordres religieux ont été inspirés par lui ; il a persécuté Soanen, Colbert, Caylus, Noailles même, et une infinité d'autres ; il a avili la Sorbonne et désorganisé l'Université ; enfin il a nommé un certain nombre d'évêques fanatiques et intolérants, tels que Charancy, Condorcet, Poncet de la Rivière, Hérelle de Montmorin, qui ont inauguré peu de temps après sa mort le régime odieux des billets de confession et des refus de sacrements. Il a beaucoup contribué à la capitulation finale du chancelier Daguesseau, et néanmoins il a été jugé très sévèrement par l'avocat général Daguesseau de Plimont, un des fils du chancelier, dans ses Mémoires inédits. L'auteur de ces Mémoires parle des injustices et des violences de Fleury, de ses sentiments de jalousie, de haine, de vengeance ; il l'accuse d'avoir donné à la France victorieuse en 1738 « une paix honteuse et misérable ». Il dit enfin que l'on amusait la vieillesse du cardinal du récit des persécutions faites aux jansénistes, et que ses flatteurs lui décernaient les titres de pacificateur de l'univers et de prochain pacificateur de la religion. « Que doit-on attendre, ajoute-t-il, d'un vieillard soupçonneux, violent par faiblesse, et qui suit les passions d'une armée de prestolets furieux ? » La conclusion de Daguesseau de Plimont était que la guerre religieuse entreprise par

Fleury serait « le déshonneur du règne de Louis XV ».
L'histoire ne va pas aussi loin ; elle sait gré au cardinal
Fleury du bien qu'il a fait en remettant un peu d'ordre
dans nos finances, mais elle reconnaît que sa politique
religieuse, tracassière et violente, a eu des résultats
désastreux.

Cette politique fut continuée par l'ancien évêque de
Mirepoix, par le théatin Boyer, créature de Fleury,
qui eut après lui ce qu'on appelait la feuille des bénéfices, c'est-à-dire le ministère des cultes. Boyer
(1675-1755) était prédestiné au rôle qu'il a joué dans
l'histoire religieuse de la France ; il avait quatre
frères moines et quatre sœurs religieuses, et ses pané-
gyristes l'ont représenté comme ayant surtout les vertus monacales. Grand ami des Jésuites, c'était un
constitutionnaire militant, et son zèle intolérant s'est
manifesté partout, même à l'Académie française, car
c'est à cause de lui surtout que Piron ne fut pas même
académicien. Évêque de Mirepoix en 1730, il fut en
1736 préféré à Massillon pour le poste de précepteur
du dauphin, père de Louis XVI, et il fit de ce prince
un dévot et presque un bigot. Chargé des affaires
ecclésiastiques après la mort de Fleury, il le fit regretter,
car il n'avait pas ses manières engageantes et son
urbanité. Il fonça sur les adversaires de la Bulle, et il
fit pleuvoir les lettres de cachet ; il s'attaqua simulta-
nément aux Doctrinaires, aux Oratoriens, aux Génovéfains, et il ne craignit pas de se commettre avec le
duc d'Orléans, fils du Régent qui protégeait ces derniers, et qui, après avoir vécu comme un saint, mourut
privé de sacrements en 1752, parce qu'il n'acceptait pas
la Bulle. Quand Boyer mourut octogénaire en 1755,
l'Église de France était en feu à cause des billets de
confession et des refus de sacrements.

Fleury et Boyer pesaient de tout leur poids sur le successeur de Noailles, sur l'archevêque de Vintimille, qui aurait été volontiers modéré, mais qui souhaitait ardemment de mourir cardinal, et qui devenait violent quand ses maîtres faisaient, suivant son expression, « sonner la grosse cloche », quand ils parlaient au nom du roi. C'est un personnage étrange que ce prélat qui occupa le siège de Paris de 1729 à 1746, et l'histoire de ses contradictions et de ses inconséquences montre bien dans quel chaos l'affaire de la Bulle avait plongé l'Église de France. Charles-Gaspard de Vintimille du Luc, né en 1655, avait été évêque de Marseille et archevêque d'Aix avant d'être appelé par le roi, c'est-à-dire par Fleury, à recueillir la lourde succession du cardinal de Noailles en 1729. Sans être un fanatique comme Languet de Gergy, Belsunce ou Bissy, il avait fait preuve de zèle en approuvant Tencin et le concile d'Embrun, et Fleury comptait sur lui pour amener à composition le clergé de Paris, dont les douze ou quinze cents prêtres avaient pour la Bulle une aversion profonde. Vintimille débuta par un succès, car il obligea le chapitre de Notre-Dame à révoquer son appel, et il osa se vanter que dans quatre mois il n'y aurait plus à Paris un seul appelant. Or il trouva en face de lui un grand nombre de curés inamovibles qui s'étaient syndiqués et qu'il ne put jamais réduire. Ceux qui appartenaient à des ordres religieux, comme les Génovéfains Blondel et Pomard, curés de Saint-Étienne-du-Mont et de Saint-Médard, furent déplacés d'accord avec leurs supérieurs ; mais il en restait beaucoup d'autres contre lesquels on ne pouvait rien ; on se contenta de les annihiler en les entourant de vicaires et de prêtres dont on était sûr. Mais quelle étrange situation ! La première instruction pastorale du nouvel archevêque pour l'acceptation de la Bulle était adressée non pas au clergé, mais aux fidèles, et les curés, au nombre de vingt-huit, se dressèrent devant l'archevêque pour lui demander de ne pas désorganiser leurs paroisses. Une autre fois, ils l'invitèrent à continuer les informations commencées par son prédécesseur au sujet de quelques miracles du diacre Paris ; partout enfin il les trouvait sur son chemin pour contrecarrer ses projets en faveur de la Bulle. Il se plaignait officiellement au roi, en disant qu'il était honni et méprisé dans son diocèse. « J'en crèverai », disait-il, car ce prélat bon vivant avait une grande verdeur de langage et beaucoup d'esprit. Découragé, il écrivit un jour que les évêques n'avaient plus qu'à brûler leurs mitres et à les remplacer par des bonnets de nuit. Pour obéir à Fleury qui le harcelait, il demandait la fermeture du cimetière de Saint-Médard ; il publiait les malencontreux mandements dont il a été parlé ci-dessus, notamment celui qui condamnait les *Nouvelles ecclésiastiques*, et il voyait les curés refuser absolument d'en donner lecture, ou les fidèles sortir en foule pendant qu'on le lisait.

Dix ans après son arrivée, il y avait encore à Paris vingt curés qui lui résistaient en face, et quelques-uns d'entre eux, comme Rochebouet, curé de Saint-Germain-le-Vieux dans la Cité, étaient des convulsionnistes avérés [1]. Un libelliste put même dire à Vintimille que sa conduite envers ses curés rebelles était inexplicable et scandaleuse, car s'il croyait sincèrement que la Bulle *Unigenitus* fût une loi de l'Église, il avait le devoir d'interdire et d'excom-

____

(1) Rochebouet n'était pas appelant, il appela de la Bulle sur son lit de mort, et n'en fut pas moins enterré solennellement dans sa paroisse en 1743.

munier les curés qui la rejetaient, parce que c'étaient des corrupteurs et des êtres malfaisants. Or il était en relations constantes avec eux, et il les accueillait avec bonté quand les affaires de leurs paroisses les amenaient à l'archevêché. Au dire d'un historien du temps [1], Vintimille « n'a pas entièrement exécuté le dessein d'interdire tous les opposants ; il a prolongé peu à peu, pendant longtemps les pouvoirs de plusieurs d'entre eux ; il les a même rendus à quelques-uns, tantôt par égard pour les besoins et les désirs des paroisses, tantôt par complaisance pour des personnes d'un rang distingué [2], de sorte qu'à sa mort il y avait encore des appelants approuvés ».

Il y a plus : Vintimille avait à cœur de doter l'Église de Paris d'un Bréviaire et d'un Missel qui pussent donner pleine satisfaction à ses diocésains. Il y travailla lui-même avec ardeur, et il y fit travailler les personnes les plus capables de mener à bien une pareille entreprise. Or il ne les rencontra pas parmi ceux qui acceptaient la Bulle *Unigenitus*, et il se vit contraint de recourir à des appelants et à des jansénistes. L'auteur du Bréviaire est l'oratorien Vigier, et c'est l'ancien recteur Charles Coffin (1676-1749) qui a versifié les belles hymnes qui ont été chantées jusqu'en 1872. Le Missel est l'œuvre du célèbre Mésenguy (1677-1763). Il est arrivé ainsi que Vintimille s'est contredit lui-même de la façon la plus extraordinaire. Il employait toute son autorité pour faire triompher la

(1) FOURQUEVAUX, *Catéchisme historique et dogmatique*, III, 27.
(2) J'ai sous les yeux une lettre autographe de Vintimille écrite le 11 octobre 1732, à Mme de la Bédoyère, qui lui demandait pour son fils, convulsionnaire émérite, gravement malade, un confesseur interdit, l'abbé Coudrette ; l'archevêque lève l'interdit pour huit jours. Dans une autre lettre également autographe, il se dit « très opposé aux doctrines ultramontaines ».

Bulle, et c'était par son autorité que les vérités condamnées par la Bulle éclataient de tous côtés dans les chants et dans les prières de l'Église. Le Bréviaire de 1736 et le Missel de 1738 sont la réfutation perpétuelle des erreurs du molinisme et la glorification de l'augustinisme et du thomisme. On comprend que la rage des Jésuites se soit attaquée à ce Bréviaire, non pas à cause des scandaleuses illustrations de Boucher qu'il fallut supprimer dès la première édition[1], mais à cause du texte même, qui leur faisait juger monstrueux un pareil ouvrage « masse d'un levain empesté et corrompu, capable d'empoisonner tout ce qu'elle touche ». Vintimille ne s'émut pas, et pour rendre la contradiction encore plus complète, il fit traduire en français le Bréviaire et le Missel, et ses traductions, répandues à des millions d'exemplaires à Paris et dans la France entière, remplacèrent avantageusement les *Réflexions morales* de Quesnel. Elles mirent l'Écriture sainte à la portée de tout le monde, comme le voulaient les 79e et 80e des propositions condamnées par la Bulle. Rien n'a plus contribué à discréditer cette Bulle tant prônée par Vintimille que la lecture et la méditation du Bréviaire et du Missel publiés par ses ordres. Voici enfin, pour permettre au lecteur de juger Vintimille en connaissance de cause, deux lettres de cet archevêque. La première, écrite en 1739, était adressée à Massillon : « Il y a environ dix ans, mon cher seigneur, que je suis archevêque de Paris. On m'a fait faire bien du mal à ces pauvres Jansénistes. Cependant je n'ai jamais trouvé que d'honnêtes gens parmi eux. Ce sont ces malheureux Jésuites qui sont la

---

(1) V. A. GAZIER. *Revue de l'art chrétien* de 1911 : François Boucher et le Bréviaire de 1736.

cause de tous nos maux. Tant que ces boutefeux subsisteront, il n'y aura de paix ni dans l'Église ni dans l'État [1]. »

L'autre lettre, encore plus ancienne, fut écrite en 1732 au cardinal Fleury. « Ma foi, Monseigneur, disait Vintimille, je perds tête dans toutes ces malheureuses affaires qui affligent l'Église. J'en ai le cœur flétri, et je ne vois nul jour de soutenir cette Église de France que par un moyen que V. E. ne goûte point, qui est d'assembler un concile national, et de nous dire à la franquette les uns et les autres ce que nous entendons par chacune des propositions [de la Bulle], le bien que nous approuvons, le mal que nous rejetons; et après frapper brutalement sur les uns et sur les autres qui ne voudront point nous suivre; et si Rome ne veut point se rendre facile à ce que nous aurons fait, lui renvoyer sa Constitution. Ce projet, je l'avoue, que j'ai fait plus d'une fois et que mon chagrin me fait faire, mérite quelque attention; mais en vérité on se lasse de battre l'air et l'eau inutilement [2]. »

Vintimille survécut trois ans au cardinal Fleury, et il ne témoigna pas à l'évêque de Mirepoix, son successeur, toute la docilité désirable. Après la publication du Bréviaire, il ne pouvait plus espérer la pourpre cardinalice, car les Jésuites s'y opposaient absolument. Il mourut en 1746, et on le remplaça par un fanatique, Gigault de Bellefont, archevêque d'Arles. Ce dernier se proposait d'exterminer tous les appelants, mais quarante jours après son installation, en

____

(1) Copie ms. du temps. Cette lettre a été imprimée en 1776 par le neveu de Massillon qui avait tenu l'autographe entre ses mains.

(2) Lettre du 22 mai 1732, copie du temps.

chantant à Notre-Dame un *Te Deum*, il fut atteint de la petite vérole pourprée. Tous ceux qui l'entouraient s'enfuirent ; il fut assisté par le seul frère Stanislas, de la Charité ; « renommé, dit un contemporain, par sa science en médecine et par son jansénisme ». Il eut pour successeur le trop célèbre Christophe de Beaumont, dont il sera longuement question dans la suite de cette histoire.

Le diocèse de Paris a donc été bien troublé durant la première moitié du xviii° siècle par les affaires de la Bulle ; et il en fut de même de tous les autres, que leurs évêques fussent ou non des acceptants. Parmi ces derniers, qui ne furent pas tous des adeptes fervents, il s'en est trouvé de très ardents qui furent très âpres à la lutte, et celui qui doit figurer au premier rang, c'est le successeur de Bossuet, Bissy, jadis admirateur de Quesnel, à qui son revirement procura le chapeau de cardinal et la riche abbaye de Saint-Germain des Prés [1]. Ce grand profiteur de la Bulle mourut en 1737, et il persécuta les appelants jusqu'à son dernier jour. Belsunce, qui ne fut pas moins ami des Jésuites, fut encore plus violent que Bissy ; mais il était plus désintéressé ; il ne fut ni cardinal, ni archevêque, et il était toujours évêque de Marseille et toujours aussi intraitable au sujet de la Bulle, quand il mourut à quatre-vingt-quatre ans en 1755. Le cardinal de Rohan, évêque de Strasbourg, mourut septuagénaire en 1749. Mais le plus actif, le plus turbulent des constitutionnaires, ce fut sans contredit Joseph Languet de Gergy (1677-1753). Évêque de Soissons, et ensuite archevêque de Sens, il ne cessa pas de batailler en faveur de la Bulle *Uni-*

---

(1) L'évêché de Meaux ne rapportait que 22.000 francs ; le revenu de l'abbaye de Saint-Germain-des-Prés était de 150.000.

genitus et des Jésuites. Il écrivit contre Colbert évêque
de Montpellier, contre Soanen prisonnier, contre
Caylus, évêque d'Auxerre, contre Bossuet, évêque de
Troyes, contre tout le monde enfin, et même contre
soixante curés de son diocèse. On avait imprimé en
deux volumes in-folio la collection complète de ses
ouvrages de polémique traduits en latin, mais le gouvernement supprima cette édition. Languet de Gergy
avait dû supprimer lui-même, en 1729, un ouvrage
d'un autre genre, dont il était l'auteur, *La vie de
Marie Alacoque*. L'archevêque de Vienne indigné
voulait déférer ce livre à l'assemblée du clergé; le
public le jugea de même extravagant, ridicule et d'une
indécence révoltante. C'est à Languet de Gergy biographe de la célèbre visitandine aujourd'hui cano-
nisée, que la littérature française est redevable du
beau *Discours sur le style*. Buffon remplaça l'archevêque de Sens à l'Académie française en 1753, et contrairement à l'usage, il ne fit pas l'éloge de son prédécesseur; il avait, disait-il, peur du coq à l'âne. Mon-
crif, qui répondait à Buffon, se contenta de louer les
mœurs de Languet de Gergy, et il crut devoir ajouter
qu'il était « impétueux et inflexible dans ses principes ». Il eut pour successeur à Sens Paul d'Albert de
Luynes, évêque de Bayeux, qui ne fut pas moins zélé
pour la Bulle, et qui mourut cardinal.

Les évêques appelants étaient morts les uns après
les autres avant la fin du ministère de Fleury, et on
leur avait donné des successeurs choisis avec le plus
grand soin, de manière à bien assurer le triomphe de
la Bulle. Le Broue, évêque de Mirepoix, était mort en
1720, l'année même du fameux accommodement de
Dubois qui occasionna, comme on l'a vu, un réappel
presque général. — De Langle, évêque de Boulogne,

mourut en 1724. — Colbert, évêque de Montpellier, avait été cette même année l'objet des rigueurs de la cour. On avait saisi tous ses revenus; on l'avait même réduit à acheter de ses deniers les légumes de son potager de la Vérune, et les sommes ainsi confisquées durant quatorze ans furent données cyniquement aux jésuites de Montpellier, qui se construisirent une belle église et donnèrent de grandes fêtes aux frais de l'évêque. Colbert reçut l'ordre de ne pas mettre le pied hors de son diocèse; il lui fut défendu de paraître aux États, dont il était membre de droit, et il se vit menacé d'être traité comme l'avait été au concile d'Embrun son confrère Soanen. Mais rien ne put abattre cet évêque intrépide. Il ne cessa pas de s'adresser au roi, au pape, aux ministres pour défendre ce qu'il savait être la vérité. Il publia lettres sur lettres, mandements sur mandements, et, quand il mourut à soixante-quatorze ans en 1738, il put être pleuré en ces termes par Soanen prisonnier : « Son nom doit être à jamais chéri de l'Église de France, puisqu'elle a trouvé dans son courage un vengeur intrépide de ses précieuses maximes. Qu'il vive dans nos cœurs, ce prélat si digne de la vénération qu'il s'est acquise, la gloire et l'ornement de notre siècle, le modèle des forts et le soutien des faibles, le docteur et presque le martyr des saintes vérités que la Bulle *Unigenitus* a condamnées. »

Soanen avait quatre-vingt-douze ans quand il écrivait cet éloge; il était toujours détenu à la Chaise-Dieu, dont le cardinal de Rohan était abbé, mais il était vénéré par les moines qui l'entouraient et il correspondait librement avec ses amis [1]. Il s'intitulait,

____

(1) On a publié sa correspondance en 1750, 2 vol. in-4°, 8 vol. in-12.

comme autrefois saint Paul, prisonnier de Jésus-Christ, *vinctus in Christo*. Il mourut le 25 décembre 1740, laissant un beau testament spirituel dans lequel il se déclarait catholique apostolique et romain, nettement antijanséniste mais appelant et réappelant de la Bulle *Unigenitus*.

Avec lui disparurent ceux qu'on appelle proprement les quatre appelants; mais il y en avait d'autres dont les noms doivent être conservés. C'est en premier lieu François-Armand de Lorraine, évêque de Bayeux (1665-1728). Son opposition à la Bulle était si bien connue qu'en 1725 on voulut assembler pour le juger un concile provincial. Il fut l'un des douze qui protestèrent avec Noailles en 1727 contre la condamnation de l'évêque de Senez; il mourut paisiblement à Paris l'année suivante, mais le chapitre de Bayeux refusa de célébrer pour lui un service funèbre, et l'on osa dire en chaire dans sa cathédrale qu'il était certainement damné.

L'évêque de Pamiers, Jean-Baptiste de Verthamon, était dans les mêmes sentiments quand il mourut âgé de quatre-vingt-dix ans en 1735, et son nom figure avec honneur dans le Petit Nécrologe des amis de la vérité. Jacques-Bénigne Bossuet, évêque de Troyes (1661-1743), était neveu de l'évêque de Meaux, et il hérita de toute la haine que les Jésuites avaient conçue contre son oncle. On sait que la jeunesse de l'abbé Bossuet avait été orageuse, et qu'il attrista les derniers jours de l'évêque de Meaux. Il aurait voulu être son coadjuteur et son successeur, et pour y parvenir il contraignit ce malheureux vieillard à faire des démarches humiliantes et fâcheuses. Mais les Jésuites s'opposèrent absolument à son entrée dans l'épiscopat; il devint évêque en 1716 seulement, à cinquante-cinq ans, parce qu'ils n'étaient plus là pour lui barrer la route. Évêque de Troyes durant vingt-six ans, il a mérité les éloges qui lui ont été décernés par le rédacteur des *Nouvelles ecclésiastiques* et par un biographe anonyme [1]. Mais il fut constamment en butte à l'animosité des Jésuites, surtout quand il entreprit de publier les œuvres de son oncle, les *Élévations sur les mystères*, si analogues aux *Réflexions morales* de Quesnel, les *Méditations sur l'Évangile*, la *Défense de la déclaration de 1682*, etc. Il se vit perpétuellement accusé de jansénisme. Il se déclara nettement contre la Bulle, sans néanmoins interjeter un appel en règle ; il répondit avec vigueur aux attaques dont il était l'objet ; mais surtout il accueillit avec empressement dans son diocèse les prêtres et les religieuses que l'on persécutait ailleurs à cause de la Bulle. Tous vivaient en paix auprès de lui, et c'est grâce à lui que la bibliothèque de Troyes est aujourd'hui si riche en documents relatifs à l'histoire de Port-Royal et du jansénisme. En 1742, il fut traité par des neveux indignes comme il avait lui-même traité son oncle quarante ans auparavant; ils le contraignirent même à donner sa démission. Il eut le chagrin de se voir remplacé par un constitutionnaire fanatique et violent, Poncet de la Rivière, et il mourut en 1743, âgé de quatre-vingt-deux ans. Il était suffragant de l'archevêque de Sens, Languet de Gergy, et il eut à lutter contre cet archevêque de concert avec un autre suffragant, l'évêque d'Auxerre, Charles de Caylus, dont il faut maintenant parler en quelques mots.

Charles-Daniel de Lévis de Tubières de Caylus

____

(1) *Nouvelles ecclés.* de 1743, p. 193. — *Vie de messire J.-B. Bossuet*, publiée à Paris en 1901 d'après un ms. de la Bibliothèque nationale.

(1669-1754) avait été à bonne école dans sa jeunesse, car il fut en relations suivies avec Bossuet et avec Noailles. Il devint évêque d'Auxerre en 1705, sans doute sur la recommandation de Mme de Maintenon, dont son frère avait épousé la nièce. Il rejeta la Bulle en 1720 et en 1730; en 1727, il protesta contre le concile d'Embrun, et fut pour ce motif condamné à ne jamais sortir de son diocèse. Mais il n'alla pas, semble-t-il, jusqu'à l'appel en forme. Il fut durant les quarante-neuf années de son épiscopat en guerre ouverte avec les Jésuites et avec l'archevêque de Sens. Louis XV et Benoît XIV admiraient ses vertus; mais Boyer empêcha qu'on ne fît son oraison funèbre. Le jansénisme de Caylus a laissé dans le diocèse d'Auxerre des traces profondes et durables.

A ces évêques franchement opposés à la Bulle *Unigenitus*, il en faut joindre quelques autres dont l'histoire présente des particularités curieuses, tels furent l'ancien évêque de Saint-Papoul, Jean-Charles de Ségur, l'archevêque de Tours, Louis-Jacques de Rastignac, et Georges de Souillac, évêque de Lodève. Ségur fut d'abord appelant de la Bulle en 1718, à titre d'oratorien; il révoqua son appel en 1721 et devint évêque de Saint-Papoul en Languedoc en 1723; il fut même question de lui en 1731 pour l'archevêché de Lyon. Mais dès 1732 il fut pris de remords, et après avoir résisté quelque temps, il consulta Soanen et Colbert, et sur leur avis il se démit de son évêché en 1735; il demanda publiquement pardon à l'Église de ses démarches en faveur de la Bulle, et il vécut dans la retraite. Il mourut à Paris, simple paroissien de Saint-Gervais en 1748. Son éloge fut prononcé dans cette église par le curé François Feu, appelant et réappelant, qui mourut dans l'exercice de son ministère en 1761.

L'archevêque de Tours, Rastignac, n'a jamais rejeté la Bulle; il a même été un de ses plus grands défenseurs. Élevé en 1724 sur le siège de Tours, dans un diocèse où les appelants étaient nombreux, on le vit à maintes reprises signaler son zèle pour la Bulle; il eut même recours à la violence pour la faire triompher. Et tout à coup, en 1749, après avoir comme beaucoup d'autres évêques condamné le livre du Père Pichon sur *La Fréquente Communion*, il publia une *Instruction pastorale sur la justice chrétienne* dont les *Nouvelles ecclésiastiques* ont dit le plus grand bien, que Colbert, Soanen et tous les appelants auraient approuvée sans réserve. Le *Dictionnaire des livres jansénistes* du Père Patouillet a dit qu'elle était scandaleuse, et qu'elle renfermait d'un bout à l'autre le baïanisme, le jansénisme et le quesnellisme. Attaqué par le cardinal de Rohan et par les Jésuites, Rastignac prit énergiquement la défense de son *Instruction pastorale* [1], et il se proposait de continuer; mais comme le dit cyniquement Patouillet, il mourut en 1750 « d'une indigestion » à l'âge de soixante-cinq ans. Or l'autopsie a trouvé dans les entrailles du malheureux prélat des traces de poison, et l'on se hâta de faire le silence sur cette fin tragique. Rastignac avait accepté la Bulle sans la moindre réserve, et dans une lettre à Boyer, écrite

---

(1) Il écrivit même à l'ancien évêque de Mirepoix une grande lettre dont je possède le brouillon, corrigé et amendé par le chancelier Daguesseau. Il dit dans cette lettre, et Daguesseau n'a pas biffé ce passage : « Je déclare à la face de l'univers que personne ne condamne plus sincèrement que moi les 101 propositions extraites du livre du Père Quesnel qui renouvellent la doctrine de Baius et de Jansénius. ...Je regarde et j'ai toujours regardé la C^on Unigenitus comme un jugement dogmatique de l'Église universelle auquel tout chrétien doit se soumettre d'esprit et de cœur. » Il paraît que cette déclaration lui avait été imposée par la cour.

l'année même de sa mort, il l'acceptait de même ; et néanmoins le *Dictionnaire des livres jansénistes*, qui lui a consacré plus de vingt pages, l'accuse formellement d'avoir réédité en les aggravant plus de trente propositions de Quesnel condamnées par la constitution de Clément XI.

Le cas de l'évêque de Lodève, Georges de Souillac, n'est pas moins extraordinaire. Il fut évêque dix-huit ans (1732-1750) ; il avait accepté la Bulle sans difficulté, et il déclara dans son testament qu'il persistait à la recevoir purement et simplement. Néanmoins il avait le plus profond respect pour les hommes et pour les choses de Port-Royal ; il approuvait la conduite des quatre évêques appelants de 1717, et il aurait, disait-il, ambitionné l'honneur d'être le cinquième. Mais il craignait jusqu'à l'ombre du schisme, et il croyait pouvoir céder sur ce point, ce qui lui permettait d'enseigner et de défendre la bonne doctrine, c'est-à-dire celle de saint Augustin, si fort exaltée par Benoît XIII. Il raisonnait en cela comme autrefois l'abbé de Rancé au sujet du Formulaire, comme le Père La Valette, général de l'Oratoire, et il se comparait à Timothée, disciple de saint Paul, qui s'était soumis à la circoncision afin de pouvoir mieux évangéliser les Juifs. En 1748, Georges de Souillac publia, comme la plupart de ses confrères, une instruction pastorale contre le Père Pichon ; elle est considérée comme la meilleure de toutes ; et presque aussitôt parurent quatre volumes de conférences ecclésiastiques connues sous le nom de *Conférences de Lodève*. Voici ce qu'en disait un contemporain : « Les vérités les plus importantes de la religion, et surtout celles que les Jésuites tâchent d'obscurcir, sont développées dans cet ouvrage avec une lumière et une onction qui prouvent combien l'auteur avait profité de l'étude de saint Augustin, dont il avait fait longtemps ses délices avant d'être élevé à l'épiscopat. On peut dire de cet excellent ouvrage, aussi bien que des deux derniers de M. de Rastignac, qu'il n'y a aucun appelant qui n'y reconnaisse ses sentiments [1]. » Le *Dictionnaire des Livres jansénistes* de 1752 n'est pas aussi élogieux ; il affecte de mépriser Souillac, et de le mettre lui aussi de « niveau avec Baius, Jansénius et Quesnel ». En un mot, les *Conférences de Lodève* sont un livre pernicieux, plein d'erreurs et de faussetés, au dire du Père Patouillet et des Jésuites.

C'est un fait bien digne d'attention que l'apparition de livres aussi franchement augustiniens, et par conséquent jansénistes, publiés par des prélats qui acceptaient la Bulle sans la moindre difficulté. On cesse de s'en étonner quand on voit quarante évêques imiter leur exemple et condamner avec ensemble, sans néanmoins s'être concertés, le livre du jésuite Pichon sur *La Fréquente Communion*. C'est une histoire très curieuse, qui se rattache directement à celle de la Bulle *Unigenitus* ; il n'est donc pas hors de propos de lui consacrer quelques pages dans un chapitre où l'on étudie le rôle des évêques français dans l'affaire de la Bulle.

Encouragé par la condamnation des 87e et 88e propositions de Quesnel, qui sont relatives au délai de l'absolution, le Père Pichon crut pouvoir, en 1745, revenir sur une question débattue cent ans auparavant entre le jésuite de Sesmaisons et le docteur Arnauld. On sait ce qui s'était passé en 1643. Le Père de Sesmaisons avait soutenu que plus on est dénué de grâce, plus on doit communier hardiment, et que les chrétiens qui sont « si attachés au monde que de merveille » font

---

(1) FOURQUEVAUX, *Catéch. histor.*, tome III, p. 522.

très bien de communier très souvent. C'est pour réfuter ce blasphème qu'Arnauld composa *La Fréquente Communion*, qui préconisait la communion très fréquente et même quotidienne, mais à condition d'y apporter la préparation et les dispositions que l'Église a de tout temps jugées nécessaires. Attaqué par les Jésuites avec fureur, Arnauld a finalement triomphé ; son livre a été jugé admirable même par ses ennemis, même par l'archevêque Péréfixe ; il a été durant un siècle le manuel et le guide des confesseurs et des pasteurs qui n'acceptaient pas les yeux fermés les doctrines des Jésuites. En 1745, le petit livre du Père Pichon parut sous le titre suivant : *L'esprit de Jésus-Christ et de l'Église sur la fréquente communion*[1] ; c'était l'équivalent du titre d'Arnauld. Il avait adopté la forme dialoguée, et il était dédié à la reine de Pologne, épouse de Stanislas Leczinski et mère de la reine de France. Approuvé par trois théologiens de la Compagnie de Jésus etpar le docteur Marcilly, censeur royal, prôné par les journalistes de Trévoux et lancé comme savaient le faire les Jésuites, l'ouvrage du Père Pichon avait beaucoup de succès, et les évêques qui avaient accepté la Bulle ne se doutaient même pas qu'un pareil livre pût être dangereux. Ce fut l'auteur des *Nouvelles ecclésiastiques* qui sonna le tocsin en 1747. Fidèle à ses habitudes, le nouvelliste ne se contenta pas de juger le livre avec une grande sévérité, il en donna de longs extraits bien choisis, et l'effet produit par une attaque si habile fut immédiat. Caylus, évêque d'Auxerre, ouvrit le feu, mais son intervention ne troubla pas les Jésuites, parce que, disaient-ils, le

---

[1] Un vol. in-12 de 535 pages. Paris, Guérin, 1745, avec approbation et privilège du roi.

nom de cet évêque hérétique était pour tout bon
catholique un préservatif contre son *Instruction pastorale* [1]. Mais d'autres évêques s'émurent, et les Jésuites inquiets négocièrent ; ils promirent que l'ouvrage
serait revu soigneusement et corrigé dans une nouvelle.
édition. Il était trop tard, et d'ailleurs, suivant la
judicieuse remarque de Guenet, évêque de Saint-Pons,
un livre si contraire au véritable esprit de Jésus-Christ
et de l'Église ne pouvait être réformé qu'en le supprimant et en lui substituant un autre livre. Aussi les
instructions pastorales commencèrent-elles à se succéder. L'archevêque de Tours intervint, et en attendant
des explications plus amples qui ne tardèrent pas à
paraître, il défendit à ses diocésains la lecture du
livre, qu'il jugeait abominable. L'évêque de Soissons,
Fitz-James, donna une Ordonnance et une Instruction
pastorales très fortes, et l'archevêque de Sens, Languet de Gergy lui-même, se vit contraint de parler
dans le même sens et de condamner sévèrement l'ouvrage qu'il avait d'abord approuvé. En vain on s'ef-
força de corriger le livre, et Daguesseau, dont le revirement en faveur de la Bulle et des Jésuites était alors
complet, vint au secours du Père Pichon en détresse et
se fit même son collaborateur. Il prépara en vue
d'une nouvelle édition trente-huit pages in-folio écrites
de sa main [2], et il les remit au grand protecteur du
jésuite incriminé, à l'archevêque de Paris, Christophe
de Beaumont. Mais le soulèvement était général ; les
promesses de modifications ne suffisant plus, il fallut

---

(1) Cette instruction pastorale a 174 pages in-4° ; on l'a réimprimée
aussitôt en 500 pages in-12.

(2) On les conserve dans un gros recueil contenant de très nombreux autographes de Daguesseau ; on y trouve la preuve indénia-
ble du rôle fâcheux qu'il a joué en cette circonstance.

en venir à une rétractation formelle. Le Père Pichon
s'y résigna le 24 janvier 1748, et, pour la présenter au
public, il eut recours à Christophe de Beaumont, qui
voulait absolument garder le silence et qui en fut
empêché par les objurgations comminatoires de Boyer
et de Daguesseau. L'archevêque obéit, et il publia une
Lettre aux curés et aux confesseurs de son diocèse, par
laquelle il présentait sèchement en une page et demie
la déclaration par laquelle Pichon « désavouait son
ouvrage, le rétractait et le condamnait de tout son
cœur ».

La rétractation fut jugée insuffisante et par trop
jésuitique, d'autant plus que les éditions du livre condamné se multipliaient, qu'elles étaient toutes confor-
mes à la première, et qu'on les distribuait en tous
lieux. Aussi vit-on surgir de tous côtés les Instructions pastorales, les mandements plus ou moins déve-
loppés, les condamnations et les interdictions ; on se
serait cru revenu au temps du Père Pirot et de la
fameuse *Apologie des Casuistes* condamnée en 1656
par presque tous les évêques de France [1]. Vingt-cinq
ou trente prélats se signalèrent en cette occasion, et
l'on a justement admiré quelques-unes de leurs Instructions pastorales, en particulier, celles de Bazin de
Bezons, évêque de Carcassonne, « un chef d'œuvre de
lumière et de piété », de Souillac, évêque de Lodève,
de Fitz-James, évêque de Soissons, du sulpicien Gue-

----

(1) Rastignac menacé par les Jésuites put leur déclarer en 1749
que soixante évêques allaient se lever contre eux. Bazin de Bezons
disait en propres termes, d'après une lettre autographe et inédite
de l'abbé d'Etemare : « Les Jésuites pensaient que le temps était
venu, etc... Ils se sont trompés, ils verront qu'il y a encore dans l'épiscopat de l'ancienne roche. » D'Etemare, écrivant à l'évêque de
Lodève, ajoutait que son instruction pastorale était « toute semée
de diamants de l'ancienne roche ».

net, évêque de Saint-Pons, qui parlait du Père Pichon et de son livre avec horreur. L'évêque de Marseille, Belsunce, qui avait approuvé le livre, le censura en une page comme contenant « des choses répréhensibles ». Seul en France l'évêque de Montpellier, Charancy, prit ouvertement la défense du Père Pichon mais il n'eut pas le temps de déployer son zèle, car il mourut subitement en 1748, laissant à un Allemand le triste honneur de glorifier Pichon et de porter aux nues « le bel ouvrage qu'il avait fait pour le ciel ». Ce sont les propres expressions de l'évêque de Bâle, Joseph-Guillaume de Rinck de Baldenstein, prince du Saint-Empire, et cet évêque condamnait sévèrement la rétractation que le Père Pichon avait faite, et qui était due, disait le prélat, « à un excès d'humilité et à une obéissance un peu trop aveugle[1]. » Grisé par ces éloges, Pichon voulait tenir tête à l'orage, et il intriguait pour obtenir des témoignages semblables ; mais la cour eut connaissance de ces manœuvres, et le Père Pichon, qui était en Alsace, reçut au mois d'août 1748 une lettre de cachet qui l'exilait dans la petite ville de Mauriac, au fond de l'Auvergne. Ainsi finit l'histoire d'un livre qui avait fait tant de bruit durant quelques années ; mais le pichonisme était fondé ; il est aujourd'hui florissant dans les couvents de femmes et même ailleurs ; il fait de la communion très fréquente et même quotidienne le remède à tous les maux[2].

Avec cette réfutation du Père Pichon, l'Église de

______

(1) Lettre du 25 avril 1748, imprimée par les soins des Jésuites.

(2) Le Père Pichon allait jusqu'à dire que, pour communier dignement, il suffisait de ne point haïr Dieu. La communion très fréquente, ajoutait-il, peut être avantageusement imposée pour pénitence par les confesseurs. Elle se substitue à la prière ardente, aux grandes aumônes, à la retraite, à la pénitence, et à tous les exercices de la vie chrétienne (pages 369, 397, etc.).

France était ramenée d'un siècle en arrière, et les mandements des évêques étaient pour ainsi dire la monnaie du livre d'Antoine Arnauld sur la fréquente communion. Mais l'illustre docteur n'a pas été nommé une seule fois par ceux qui se sont servis de son ouvrage pour foudroyer un nouveau Père de Sesmaisons. Caylus seul, qui n'avait rien à ménager, a parlé longuement de la *Fréquente Communion* et du docteur Arnauld son auteur ; les autres auraient très mal servi leur cause s'ils avaient emprunté leurs arguments à un livre que le Père Pichon prétendait réfuter, s'ils avaient pris la défense d'Arnauld contre un auteur qui l'appelait (p. 239 et suiv.) « chef de cabale qui s'est fait chasser de France, novateur plein de mépris pour l'Église, faux docteur, mort excommunié avec toute la réputation d'un chef de parti révolté contre toutes les puissances ecclésiastiques et séculières. » On fit donc intervenir les Pères, les Conciles, saint Charles Borromée et saint François de Sales ; Arnauld qui les avait cités et commentés fut laissé dans l'ombre ; et cependant son souvenir était présent à toutes les mémoires, et en définitive c'est lui qui triompha des Jésuites en 1748 comme en 1643.

Les insultes que lui avait prodiguées le Père Pichon furent d'ailleurs relevées par son arrière-neveu l'abbé de Pomponne, qui voulait s'en plaindre au Parlement, mais Daguesseau craignait le scandale, et on engagea Pomponne à retirer sa plainte en lui promettant que le roi lui ferait justice. Les choses se passèrent ainsi ; l'approbateur du Père Pichon, le sieur de Marcilly, fut destitué ; les Jésuites firent toutes les excuses qu'on exigea d'eux, et Daguesseau rédigea une dépêche du 13 février 1748 qui donnait pleine satisfaction à la famille d'Antoine Arnauld. Un dernier fait à noter dans l'histoire du Père Pichon, c'est le silence de Rome à son égard. Son ami Belsunce avait prétendu en 1746 que son livre avait été lu par le pape « avec tout le plaisir possible », et que Sa Sainteté « l'avait trouvé plein de piété et de sentiments très catholiques et très propres à donner du courage à la faiblesse humaine pour s'approcher souvent de ce divin sacrement ». Mais le fait allégué par l'évêque de Marseille fut déclaré faux par le nonce du pape ; Benoît XIV n'avait rien dit de semblable. Je ne saurais dire si le livre fut mis à l'index ; il ne paraît pas avoir été l'objet de condamnations spéciales, sans doute parce qu'il ne s'était trouvé personne pour le déférer au Saint-Siège. C'était une querelle théologique et morale essentiellement française, et la cour de Rome agissait sagement en ne s'en mêlant point. D'ailleurs les sentiments personnels de Benoît XIV sont connus ; il était si peu de l'avis du jésuite Pichon qu'il autorisa et encouragea de tout son pouvoir, quelques années plus tard, la publication des œuvres complètes d'Antoine Arnauld, publication qui devait compter nécessairement une réimpression du traité de la *Fréquente Communion.*

CHAPITRE XIX

Le jansénisme tel qu'il a été défini au commencement de cet ouvrage, c'est-à-dire l'opposition des
catholiques augustiniens au molinisme des Jésuites,
était une doctrine essentiellement française. Il n'en
pouvait pas être question dans les pays protestants, et
les nations acquises de longue date aux théories ultramontaines ou asservies par l'Inquisition ne devaient
pas lui être favorables. Ce n'est pas à elles que s'adres-
saient les Bulles, les Formulaires et en particulier la
Bulle *Unigenitus*, demandée au pape par les Jésuites
français et destinée surtout à la France. Toutefois il
faut admettre quelques exceptions; ainsi la République de Venise n'a pas voulu recevoir la Bulle
Unigenitus et le roi de Sardaigne non plus, et c'est
après une longue et vive résistance qu'elle a été reçue
dans les Pays-Bas autrichiens, notamment à Malines
et à Louvain. Enfin les anciens catholiques de Hollande l'ont rejetée absolument. C'est ce qu'il faut voir
maintenant dans un chapitre spécial, sans perdre de
vue ce qui s'est passé en France, car le parallélisme
est complet, et les relations ont été constantes. C'est
même un Français, Du Pac de Bellegarde, mort à
Utrecht en 1789, qui a laissé les meilleures histoires

de ce qui s'est passé dans les Pays-Bas et en Hollande [1].

C'est à Louvain qu'est né le prétendu jansénisme, car les docteurs de cette Université célèbre ont été les premiers à combattre les précurseurs de Molina et Molina lui même, et l'*Augustinus*, composé par un professeur de Louvain, avait pour objet de défendre les doctrines augustiniennes qui étaient celles de la grande majorité de ses collègues. La Faculté de théologie de Louvain, la plus célèbre du monde après la Sorbonne, avait même, en mars 1660, pris ses précautions pour que la signature du Formulaire ne portât pas le moindre préjudice aux doctrines qui lui étaient chères, notamment à celle de la Grâce efficace et de la prédestination telle que ses ancêtres la lui avaient transmise. Alexandre VII, plus conciliant avec les Belges qu'avec les Français, avait répondu le 7 août 1660 qu'il louait l'attachement des docteurs de Louvain aux dogmes inébranlables et très sûrs de saint Augustin et de saint Thomas (*inconcussa tutissimaque dogmata*). Jusqu'en 1692, on n'exigea pas dans les Pays-Bas les signatures relatives au droit et au fait qu'on exigeait en France. Mais alors l'archevêque de Malines, Humbert de Précipiano, celui-là même qui plus tard fit incarcérer Quesnel, prétendit joindre la question de fait à la question de droit. L'Université de Louvain s'opposa de tout son pouvoir à cette adjonction. L'affaire fut portée à Rome, elle y fut examinée contradictoirement, et elle se termina en 1694 par la victoire du docteur Hennebel, député de Louvain, sur le Père Désirant, religieux augustin, mandataire des Jésuites.

(1) *Mémoires historiques sur l'affaire de la Bulle* Unigenitus *dans les Pays-Bas...* Bruxelles, 1755 ; 4 vol. in-12. *Histoire abrégée de l'Église d'Utrecht*, 1765, 3ᵉ éd. 1852.

Le sage et pieux Innocent XII défendit alors de taxer qui que ce fût de jansénisme et de le condamner sous ce prétexte, « à moins qu'il ne conste (qu'il ne soit établi) par des preuves légales qu'il s'est rendu suspect d'avoir enseigné ou soutenu quelqu'une des cinq fameuses propositions. » Ces trois lignes du Bref au clergé des Flandres auraient dû, dit le célèbre von Espen, docteur de Louvain, terminer toutes les disputes, puisqu'il n'y avait personne qui ne condamnât de tout son cœur les cinq propositions dans le sens dans lequel l'Église catholique les condamne, et qu'on n'a jamais pu convaincre qui que ce fût d'avoir enseigné ou soutenu les dites propositions [1].

Précipiano refusa d'obéir au pape, mais Innocent XII promulgua le 24 novembre 1696 un second Bref confirmatif du premier, et l'archevêque de Malines eut l'audace de ne tenir aucun compte de ces deux Brefs. Toutefois c'est seulement en 1710, sous le pontificat de Clément XI, que la signature pure et simple du Formulaire fut exigée dans les Flandres.

Le terrain était ainsi préparé pour l'acceptation de la Bulle *Unigenitus;* elle fut reçue par la Faculté de théologie de Louvain dès 1715, mais, jusqu'en 1718, on n'en fit pas contre les augustiniens une machine de guerre. Elle avait été reçue les yeux fermés, parce que la croyance à l'infaillibilité des papes, croyance qui avait été celle de Jansénius lui-même, était celle de presque tout le clergé des Flandres, mais on ne contraignait personne à l'accepter. En 1718, le 17 octobre, parut une Lettre pastorale du nouvel archevêque de Malines, calquée sur les fameuses lettres *Pastoralis*

(1) Cité par Du Pac de Bellegarde, *Mémoires historiques*, tome I, p. 25.

officii de Clément XI, et le fougueux prélat déclara aux adversaires de la Bulle *Unigenitus* une guerre sans merci. Thomas Philippe d'Alsace de Bossu de Chimay, créature des Jésuites et tellement ami de la Société que souvent il s'habillait en jésuite, avait été nommé archevêque de Malines en 1714; il fut sacré seulement en 1716, et immédiatement, de concert avec le cardinal de Bissy, évêque de Meaux et avec les Jésuites, il entreprit de bouleverser les Flandres. Il agit dès lors et jusqu'à la fin de sa vie (1759), c'est-à-dire pendant quarante ans, en véritable fanatique, et il persécuta avec fureur ceux qu'il appelait des « rebelles manifestes et des réfractaires notoirement contumaces. » Il y gagna de devenir cardinal comme Bissy, mais l'empereur Charles VI, justement indigné, voulut ramener la paix dans les Pays-Bas autrichiens en préconisant ce qu'il appelait l'indifférence pour la Bulle, quelque chose comme la loi du silence que devait bientôt promulguer Louis XV. Mais il ne fut pas plus écouté que ne l'avait été Innocent XII; les persécutions les plus odieuses et les plus violentes continuèrent, surtout sous le gouvernement de sa sœur, l'archiduchesse Elisabeth, qui n'était pas moins soumise aux Jésuites que l'archevêque de Malines. On en vint à contraindre le docteur van Espen (1646-1728), la gloire de l'Université de Louvain, à quitter sa patrie à l'âge de quatre-vingt-deux ans, et à chercher un asile chez les catholiques de Hollande [1]. L'Université de Louvain, privée de ses meilleurs sujets, de ceux qui conservaient les traditions de Huygens (1631-1702), de Hennebel (1652-1720), de Jean Opstract (1651-1720) et de leurs fidèles disciples, capitula sans conditions

____

(1) Il mourut à Amersfoort, près d'Utrecht, à 83 ans.

en 1730 ; et cependant sa Faculté de théologie avait
cru devoir en 1723, tout en acceptant la Bulle, protester de son attachement inviolable aux dogmes intangi-
bles de la Grâce efficace par elle-même et de la Prédestination gratuite. Toujours la même inconséquence ;
à Louvain comme au Vatican, comme à Paris, comme à
Tours, on baissait pavillon devant le molinisme, et on
proclamait les droits imprescriptibles de l'orthodoxie
augustinienne [1] ! Il se produisit d'ailleurs dans les
Pays-Bas autrichiens un fait très digne de remarque ;
c'est là que les Jésuites firent l'essai des grands moyens
qu'ils se proposaient d'employer en France. La Faculté de théologie de Louvain fut attaquée et vaincue
quinze ans avant la Sorbonne, et l'Université capitula
neuf ans avant l'Université de Paris. Les grands faits
de schisme, refus de sacrements et refus de sépulture,
se produisirent dans le diocèse de Malines longtemps
avant d'être introduits à Paris par Christophe de Beaumont, et enfin c'est en Belgique que fut mise à l'essai,
dès 1721, la loi du silence qui se fit attendre chez nous
jusqu'en 1754. La terre qui vit naître Jansénius était
mieux préparée que la nôtre pour le développement
du molinisme.

*
* *

Van Espen contraint par la persécution de quitter
Louvain s'est réfugié comme Quesnel en Hollande,
mais il n'est pas allé à Amsterdam comme l'auteur
des *Réflexions morales*, il a trouvé un asile sûr dans

---

(1) « C'est la méthode de Louvain et des théologiens de Rome :
recevoir la Constitution d'aussi bonne grâce que s'il n'y avait point
de Vérité, et enseigner la Vérité comme s'il n'y avait point de Constitution. » Lettre autographe et inédite de l'abbé d'Etemare à
Fourquevaux, 19 mars 1750.

la petite église d'Utrecht, que la Bulle n'avait pas désorganisée ; l'histoire particulière de cette église est intéressante, et elle se rattache de la manière la plus étroite à l'histoire générale du mouvement janséniste.

Lorsque les Hollandais reconquirent leur indépendance à la fin du XVIᵉ siècle, ils interdirent l'exercice du culte catholique dans les Provinces Unies, mais ils n'allèrent pas jusqu'à supprimer le catholicisme hollandais.

Quelques églises subsistèrent, et notamment celle d'Utrecht, constituée dès 1559 en archevêché. Elle eut ses archevêques, élus par le clergé et confirmés par le pape ; mais pour ne pas irriter le gouvernement on ne leur donna que le titre de vicaires apostoliques, et ils furent sacrés évêques *in partibus infidelium*. C'est ainsi qu'en 1662 l'oratorien hollandais Jean de Néercassel, élu à l'unanimité par le chapitre et par le clergé d'Utrecht, fut agréé par Alexandre VII et sacré évêque de Castorie. Correspondant et ami de Bossuet et d'Antoine Arnauld, il entra en relations avec Port-Royal ; il y pontifia deux fois au cours de ses voyages, et il figure en belle place dans les nécrologes de l'abbaye. Il a laissé quelques ouvrages très estimés, entre autres l'*Amour pénitent*, qu'Arnauld jugeait admirable, et il s'est attiré par là l'animadversion des Jésuites. Il mourut en 1686, et Pierre Codde, oratorien comme lui, fut élu pour lui succéder. Agréé par Innocent XI, il fut sacré archevêque de Sébaste, et il gouverna l'église d'Utrecht avec le titre de vicaire apostolique. C'est de ce moment que datent les dissidences entre Rome et la Hollande catholique. On voulut imposer à Pierre Codde la signature pure et simple du Formulaire, mais il refusa constamment, en se réclamant de la paix de Clément IX, et sa perte fut résolue. En 1702, sous le pontificat de Clément XI, on le fit venir à Rome sous un prétexte honnête, on l'interrogea, on le condamna, et il apprit par une lettre de Hollande qu'il était suspendu de ses fonctions épiscopales et remplacé par un provicaire apostolique nommé de Cock. Pierre Codde aurait pu ne tenir aucun compte d'un Bref aussi injuste et aussi irrégulier ; ses diocésains l'y poussaient ; ils protestaient officiellement et ils refusaient de reconnaître le provicaire désigné pour lui succéder. Il aima mieux se soumettre, il accepta sa déchéance, et il mourut en 1710 sans avoir repris l'exercice de ses fonctions d'archevêque. Il avait à nouveau refusé de signer le Formulaire ; un décret de l'Inquisition le déclara indigne de la sépulture ecclésiastique et défendit de prier pour lui. Les chapitres d'Utrecht et de Harlem furent considérés par le Saint-Siège comme n'existant plus, et les catholiques de ces deux diocèses furent soustraits à leur juridiction. De là sortit un schisme qui dure encore. Les Jésuites et leurs partisans dominèrent une partie des fidèles, mais une autre partie voulut conserver les traditions séculaires et sauvegarder les libertés de l'église de Hollande. Les jurisconsultes les plus éminents, van Espen entre autres, établirent à grands renforts d'arguments le bon droit de l'église d'Utrecht ; mais Rome ne voulut rien entendre, et les papes refusèrent absolument de donner à Pierre Codde un successeur élu par le clergé selon les formes canoniques anciennes. Le chapitre de Harlem succomba ; celui d'Utrecht, décimé par les défections, tint ferme, et cette église demeura près de quinze ans sans archevêque ; elle fut administrée, le siège vacant, par des grands vicaires élus, et des prélats français, tels que Caumartin, evêque d'Orléans, et

Armand de Lorraine, évêque de Bayeux, consentirent à ordonner des prêtres munis de dimissoires de ces grands vicaires. Finalement un missionnaire français, Dominique Varlet (1678-1742) vint au secours de l'église de Hollande en détresse. Docteur de Sorbonne, envoyé d'abord au Canada par les missions étrangères, il fut nommé par Clément XI évêque de Babylone, et il partit pour évangéliser la Perse. Des tracasseries causées par son refus de recevoir la Bulle le contraignirent de revenir en Europe, et il accepta de se fixer en Hollande. Il sacra successivement quatre archevêques d'Utrecht élus par le chapitre : Steenoven en 1724, Barchman l'année suivante, van der Kroon en 1734, et Meindaerts en 1739. Il mourut en 1742 après avoir déclaré qu'il confirmait ses appels au futur concile.

Il y avait en Hollande, à la date de 1750, un archevêque et deux évêques, et voici comment cette petite Église était constituée. Une fois élus par les chapitres, comme cela s'était toujours fait depuis le VIIe siècle, les évêques écrivaient au pape pour lui demander humblement l'institution canonique. Ils ne recevaient pas de réponse, et, quatre mois s'étant écoulés, ils se faisaient sacrer, et ils écrivaient encore une fois au pape pour déclarer qu'ils étaient dans sa communion et qu'ils reconnaissaient aux souverains pontifes successeurs de Pierre la primauté d'honneur et de juridiction. Condamnés comme schismatiques, ils protestaient avec véhémence et, si l'on contestait à Rome la légitimité de leur titre d'évêque, on était obligé d'en reconnaître la validité. Ils étaient bel et bien successeurs des apôtres; ils pouvaient sacrer d'autres évêques, ordonner des prêtres et confirmer les fidèles. Telle a été jusque dans ces dernières années la situation du clergé de

Hollande. L'Église d'Utrecht était janséniste en ce sens que son *Credo* était exactement celui de Port-Royal ; elle condamnait sincèrement les cinq propositions dites de Jansénius, mais elle ne consentait pas à les imputer à l'évêque d'Ypres, et elle refusait de signer le Formulaire autrement qu'on ne signait sous Clément IX. Quant à la Bulle *Unigenitus*, l'Église d'Utrecht la rejetait au nom des mêmes principes, mais elle protestait que sous aucun prétexte elle ne consentirait à se séparer de l'Église de Rome, parce que le schisme est chose pire que l'hérésie, et que rien ne saurait le justifier. Ainsi les anciens catholiques de Hollande étaient absolument d'accord avec les jansénistes de France, et il n'y a pas lieu de s'étonner si leurs relations ont été au XVIIIe et au XIXe siècles si fréquentes et si cordiales. Jean de Néercassel s'était lié d'amitié avec le marquis de Pontchâteau dès 1660, et ce grand voyageur, qui se rendit quatre ou cinq fois en Hollande, le mit en relations avec Arnauld. L'illustre docteur rendit visite à l'archevêque d'Utrecht et demeura six mois auprès de lui ; il séjourna même dix-huit mois à Delft avant de se fixer définitivement à Bruxelles en 1682. Après lui vinrent Tillemont, Sainte-Marthe, Gerberon, Quesnel, Duguet, et à leur suite l'abbé d'Etemare, Petitpied et la plupart des fervents port-royalistes du XVIIIe siècle. Avant même la destruction de Port-Royal, quand on ne considéra plus ce monastère comme un lieu assez sûr pour y mettre en dépôt des pièces d'archives et des papiers précieux, c'est aux Hollandais que l'on eut recours. Les bibliothèques de l'Église d'Utrecht, Klarenburg, Rhynwick, Amersfoort, se sont ainsi enrichies d'une infinité de documents tels que les papiers de Pontchâteau, du cardinal Le Camus, de Quesnel et de beaucoup d'autres, et des catalogues bien faits ont rendu les recherches faciles. Sainte-Beuve n'a pas eu comme Victor Cousin la bonne fortune de se faire communiquer par MM. Roch et Amable Paris, mandataires de la petite société des jansénistes parisiens, des documents provenant de leur bibliothèque, mais il s'est fait ouvrir toute grande la porte des archives hollandaises. Son *Port-Royal* a profité de beaucoup de pièces d'archives qu'il a pu consulter sur place en 1849, ou qui lui ont été adressées depuis en communication et même données en toute propriété, parce qu'il avait au suprême degré l'art de séduire les gens, et comme il l'a dit lui-même avec une franchise un peu cynique, « de donner les plus grandes espérances aux sincères qui voulaient le convertir et qui le croyaient déjà à eux [1] ». Les bons Hollandais, les sincères et les naïfs, ont fini par être désillusionnés ou détrompés, et le vénéré directeur du séminaire d'Amersfoort, M. Karsten, qui a survécu à Sainte-Beuve, ne cachait pas son désappointement. Mais les documents communiqués par eux ont été presque tous utilisés, et l'histoire de Port-Royal s'en est enrichie, comme elle avait pu le faire dès le commencement du XVIII° siècle.

C'est en Hollande que parut en 1700 l'*Histoire du Jansénisme* du Père Gerberon. Les précieux Mémoires de Du Fossé et de Fontaine ont été publiés à Utrecht même (1736-1739). C'est là que parut en 1740 le recueil de documents si connu sous le nom de Recueil d'Utrecht, sans lequel on connaîtrait bien mal la vie de Pascal. On connaît bien la vie de la Mère Angélique depuis la publication faite à Utrecht en 1742 de Mémoires pour servir à son histoire, et de trois volumes de ses Lettres.

---

(1) *Port-Royal*, 3° éd., t. II, p. 513.

A Utrecht enfin ont été imprimés « aux dépens de la
Compagnie », les Mémoires historiques et chronologiques de Guilbert (9 volumes, 1758-1759) et les treize
volumes de l'abrégé de l'histoire ecclésiastique de
Bonaventure Racine [1] (1748-1754). On s'est laissé
tromper par cette indication : « aux dépens de la
Compagnie », et on a cru que c'était la société janséniste, la Boîte à Perrette, qui faisait généreusement les
frais de ces publications. Il n'en est rien, car ces mots
désignent tout simplement des libraires associés qui
imprimaient en vue de l'exportation une multitude de
livres très différents les uns des autres, notamment des
pièces de théâtre. La librairie hollandaise ne se contentait pas de contrefaire les meilleurs livres, elle en
publiait elle-même de très bons, et ceux qui en France
n'auraient pu obtenir ni privilège du roi ni permission
s'y imprimaient avec une très grande facilité. C'est
pour cela que Louis XV tint rigueur à Carré de Mont-
geron et ne voulut jamais le mettre en liberté ; il ne lui
pardonnait pas, disait-il, d'avoir ainsi contrevenu aux
règlements de police de la librairie française. La première édition de la Doctrine chrétienne de Mesenguy,
imprimée secrètement à Paris même sous les yeux de
son auteur, a été publiée ostensiblement à Utrecht en
1744, et, durant tout le xviiie siècle, les libraires des
Pays-Bas, catholiques ou protestants, se sont mis de
très bonne grâce au service des jansénistes français ; les
ouvrages publiés ainsi se comptent par milliers. Le
gouvernement hollandais les y autorisait, et même il
accueillait très favorablement ceux qui voyageaient
dans les Provinces Unies pour y visiter les anciens

(1) Les six premiers volumes ont été publiés à Utrecht, les sept
autres à Cologne.

catholiques et ceux qui venaient s'y établir pour échapper aux persécutions, comme les Chartreux et les moines de l'abbaye d'Orval en 1728, comme van Espen et les docteurs de Louvain.

L'illustre Duguet, octogénaire comme van Espen, crut devoir en 1730 se réfugier chez les Hollandais, et l'archevêque d'Utrecht le reçut avec empressement; mais Duguet ne profita pas longtemps de l'hospitalité de Barchman; il put revenir en France et même à Paris avec l'assentiment de la cour et de l'archevêque Vintimille; il y mourut paisiblement en 1733 à l'âge de quatre-vingt-quatre ans, et il fut enterré à Saint-Médard, auprès de Nicole, non loin du petit cimetière désormais pacifié où le diacre Paris reposait sans y faire de nouveaux miracles.

D'autres que lui trouvèrent en Hollande un asile sûr pour eux et pour les documents qu'il s'agissait de sauver. C'est ainsi que les archives de l'Église d'Utrecht ont recueilli grâce à Petitpied, à Fouillou, à Nivelle, surtout à Jean-Baptiste Gaultier, théologien et bibliothécaire des évêques appelants de Langle et Colbert (1684-1755), de très nombreuses lettres autographes et beaucoup de documents précieux que Sainte-Beuve n'a pas consultés parce qu'ils sont relatifs à cette histoire du xviii⁰ siècle qu'il ne voulait pas étudier. Deux ecclésiastiques surtout ont servi d'intermédiaires entre les Français et les Hollandais, ce sont le chanoine Nicolas Le Gros (1675-1751) et l'abbé Jean-Baptiste d'Etemare (1682-1770).

Nicolas Legros, chanoine de Reims et docteur en théologie, avait été mis par l'archevêque Le Tellier à la tête de son petit séminaire; le successeur de Le Tellier, François de Mailly, l'en chassa en 1710, et Legros se retira une première fois en Hollande auprès de Quesnel avec Petitpied et Fouillou. Au début de la Régence il revint à Reims et s'y fit remarquer par son zèle contre la Bulle et en faveur de l'Appel. Exilé pour ce fait à Saint-Jean-de-Luz, il éluda la lettre de cachet qui l'y envoyait (1721). Il séjourna quelque temps à Rome et en Angleterre, et finalement il se fixa en Hollande en 1726. Il fut dix ans professeur de théologie au séminaire d'Amersfoort, il organisa Rhynwick, et il composa de nombreux ouvrages, une traduction de la Bible très estimée et des Méditations sur les Épîtres, outre de nombreux écrits sur les affaires du temps, contre la Bulle, en faveur des miracles, contre les convulsions, pour la défense du gallicanisme, pour la justification des *Nouvelles ecclésiastiques*, etc. Le célèbre Legros, comme on disait alors, fut un des meilleurs auxiliaires que le clergé de France ait donnés à l'Église de Hollande et il contribua plus que personne à enrichir sa bibliothèque et ses archives; i mourut à soixante-seize ans, après un séjour ininterrompu de vingt-cinq années.

Jean-Baptiste Lesesne de Ménilles d'Etemare étudia d'abord la théologie chez les Oratoriens sous la direction de Duguet. Ordonné prêtre en 1709 il dit sa première messe à Port-Royal des Champs, et l'année suivante il collaborait aux *Gémissements* sur la ruine du saint monastère. Plus que personne il en avait conservé l'esprit; le culte de Port-Royal était héréditaire dans sa famille, et c'est une de ses cousines, Mlle de Thémericourt [1], ancienne élève de la maison, qui a le

---

(1) V. les *Mémoires de Du Fossé*, p. 497. Marie Scholastique de Thémericourt vivait encore quand on imprima ces mémoires en 1739 ; née en 1671, elle est morte en 1745, et son nom ne figure ni dans le petit nécrologe de Cerveau ni dans les tables des *Nouvelles ecclésiastiques*, c'est un oubli regrettable, presque une ingratitude.

plus contribué à parachever l'œuvre de Mlle de Joncoux, c'est-à-dire à sauver les manuscrits de Port-
Royal, à les faire copier à grands frais, et à les publier.
S'il est resté en France, à Paris ou à Troyes, beaucoup
de documents précieux, c'est principalement à l'abbé
d'Etemare et à sa famille que l'on en est redevable.

Il fut en 1713 le collaborateur du docteur Boursier,
dont il revit en entier avant son impression le traité
de l'Action de Dieu sur les créatures. La même année
on lui confia la rédaction particulièrement délicate de
la quatrième colonne des *Hexaples*, celle qui était
réservée aux Remarques générales. En 1725, d'Etemare
fut envoyé à Rome pour travailler à une pacification
de l'Église de France que Benoît XIII désirait sincèrement et que les Jésuites surent bien empêcher. De
retour en France, il vécut quelque temps à Auxerre
dans l'intimité de l'évê 1e Caylus, puis il se rendit en
Hollande en 1754; il y séjourna vingt-cinq ans, il institua même à Rhynwick une sorte de séminaire français, et il y mourut en 1770 âgé de quatre-vingt-neuf
ans. Il entretenait une correspondance très active avec
ses amis de France, notamment avec un Toulousain,
Jean-Baptiste Raymond de Pavie de Beccarie de Fourquevaux, ancien officier de mousquetaires qui embrassa
l'état ecclésiastique sans vouloir s'élever au-dessus de
l'ordre d'acolyte. Élève de Duguet et disciple de l'abbé
d'Etemare, Fourquevaux (1693-1767) prit parti pour les
appelants dès l'année 1717, et on lui doit un ouvrage
important que Sainte-Beuve n'a malheureusement pas
connu, le *Catéchisme historique et dogmatique sur les
contestations qui agitent maintenant l'Église*, imprimé
à la Haye en 1729 et réimprimé huit fois en vingt ans.
L'ouvrage complet a cinq volumes; il fait connaître
d'après les sources, avec une exactitude merveilleuse,

tout ce qui s'est passé durant deux cents ans, de 1540
à 1760 La connaissance d'une histoire si bien faite
aurait épargné à l'auteur de *Port-Royal* bien des
tâtonnements, bien des recherches pénibles et bien des
erreurs. Le *Dictionnaire des livres jansénistes* le signa-
lait pourtant à l'attention de Sainte-Beuve, car il le
présentait, sans en connaître l'auteur, « comme un des
livres les plus pernicieux qu'eût produits la secte,
comme un de ceux qu'il faut retirer avec le plus de
soin des mains des fidèles ».

Le présent travail a été singulièrement facilité par
l'étude très attentive du *Catéchisme historique* ; sans
lui on se serait égaré maintes fois dans les labyrinthes
du xviiie siècle. Tous ceux qui voudront étudier sérieusement l'histoire si complexe de ces années de troubles
feront bien d'y recourir comme le faisaient les contemporains de Fourquevaux.

Il est mort près de Toulouse à soixante-quatorze ans,
et nul ne l'a plus vivement regretté que l'abbé d'Etemare, plus âgé que lui de douze ans. J'ai pu lire et
analyser environ trois cents lettres autographes adressées par cet abbé, entre les années 1727 et 1767, à
l'auteur du *Catéchisme historique*. Dans une dernière
lettre, écrite le mardi 2 août 1768 à la nièce de Fourquevaux, et dictée par d'Etemare à Du Pac de Bellegarde, on lit ces lignes un peu étranges, mais bien
caractéristiques : « J'ai sous mes yeux votre lettre du
7 novembre 1767, qui me fut et m'est d'autant plus
sensible qu'elle me représente une véritable nièce d'un
des plus intimes amis que Dieu m'eût donnés, et avec
lequel il m'a lié pendant la durée de cinquante ans
sans interruption sur la terre. C'est aujourd'hui l'anniversaire du jour auquel il nous l'a enlevé pour le tirer
à lui. Je me console dans la vue que, selon le cours de

la nature, je ne puis être loin de l'aller rejoindre. En attendant (ne soyez pas surprise, Mademoiselle, de ce que je vas dire), je continue de lui écrire des lettres à lui adressées dans le pays qu'il habite depuis un an; et peut-être plus souvent que je ne le faisais lorsqu'il était en Languedoc. Pour dissiper en un mot la surprise que peut vous causer une pareille pensée, je n'ai qu'à vous rapporter un fait dont M. votre oncle sûrement avait entendu parler; c'est que c'était l'usage de Port-Royal d'écrire tous les ans une lettre signée de la communauté à saint Bernard, et l'on députait un ecclésiastique qui la portait à Clairvaux et la déposait sur le tombeau du saint. Le célèbre M. Lancelot a été chargé quelquefois de cette commission. Partant de là, vous jugez, Mademoiselle, combien de choses M. de Senneville a à écrire à Euphrone [1] dans une crise aussi vive que celle où nous nous trouvons.... »

D'Etemare est mort à Rhynwick peu de temps après avoir dicté cette lettre. On l'a enterré dans la cathédrale d'Utrecht; ses livres et ses papiers ont enrichi les archives d'Amersfoort, et il a laissé des disciples qui comme lui avaient au suprême degré l'amour de Port-Royal : Du Pac de Bellegarde, l'éditeur d'Arnauld, et Le Roi de Saint-Charles, avocat au Parlement de Paris et acolyte d'Utrecht (mort en 1803), l'homme qui a le mieux connu l'histoire de Port-Royal. On verra dans la suite de ces études que l'esprit de Port-Royal animait encore en 1873, lorsque mourut M. Karsten, les anciens catholiques d'Utrecht. J'ai vu le temps où l'on envoyait de Paris à Amersfoort des caisses de livres jansénistes, des gravures et des tableaux ; j'ai connu

____

(1) Senneville est le pseudonyme de d'Etemare lui-même ; Euphrone est l'un des deux interlocuteurs du Catéchisme historique de Fourquevaux, il désigne ici Fourquevaux lui-même.

des Français dont on avait voulu faire des prêtres pour le recrutement du clergé de Hollande. Depuis la mort de M. Karsten, qui avait le schisme en horreur, l'esprit de Port-Royal ne souffle plus de ce côté; la malheureuse Église d'Utrecht n'est plus du tout ce qu'elle était quand elle inspirait à Sainte-Beuve et à d'autres une admiration et une sympathie si vives.

CHAPITRE XX

Nous sommes arrivés de proche en proche au point
culminant de l'histoire religieuse du XVIIIe siècle, à la
grande affaire de l'abbé de Prades ; il faut l'étudier à
part, car le rôle de la Sorbonne en cette circonstance
a été d'une importance capitale ; jamais depuis l'affaire d'Antoine Arnauld en 1655 on n'avait vu chose
semblable. C'est alors que le philosophisme a démas-
qué ses batteries et fait ouvertement la guerre à
toutes les religions et particulièrement au christianisme, et on n'a pas manqué de dire, après les Pères
Lafitau et Loriquet, que les jansénistes avaient été les
auxiliaires et les complices de Diderot, de Voltaire,
des Encyclopédistes et des philosophes. L'histoire de
l'abbé de Prades va faire voir si c'est la vérité.

Jean Martin de Prades (1720-1782) était en 1751 un
étudiant en théologie comme beaucoup d'autres. Né à
Castelsarrazin, dans le diocèse de Montauban, il voulait être docteur pour s'élever aux dignités ecclésiastiques, et il ne s'intéressait en aucune façon au Formulaire et aux questions que pouvait soulever la
Bulle *Unigenitus*. S'il est devenu célèbre, c'est uniquement par le scandale auquel a donné lieu la soutenance de sa thèse de licence. Bachelier en théologie

et très bien noté à la Faculté, il avait soigné tout particulièrement cette thèse, sa « majeure ordinaire », écrite en latin prétentieux à la Lucain, beaucoup plus longue que les autres, et toute farcie de discussions philosophiques au sujet de Locke et de Hobbes. La thèse manuscrite fut acceptée sans difficulté par le syndic Dugard, qui la jugeait « pleine de beaux sentiments en faveur de la religion ». Les autres examinateurs furent du même avis, et la thèse fut imprimée et distribuée selon l'usage à 45o exemplaires. La soutenance publique eut lieu le 18 novembre 1751, de huit heures du matin à six heures du soir, et ce fut un triomphe pour le jeune de Prades, qui répondit victorieusement aux objections de détail qui lui furent faites. Le succès fut si complet que la Sorbonne se proposait de le recevoir avec les plus grands éloges et de lui assigner le premier rang parmi les licenciés de sa promotion. Quinze jours plus tard, c'était le Parlement qui s'occupait de la thèse de l'abbé de Prades ; elle lui avait été dénoncée comme pleine de propositions impies et subversives tendant à détruire la religion et même à bouleverser l'État. On sut alors que son auteur était un collaborateur de Diderot et de d'Alembert, et qu'il avait rédigé sa thèse d'accord avec les Déistes et dans les bureaux de l'*Encyclopédie,* dont le premier volume avait paru en juin 1751, dont on devait distribuer le deuxième dans le courant de janvier 1752. Le Parlement fit comparaître le syndic de la Faculté de théologie, exigea la remise immédiate de la thèse incriminée, et prescrivit une enquête. La Sorbonne obéit, et pour n'être pas devancée par les magistrats, elle consentit à se contredire elle-même, c'est-à-dire à se déshonorer en brûlant ce qu'elle venait d'adorer. La thèse fut examinée à nouveau par cent quarante-six docteurs durant onze assemblées extraordinaires; on refusa d'entendre l'abbé de Prades qui protestait de son orthodoxie et qui demandait à se défendre, enfin la Faculté fulmina une censure en règle contre cet ouvrage de ténèbres qui, disait-elle, lui faisait horreur. Ce n'était plus seulement l'odieuse comparaison de Jésus-Christ et d'Esculape, c'était dix propositions que la Sorbonne relevait et condamnait en leur appliquant respectivement et *in globo* les qualifications les plus sévères.

Deux jours après, le 29 janvier 1752, l'archevêque de Paris, Christophe de Beaumont, publia contre la thèse un mandement sévère et très court, dont les phrases ne coulaient pas de source, car il fallut, dit-on, corriger onze épreuves avant de donner le bon à tirer [1].

L'abbé de Prades appartenait par sa naissance au diocèse de Montauban; l'évêque Michel de Verthamon, qu'il ne faut pas confondre avec son frère Samuel, évêque de Luçon et ennemi déclaré de la Bulle et des Jésuites, crut devoir intervenir à son tour. Le mandement qu'il publia le 23 février 1752 n'a que huit pages, mais il est cinglant. L'évêque y parle avec douleur de cet « enfant de perdition qui a trahi son Dieu, sa religion, sa patrie, son pasteur; qui s'est livré aux ouvriers d'iniquité et leur a servi d'organe pour manifester et défendre une grande partie du sacrilège système du Déisme, par une thèse publique, soutenue dans la capitale du royaume, à la face de la première et de la plus célèbre Université du monde, qui a frémi de voir dans son sein un tel monstre, et s'est empressée de le rejeter avec horreur... » Les

____

[1] *Le tombeau de la Sorbonne*, ouvrage attribué à Voltaire, p. 21.

autres évêques de France ne suivirent pas le mouvement comme ils l'avaient fait avec un si beau zèle lors de l'affaire du Père Pichon. Seul, le vieil évêque d'Auxerre, Caylus, saisit cette occasion pour donner à ses diocésains un enseignement très solide sur la sainteté du christianisme, mais il prit le temps de la réflexion, et son Instruction pastorale en 90 pages in-4° et 500 pages in-12 parut seulement en mai 1752. Alors aussi parut une réfutation en 330 pages de la thèse de l'abbé de Prades. Ces *Observations importantes...*, que l'auteur des *Nouvelles ecclésiastiques* jugeait véritablement telles, étaient d'Étienne Gourlin (1695-1775), l'un des publicistes les plus féconds de l'École janséniste du XVIIIe siècle [1]. L'auteur des *Observations* jugeait très sévèrement le jeune bachelier de Sorbonne collaborateur de l'Encyclopédie ; il ne ménageait pas la Faculté de théologie que l'abbé Pucelle avait traitée en plein Parlement de carcasse, et finalement il s'en prenait à la maudite Bulle *Unigenitus*, cause première de tous ces désordres. Enfin le 22 mai 1752, on affichait à Rome un Bref de Benoît XIV dressé le 2 mars contre la thèse incriminée ; la série des condamnations et des anathèmes était complète.

Le Parlement, qui se vantait avec raison d'avoir rappelé la Sorbonne à son devoir, se crut obligé de sévir contre le bachelier qui avait avancé au sujet de l'inégalité des conditions une proposition séditieuse

---

(1) Le protestant Boullier, dont il sera parlé ci-dessous, admirait fort cet écrit fait « de main de maître. » Il admirait de même l'Instruction pastorale de Caylus.

C'est Gourlin qui avait composé l'instruction pastorale sur la *Justice chrétienne* publiée en 1749 sous le nom de l'archevêque de Tours, Rastignac. V. ci-dessus, p. 16.

et « digne de Ravaillac »; il décida le 11 février 1752
que le sieur de Prades « serait appréhendé au corps
et amené ès prisons de la Conciergerie. » L'affaire
tournait ainsi au tragique, aussi l'abbé de Prades
s'enfuit, et il se réfugia en Hollande, non pas à Utrecht,
chez les anciens catholiques, car il avait attaqué les
jansénistes dans sa thèse, mais à Leyde, chez les protestants. Il y écrivit une longue Apologie dont les
deux premières parties étaient assez modérées; il
cherchait à se justifier et il ne rétractait rien, les vrais
coupables étant ses examinateurs et ses approbateurs.
La troisième partie de cette étrange Apologie était au
contraire d'une violence extrême; c'était un pamphlet
contre Caylus, âgé pour lors de quatre-vingt-trois ans;
l'évêque d'Auxerre y était appelé « le chef isolé d'une
secte expirante » et les Jansénistes étaient traités de
cruels ennemis de Jésus-Christ qui troublaient la paix
de son Église. » On voit en lisant ces dernières pages
que l'abbé de Prades était suivant l'expression d'un
contemporain, « hors de ses gonds [1] »; il a cherché
plus tard à s'en excuser, et il a dit en propres termes,
au sujet des personnalités blessantes qui se rencontrent dans son Apologie : « elles ont été ajoutées à
mon insu, et ma main ne se serait jamais prêtée à les
écrire [2]. » Mais on n'est pas obligé de le croire sur parole; car si ces invectives ne sont pas de lui, s'il faut
les attribuer à l'abbé Yvon, autre collaborateur de
l'Encyclopédie, ou même à Diderot son rédacteur en
chef, l'abbé de Prades les a enchâssées dans sa prose
avec une étonnante complaisance. Son Apologie, com-

(1) Lettre autographe de l'abbé d'Etemare, 15 décembre 1752.
(2) Lettre de l'abbé de Prades à la Sorbonne pour adhérer à la
censure de sa thèse. Potsdam, 6 avril 1754. Impr. dans un recueil
de pièces du temps.

mencée à Leyde et terminée à Postdam, est tout à fait contemporaine du pamphlet intitulé : *Le Tombeau de la Sorbonne,* qui est peut-être de Voltaire et peut-être aussi de l'abbé de Prades en personne, car il était alors à Postdam l'hôte et l'ami de Voltaire.

L'Apologie ne paraît pas avoir suscité de nombreuses répliques ; toutefois il s'en trouve une dans les recueils de pièces publiés en 1753 pour satisfaire la curiosité publique. Elle est fort intéressante ; elle est attribuée avec beaucoup de vraisemblance au jésuite Brotier, bibliothécaire du collège Louis le Grand, et bien connu des savants comme éditeur de Tacite (1723-1789). Son *Examen de l'Apologie de M. de Prades* (17 pages in-4° à deux colonnes) est très sévère, mais très judicieux, et frère Gaillard, comme l'appelait alors Voltaire, dut regretter de s'être attaqué à ceux qu'il nommait les « hommes noirs » c'est-à-dire aux Jésuites. Le Père Brotier, moins bon théologien que Caylus et que Gourlin, était plus incisif et plus mordant ; il ne laissait rien subsister de l'Apologie et de la thèse elle-même ; c'est une excellente réplique au *Tombeau de la Sorbonne,* publié cette année-là. Enfin l'abbé de Prades, qui s'était attaqué aux protestants, fut réfuté très vivement par le ministre Boullier (1699-1759). L'auteur du *Court examen sur la thèse...* [1] reprochait au bachelier d'avoir trouvé le secret de se mettre à dos « à la fois le pape, la Sorbonne, les évêques, le Parlement, les jésuites et les jansénistes, » et, après avoir dit que l'abbé de Prades était un hypocrite, il lui conseillait de se faire protestant. En agissant ainsi, disait-il (page 161), il « ne

---

[1] Un vol. in-12, publié à Amsterdam en 1753.

courait pas le moindre risque de devenir jamais ni athée ni païen. »

Les suites de cette affaire sont imparfaitement connues; elles sont très curieuses à tous égards. « Arius de Prades », comme disait Voltaire, fut nommé lecteur du roi de Prusse à la mort de l'athée Lamettrie; il devint secrétaire du roi dont il avait su gagner les bonnes grâces, et c'est à ce titre qu'il écrivit sous la dictée du prince la lettre si dure qui amena la rupture de 1753 et le départ de Voltaire. Quelques mois plus tard, Frédéric II entreprit de réconcilier l'abbé de Prades avec l'Église et avec la Sorbonne, et il y parvint; l'archevêque de Breslau, le pape Benoît XIV, le cardinal de Tencin, proviseur de Sorbonne, l'archevêque de Paris et enfin l'évêque de Montauban furent mêlés à cette négociation. Martin de Prades, qui voulait obtenir un bénéfice en Silésie, envoya de Postdam, le 6 avril 1754, une rétractation et une révocation de sa thèse, de ce qu'il avait dit ou écrit pour sa défense, « ainsi que de toutes les injures qu'il avait dites ou écrites contre qui que ce soit à cette occasion ». L'archevêque de Paris et l'évêque de Montauban publièrent des mandements pour manifester leur joie d'un si heureux retour, et, à la prière du cardinal de Tencin, le nom du bachelier repentant fut réinscrit sur les registres de la Sorbonne. On n'alla pourtant pas jusqu'à lui conférer le titre de docteur, ce qui aurait souffert des difficultés, car l'abbé de Prades était toujours sous le coup d'un mandat d'amener; il dut se contenter d'un bénéfice à Glogau, dans la partie catholique des États du roi de Prusse. Il y vécut plus de vingt ans sans donner suite à ses beaux projets de démonstration du catholicisme; il fut même emprisonné en 1757 par ordre de Frédéric durant la guerre de Sept ans, parce qu'on l'accusait d'indiscrétions et de correspondances suspectes. En 1766, il fit paraître à Berlin un Abrégé de l'histoire ecclésiastique de Fleury, dont l'avant-propos était du roi de Prusse, et cet ouvrage sans valeur fut brûlé comme impie à Rome et à Berne [1]. Martin de Prades mourut à Glogau en 1782, et sa mort ne fut annoncée ni dans les *Nouvelles ecclésiastiques* ni ailleurs. On croyait même qu'il était mort à trente-quatre ans en 1757, pendu à Berlin par ordre de Frédéric II. Que faut-il penser des sentiments de religion que M. Francisque Bouillier, auteur d'un bon article sur l'abbé de Prades [2], prête généreusement à ce triste personnage, et ne serait-ce pas le jésuite Brotier qui avait raison quand il lui reprochait son hypocrisie et sa mauvaise foi ? [3] Quoi qu'il en soit, l'affaire de Prades avait montré par deux fois l'abaissement de la Sorbonne livrée aux molinistes ; elle avait réuni pour un instant les jansénistes, les jésuites et les protestants ; elle avait signalé aux pouvoirs publics les dangers de la propagande philosophique, et c'est à ce moment que d'Alembert, Diderot et Voltaire s'unirent pour saper l'ancien régime, pour attaquer le trône et l'autel.

La thèse impie soutenue par un prêtre collaborateur avoué de l'Encyclopédie attira l'attention sur cet ou-

(1) V. la correspondance de Voltaire, *passim ;* il y a des lettres de Frédéric II relatives à cette affaire ; c'est Clément XIV qui condamna le livre au feu.

(2) Revue politique et littéraire, 11 octobre 1884 ; j'ai complété l'étude de M. Francisque Bouillier dans la Revue critique du 23 février 1885. On y trouvera publiées, d'après les recueils jansénistes du temps, deux lettres du marquis d'Argens et une longue lettre de Voltaire. Cf. A. GAZIER. *Mélanges d'histoire et de littérature*, Paris, A. Colin, 1903.

(3) P. 14 de l'éd. in-4° de 1753.

vrage dont les deux premiers volumes venaient de paraître (juin 1751, janvier 1752), et ces deux volumes furent supprimés par un arrêt du Conseil en date du 7 février 1752. Les considérants de cet arrêt étaient les suivants : « On a affecté d'insérer dans ces deux volumes des maximes tendant à détruire l'autorité royale, à établir l'esprit d'indépendance et de révolte…, à élever les fondements de l'erreur, de la corruption des mœurs, de l'irréligion et de l'impiété. » Les deux premiers volumes de l'Encyclopédie (lettres A à D) furent donc supprimés ; la vente et la réimpression de ces deux volumes furent interdites ; mais on n'obligea pas les souscripteurs qui les avaient reçus à les rendre, et il ne fut pas défendu de continuer. Aussi la publication ne tarda-t-elle pas à reprendre son cours. Protégés par le ministre d'Argenson, les Encyclopédistes se montrèrent moins agressifs, et de 1753 à 1757 ils publièrent cinq volumes. Voltaire était devenu en 1755 collaborateur de d'Alembert et de Diderot, et comme il était désormais en sûreté aux portes de Genève, il les excitait à lutter contre l'infâme religion chrétienne ; il voulait que l'Encyclopédie fût « un coup de massue pour le fanatisme. »

Mais en 1758 l'Encyclopédie essuya une tempête bien plus violente que celle de 1752 ; elle eut pour cause l'apparition d'un gros ouvrage matérialiste publié par un ancien fermier général. Helvétius, qui ne collaborait pas à l'œuvre de Diderot, avait édité le livre *de l'Esprit*, avec approbation et privilège du roi. chez l'imprimeur de la pieuse reine Marie Leczinska, Cette audacieuse publication souleva l'indignation générale contre les philosophes ; Helvétius eut beau faire toutes les rétractations que l'on voulut, et dire dans une lettre imprimée [1] qu'il professait,« le christianisme sincèrement et dans toute la rigueur de ses dogmes et de sa morale... » il ne parvint pas « à parer l'orage », comme il le dit lui-même dans une lettre d'un tout autre style adressée à Voltaire [2] en décembre 1758. Le livre *de l'Esprit* fut attaqué et condamné par les *Nouvelles ecclésiastiques*, par l'archevêque de Paris alors exilé, par la Sorbonne, par le pape Clément XIII et par le Parlement. L'Encyclopédie fut enveloppée dans la même proscription. On lui retira son privilège; l'avocat général Omer Joly de Fleury fit contre elle, avec force citations, un réquisitoire d'une extrême violence, et en fin de compte on nomma des commissaires pour aviser aux mesures qu'il conviendrait de prendre. D'Alembert se retira définitivement dès 1757, mais Diderot se cramponna désespérément à toutes les épaves du navire qui sombrait. Comme il avait des protecteurs puissants, Lamoignon de Malesherbes, directeur de la librairie, Mme de Pompadour, Choiseul, et même Louis XV qui disait : « Il y a du bon dans l'Encyclopédie », Diderot ne perdit pas courage. Les commissaires nommés par le Parlement jugèrent avec raison que l'ouvrage pouvait être utile à certains égards, et on lui permit de reparaître à petit bruit sous l'œil vigilant de censeurs bien choisis [3]. C'est ainsi que les trente-six volumes de l'Encyclo-

---

(1) *Lettre au R. P. *** jésuite*, 4 p. in-4° sans lieu ni date, lettre signée.

(2) Ed. MOLAND, tome XXXIX, p. 543.

(3) Parmi eux se trouvait un grand janséniste, Louis Adrien Le Paige, avocat au Parlement, bailli du Temple, et conseiller du prince de Conti. Dans un de ses admirables Recueils de pièces, intitulé *Religion, Prades, Encyclopédie*, se trouve la lettre autographe par laquelle Joly de Fleury lui fait part de sa nomination de commissaire.

pédie in-folio parurent successivement. En 1769 on les réimprima sous un autre format, à l'étranger. C'était, au dire de d'Alembert, un habit d'arlequin avec quelques beaux morceaux et beaucoup de haillons; Voltaire jugeait que c'était une charrue mal attelée, et il y trouvait bien des sottises. En somme ce n'est pas elle qui a conduit l'ancien régime aux abîmes; c'est bien plutôt le *Dictionnaire philosophique*, ce sont les ouvrages de Rousseau et de Voltaire et de ceux qui se disaient leurs disciples, Raynal, Mably, Morellet, Marmontel et Condorcet.

Voltaire est le seul des philosophes qui ait écrit sur les affaires religieuses de son temps : les autres s'en désintéressaient absolument. L'auteur des *Lettres persanes* et de l'*Esprit des lois* avait bien ses idées de derrière la tête, mais il voulait avant tout la paix, et s'il a parlé de la Bulle *Unigenitus* en simple jurisconsulte, c'est tout à fait à la fin de sa vie et ce qu'il en a écrit n'a été publié que de nos jours[1]. Buffon parlementa avec la Sorbonne pour éviter d'être censuré par elle, et l'on sait qu'en 1754 il substitua cavalièrement le *Discours sur le style* à l'éloge de Languet de Gergy, son prédécesseur à l'Académie française. Diderot est d'une réserve extraordinaire sur les questions religieuses, sur les convulsions et sur les miracles qui auraient pu trouver place dans un Dictionnaire vraiment encyclopédique[2], et enfin Rousseau, qui n'a pas

(1) On a publié en 1892 un mémoire de lui au roi, et en 1907 une lettre à l'un des exilés de Bourges.

(2) Voici à ce sujet une anecdote curieuse que je trouve dans une lettre autographe et inédite du conseiller Rolland de Challeranges (30 juillet 1754). « Le nommé Mallet, chargé de la partie théologique pour l'Encyclopédie, sur le mot Constitution a parlé de la Constitution *Unigenitus* en double jésuite, de la manière la plus révoltante. Le cahier s'est trouvé par hasard joint à un cahier de

ménagé l'archevêque de Paris Christophe de Beaumont, a parlé en une demi-page dans ses *Confessions* des jésuites et de leurs adversaires. Les philosophes, pyrrhoniens, déistes ou matérialistes, s'attaquaient à la religion en général, et non pas aux manifestations particulières de l'idée religieuse, qu'ils ne voulaient même pas connaître.

Voltaire auteur du *Siècle de Louis XIV* et d'une *Histoire du Parlement* n'était évidemment pas dans la même situation. Il a donc parlé de la Bulle *Unigenitus* et du jansénisme ; et il en a dit quelque chose en passant dans le *Dictionnaire philosophique*, dans un certain nombre de ses *Opuscules* et dans la *Correspondance*. Tout ce qu'il a écrit à ce sujet dénote un historien superficiel, partial et dédaigneux ; et ce qui est plus grave, il a propagé sciemment des mensonges. Nous l'avons pris en flagrant délit d'imposture à propos de la guérison de Mme Lafosse, et ce serait la même chose s'il était possible d'analyser ici le chapitre du jansénisme dans le *Siècle de Louis XIV*, et le trente-sixième chapitre du *Précis du siècle de Louis XV*, et les chapitres LXII-LXVII (suite des Folies) de la très curieuse *Histoire du Parlement.*|Il avait été entre

jurisprudence qui a été porté chez M. Rousselet, avocat censeur. M. Rousselet a lu l'article de la Constitution ; il en a été indigné, quoiqu'il ne soit pas du tout janséniste. Il en a parlé à M. de Malesherbes, qui en a été tout aussi mécontent, et qui en a parlé à M. le Chancelier, lequel à fort improuvé l'article, a fait venir Mallet et lui a ordonné de changer l'article en supprimant ce qui regarde l'*Unigenitus*. Mallet, qui est attaché à l'article parce que cela doit être bien payé, s'est plaint à M. de Mirepoix (Boyer) qui a fait grand tapage. Il en a parlé à M. le Chancelier, qui a insisté sur la radiation. M. de Mirepoix a dit qu'il en rendrait compte au roi. *Adhuc sub judice lis est.* En attendant, Mallet a eu une pension de 1.500 livres ». Voilà des dessous de l'Encyclopédie auxquels on ne se serait pas attendu.

les années 1725 et 1728, au moment de son séjour forcé
en Angleterre, très au courant des affaires de la Bulle
Unigenitus [1]. Le petit poème intitulé *Jansénius* et
l'ode contre les Jésuites, qu'on peut lui attribuer sans
crainte de se tromper, montrent qu'il jugeait alors
sévèrement le concile d'Embrun et la condamnation
de l'évêque de Senez. Très désireux de voir finir son
exil, il songeait à utiliser ses relations jansénistes et
celles de son frère Armand Arouet, receveur des épices
à la Chambre des comptes, un convulsionniste de marque. Mais il ne tarda pas à comprendre qu'une alliance
avec des gens si mal en cour ne lui servirait de
rien ; il fit donc volte-face avec une désinvolture parfaite. Il écrivit au jésuite Porée, son ancien professeur
de rhétorique au collège de Louis le Grand, une lettre
pour lui faire hommage de son *Œdipe*, et à la fin de
cette lettre, qui n'était pas pour Porée seul, il disait, en
soulignant le dernier mot : « J'ambitionne votre estime
non seulement comme auteur, mais comme *chrétien* [2]. »
Cela ne veut pas dire que Voltaire se soit allié aux
Jésuites en 1728, car il les a fort malmenés dans la suite,
et l'article qui leur est consacré dans le *Dictionnaire
philosophique* est intitulé : *Jésuites ou orgueil*. Toutes les fois qu'il a parlé de la Bulle *Unigenitus*, il l'a
jugée avec la plus grande sévérité, et il suffit de lire ou
de relire l'*Ingénu,* « histoire tirée des manuscrits du
Père Quesnel, » pour constater que son auteur s'intéressait encore en 1767 aux affaires du jansénisme. Mais
à mesure qu'il avançait dans la vie, les querelles reli-

(1) V. à ce sujet dans la *Revue des deux Mondes* du 1er avril 1906,
l'article intitulé : Le frère de Voltaire.
(2) Edit. MOLAND, *Correspondance,* lettre 181 (1728). Dans une
seconde lettre au même Père, Voltaire parle de gens « plus emportés
que des jansénistes ».

gieuses lui apparaissaient plus dignes du mépris des
honnêtes gens. Il appelait les jansénistes des « énergu-
mènes atroces, des presbytériens plus dangereux que
ceux d'Angleterre » des « loups plus méchants que les
renards jésuites, » etc.; mais il traitait les molinistes
de « monstres à étouffer ». Il avait pris en horreur les
Pères La Chaise et Tellier; mais il avait conçu contre
Pascal une véritable haine; il l'exécrait à l'égal de
Bossuet, et il raisonnait comme j'ai vu raisonner jadis
un ministre de l'Instruction publique qui disait:
« Jésuites, jansénistes, gallicans, ultramontains, tous
cléricaux; je n'admets pas la distinction, et le clérical-
lisme, c'est l'ennemi. » Voltaire eût été de l'avis de
ses disciples modernes, car lui non plus ne faisait pas
de distinction entre les adversaires qui se disputaient
avec tant d'acharnement, entre les persécuteurs et les
persécutés. Son fanatisme antireligieux s'attaquait
volontiers aux jésuites et à leurs amis, à Nonotte, à
Patouillet et à Pompignan, mais il ne ménageait pas
davantage les jansénistes, dont la morale n'était évidemment pas la sienne. C'est même un fait extraordinaire qu'il soit si peu question des hommes et des
choses de Port-Royal dans les cinquante-deux volumes
des œuvres complètes de Voltaire. Il ne paraît pas
avoir connu les excellentes histoires de Besoigne et de
Clémencet, et suivant toute apparence il n'avait pas
même lu l'admirable Abrégé de Racine, publié trois
fois de son vivant, en 1742, en 1767 et en 1770. S'il a
parlé une fois des Mémoires de Du Fossé, il n'a parlé
ni de Fontaine, ni de Lancelot, ni des Lettres d'Arnauld et de Quesnel, et c'est à peine si cet homme, qui
lisait tout, semble connaître par ouï-dire, Saint-Cyran,
Sacy, Nicole, Tillemont, et après eux Duguet, Boursier, Colbert de Montpellier, Caylus d'Auxerre et

Soanen de Senez. On s'imagine parfois qu'il suffit de lire Voltaire pour bien connaître le XVIIIᵉ siècle ; si l'on n'avait pour étudier l'histoire religieuse de ce siècle mémorable que les œuvres du patriarche de Ferney, de Montesquieu, de Rousseau, de Diderot, et de tous les philosophes ensemble, on ne saurait rien de cette histoire. Ce qui vient d'être dit des uns et des autres au cours de ce chapitre fait donc voir avec évidence que l'histoire du mouvement philosophique et celle du mouvement janséniste sont absolument indépendantes l'une de l'autre. L'évêque de Sisteron, l'ancien jésuite Lafitau, a calomnié les jansénistes et en particulier les appelants quand il a dit en 1756, dans les *Entretiens d'Anselme et d'Isidore sur les affaires du temps*, qu'ils s'étaient associés aux incrédules pour former avec eux un concert d'athéisme et de déisme. Les appelants et leur porte-parole, le vigoureux auteur des *Nouvelles ecclésiastiques*, furent, au contraire, depuis 1728 jusqu'en 1803, les ennemis déclarés de la philosophie et des philosophes. Ils les ont combattus lors même que les constitutionnaires, occupés à faire triompher la Bulle, laissaient l'impiété en repos et jamais aucun d'eux n'a pactisé avec les incrédules. Voyons maintenant à propos des faits de schisme, des billets de confession et des refus de sacrements qui ont bouleversé la France à la même époque, si les appelants et les jansénistes se sont concertés avec les Parlements pour lutter contre le clergé comme on les accuse de s'être concertés avec la secte philosophique.

CHAPITRE XXI

Au cours de l'affaire de Prades, le Parlement, qui se
vantait d'avoir ramené la Sorbonne à son devoir, se
crut obligé de faire au roi les représentations les
plus énergiques au sujet de l'archevêque de Paris,
Christophe de Beaumont. Il reprochait à ce prélat
des faits de schisme révoltants et des persécutions
atroces, et jamais, au dire des parlementaires, « affaire
plus importante ne les avait amenés au pied du
trône ; la religion, l'État et les droits de la couronne
étaient également menacés ; le Parlement seul, par
l'exercice vigilant de l'autorité qu'il tient du roi, pouvait arrêter le schisme et prévenir toutes les horreurs
qui en seraient la suite inévitable. Pour empêcher le
Parlement d'agir, il faudrait lui ôter son existence [1]. »
Il fallait que la situation fût bien grave pour que les
magistrats, qui s'étaient tenus depuis vingt ans sur la
réserve, le prissent tout à coup de si haut à propos de
l'archevêque de Paris. Le récit de ce qui s'était passé
montrera qu'en effet l'histoire de la Bulle *Unigenitus*
venait d'entrer dans une phase nouvelle, encore plus
triste que les précédentes.

(1) Texte des remontrances du 15 avril 1752.

L'archevêque Vintimille, mort en 1746, fut, comme l'on sait remplacé par Gigault de Bellefonds, qui mourut au bout de six semaines, et le successeur de Fleury, l'ex-théatin Boyer, ancien évêque de Mirepoix, désigna pour le remplacer un prélat jeune encore — il avait quarante ans à peine — qui avait occupé successivement l'évêché de Bayonne et l'archevêché de Vienne. Ce qui avait fait choisir Christophe de Beaumont, c'était le zèle ardent dont il avait fait preuve en toutes circonstances pour le triomphe de la Bulle *Unigenitus;* les Jésuites n'avaient pas de partisan plus dévoué. Vertueux et d'une charité qu'on ne pouvait pas ne pas admirer, il était peu instruit, d'une intelligence très ordinaire, et d'un entêtement dont rien ne saurait donner l'idée[1]. Même quand le roi et le pape avaient parlé, il n'en croyait que sa conscience, « une lanterne sourde qui n'éclairait que lui », au dire du cardinal de Bernis. Désespérant d'agir sur le ferme bon sens de Louis XV, il s'appuyait sur la piété mesquine de la reine, du dauphin, de la famille royale, et surtout sur la Compagnie de Jésus. De 1746 à 1750, il fit preuve d'une certaine modération, parce qu'il avait en face de lui des curés appelants qui étaient inamovibles, et parce qu'il subissait l'influence du chancelier Daguesseau, un transfuge qui n'osait pourtant pas pousser les choses à l'extrême. Quand il eut perdu son mentor[2], il se jeta à corps perdu dans la lutte pour la

---

(1) Voici ce que lui écrivait, à lui-même, en 1758, un Parisien dont la lettre est imprimée (24 p. in-12) : « Tout le monde s'accorde à vous rendre ce témoignage que vous êtes doué d'excellentes qualités, que vos mœurs sont pures, que vous êtes libéral envers les pauvres, et que vous paraissez joindre à un grand désintéressement un courage intrépide, une fermeté inébranlable, auxquels il ne manque que d'avoir un objet plus réel et moins chimérique. »

(2) Daguesseau mourut à 83 ans, le 9 février 1751. Il avait été

Bulle, et il osa faire en plein Paris ce que n'avaient
fait que bien timidement les prélats les plus zélés, Vintimille, Languet de Gergy et Belsunce, excommunier
de sa propre autorité ceux qui refuseraient d'accepter
a Constitution, exiger d'eux des billets de confession
signés d'un prêtre approuvé et, s'ils ne les présentaient
pas, les priver de sacrements et leur refuser la sépulture
ecclésiastique. La première fois que l'archevêque fit
un coup d'éclat, ce fut au mois de février 1749, lors de
l'enterrement du docteur Boursier, qui avait été l'âme
de l'appel en 1717 et le conseiller toujours écouté des
évêques appelants. Chassé de la Sorbonne en 1730,
obligé de se cacher pour n'être pas incarcéré, il
mourut sur la paroisse Saint-Nicolas du Chardonnet,
et le curé de cette paroisse, un ami qui n'avait pas osé
se joindre aux appelants, lui administra sans difficulté
les derniers sacrements. Le curé Garnot alla même
plus loin, car il inhuma Boursier dans son église et il
lui fit des funérailles solennelles, auxquelles prit part,
sans savoir de qui il s'agissait, tout le séminaire de
Saint-Nicolas. Quand les supérieurs de ce séminaire
surent le nom du docteur qu'ils avaient enterré d'une
manière si honorable, il entrèrent en fureur, et la
perte du curé fut résolue. L'archevêque voulut l'empêcher de célébrer désormais la grand'messe et, comme
il ne consentit pas à s'excommunier pour ainsi dire
lui-même, une lettre de cachet sollicitée par Beaumont

franchement janséniste dans sa jeunesse et jusqu'aux environs de
1727 ; sa sœur, Mme Le Guerchois, était même janséniste convulsionnaire. Sa défection avait vivement attristé les adversaires de la
Bulle, ses anciens amis. Les *Nouvelles ecclésiastiques* ne parlent même
plus de lui après 1741 ; le *Nécrologe* de Cerveau ne daigne pas s'occuper de lui ; on ne connaîtrait pas son rôle dans ses dernières années
'si Le Paige n'avait pas hérité d'une grande partie de ses papiers
parmi lesquels s'est trouvée l'histoire de la Bulle en 1713.

l'exila immédiatement à Senlis. Il y mourut dix ans plus tard après avoir dit que la Bulle *Unigenitus* était à ses yeux une preuve manifeste de la faillibilité des papes.

Quatre mois après Boursier, en juin 1749, mourait sur la paroisse Saint Étienne-du Mont un personnage encore plus célèbre, le principal du collège de Beauvais, Charles Coffin, ancien recteur de l'Université, auteur des belles hymnes qui furent introduites en 1736 dans le Bréviaire de Paris publié par Vintimille, et qui ont été chantées jusqu'en 1872. Christophe de Beaumont et le curé de Saint-Étienne, astreints à la récitation quotidienne du Bréviaire, lisaient assidûment les hymnes de Coffin, et néanmoins, sur l'ordre de Beaumont, le génovéfain Boüettin, le fanatique curé de Saint-Étienne, refusa d'administrer leur auteur, parce qu'il était appelant et réappelant, et parce qu'il ne voulait pas nommer son confesseur. L'ancien recteur mourut privé de sacrements, mais on n'osa pas lui refuser la sépulture. Ses obsèques furent célébrées en grande pompe à Saint-Étienne par le clergé que présidait Boüettin, et on l'enterra en présence de quatre mille personnes, dans la chapelle de son collège, qui est aujourd'hui une église roumaine. Le Parlement avait essayé d'intervenir en faveur de l'ancien recteur, mais il s'était heurté à l'intransigeance de l'archevêque, et l'année suivante ce fut bien pis encore. Dix-huit mois plus tard, en décembre 1750, le neveu de Coffin, conseiller au Châtelet, tomba malade à son tour sur la paroisse Saint-Étienne, et il demanda les sacrements. Le curé Boüettin se transporta chez lui et refusa de l'administrer parce qu'il ne présentait pas de billet de confession. En vain le malade offrit de se confesser au curé lui-même ; Boüettin se retira sans vouloir l'entendre. Mais la maladie se prolongeait ; le conseiller Coffin mit douze jours à mourir, et le Parlement eut le temps d'intervenir ; il fit comparaître Boüettin et le somma d'exercer son ministère, mais le curé se retrancha derrière les ordres formels de son archevêque. Il répondit aux magistrats avec une telle insolence que le Procureur général le fit décréter de prise de corps séance tenante ; il fut incarcéré à la Conciergerie et relâché au bout de deux jours après avoir été admonesté et condamné à trois livres d'aumône pour le pain des prisonniers. Le Parlement négocia avec Beaumont en personne, et l'affaire se termina par une transaction digne d'un aussi grand ami des Jésuites. On envoya au malade le curé de Saint-Paul, nommé Guéret, ancien appelant mais rallié depuis. Il confessa Coffin sans lui rien demander au sujet des contestations présentes et, sur le vu de son billet de confession, Boüettin administra le moribond, qui expira le 10 janvier 1751 et qui fut enterré sans difficulté.

L'année 1751 fut une année de lutte entre le Parlement et l'archevêque de Paris à propos de l'Hôpital général, que le fanatisme de Christophe de Beaumont désorganisait systématiquement[1]. Le Parlement essaya d'intervenir, mais la Cour prit fait et cause pour l'archevêque ; les magistrats furent profondément humiliés par le roi, qui se fit apporter leurs registres, et ils durent courber la tête.

En mars 1752, nouvelle incartade de l'incorrigible frère Boüettin. D'accord avec son archevêque il refusa d'administrer un vieux prêtre de soixante-quinze ans,

---

(1) C'est une histoire très curieuse, mais elle nous entraînerait trop loin.

nommé Le Merre, qui avait eu l'estime et la confiance
du duc d'Orléans. C'était évidemment une tare que
cette estime d'un prince mort le mois précédent, et qui
n'avait échappé à une excommunication semblable que
grâce à son héroïsme. Atteint de la maladie dont il
mourut le 4 février 1752, il avait été visité par Christophe de Beaumont, et ses déclarations sur la Bulle et
sur les scènes de schisme de Saint-Etienne-du-Mont
avaient été si nettes que l'archevêque lui avait refusé
les sacrements. Louis d'Orléans se fit porter à l'église
dont son appartement était tout proche ; il se traîna
jusqu'à l'autel, et le prêtre qui disait la messe, Bouëttin ou un autre, n'osa pas lui refuser publiquement la
communion. [1] Il n'en pouvait être de même de l'abbé
Le Merre ; impotent et réduit à l'extrémité par une longue maladie, il fit appeler le curé qui le repoussa brutalement. Mais le Parlement prit le malheureux prêtre
sous sa protection ; il fit encore comparaître Bouëttin,
qui se montra moins arrogant et qui ne coucha pas ce
jour-là à la Conciergerie. Il manda également l'archevêque, mais le prélat fit répondre qu'il n'avait pas le
temps de se déranger. Comme on était pressé, on alla
jusqu'au roi, qui promit d'agir et « de prendre les
mesures les plus promptes et les plus convenables afin
de pourvoir à l'état du malade ». Le capucin Clément,
prédicateur en renom, eut l'ordre d'aller confesser Le
Merre, de l'absoudre et de lui faire administrer les
derniers sacrements ; mais quand il arriva le malade
venait de mourir. Le frère Bouëttin, décrété de prise
de corps, ne put être appréhendé par l'huissier Griveau,
qui le chercha vainement jusqu'à trois heures du matin.

(1) Un magistrat de Toulouse, nommé Chalvet de Rochemontoix,
avait agi de même en décembre 1750.

Il avait pris la fuite, et on ne le revit plus jamais à Saint-Etienne-du-Mont (28 mars 1752) [1].

C'est à ce sujet que le Parlement adressa au roi les belles et fortes Remontrances du 15 avril, dont on a lu les premières lignes au début de ce chapitre. Le président Maupeou, qui les a rédigées, fut bien inspiré ce jour-là. Il mettait le doigt sur la plaie ; il s'attaquait résolument à la Bulle *Unigenitus*, cause première de tous ces maux, et il établissait, preuves en mains, qu'elle ne pouvait pas être considérée comme une règle de foi, et que par conséquent le fait de ne pas la recevoir ne pouvait pas entraîner l'excommunication. Ces remontrances du 15 avril sont peut-être les meilleures que le Parlement de Paris ait présentées au roi. Louis XV ne put s'empêcher de reconnaître le bien-fondé des observations qui lui étaient faites, et sa réponse du 17 avril, quoiqu'elle mette dans tout son jour l'infatuation d'un monarque absolu qui veut se faire obéir, montre pourtant qu'il commençait à voir clair, et qu'il n'improuvait pas la politique religieuse du Parlement. S'il n'avait pas été contraint de jouer, non sans hypocrisie, son rôle de roi très chrétien et de fils aîné de l'Église, il aurait pu séparer le spirituel du temporel et ramener la paix. Mais la situation fausse dans laquelle il se trouvait ne fit qu'aggraver le mal, car tout en approuvant les magistrats il les empêchait d'agir, et tout en blâmant les fauteurs de schisme il ne faisait rien pour les décourager. Aussi l'audace de ces

---

(1) Il demeura curé en titre deux années encore, et c'est en 1754 que l'ancien évêque de Mirepoix, Boyer, récompensa les services qu'il avait rendus à la Bulle *Unigenitus*, en lui faisant donner l'abbaye d'Orgny, en Bourgogne, dont le revenu était de 4.500 livres. Abbé commendataire, il ne résida pas, il vécut dans le faste à Dijon, où il se fit construire un hôtel.

derniers ne fît-elle que s'accroître ; on ne tarda pas à
s'en apercevoir lors de l'affaire qui amena ce qu'on
appelle les grandes remontrances et l'exil de 1753.
Les faits de schisme imputables au clergé constitutionnaire se multipliaient malgré les déclarations du roi,
et bien que le Parlement, par son arrêté du 18 avril,
eût « fait défense à tous ecclésiastiques de faire aucuns
actes tendants au schisme, notamment de faire aucun
refus public de sacrements sous prétexte du défaut de
représentation d'un billet de confession, ou de déclaration du nom du confesseur, ou d'acceptation de la Bulle
Unigenitus ; leur enjoint de se conformer dans l'administration extérieure des sacrements aux canons et
règlements autorisés dans le royaume.... ».

Les écrits du temps, les *Nouvelles ecclésiastiques*
et les petits calendriers jansénistes relataient des
scandales qui s'étaient produits aux quatre coins du
royaume ; celui qui mit le feu aux poudres ce fut, en
décembre 1752, le refus de sacrements infligé par le
curé de Saint-Médard, un génovéfain comme Bouëttin,
à une paralytique de soixante-dix-huit ans appelée
Sœur Perpétue. Cette religieuse faisait partie d'une
petite congrégation enseignante du faubourg Saint-
Marceau, la communauté de Sainte-Agathe, que Christophe de Beaumont persécutait avec une animosité
toute particulière. Sœur Perpétue avait vu cinq de ses
compagnes mourir privées de sacrements, ce qui ne
l'empêcha pas de recourir au frère Hardy, curé de sa
paroisse. Ce curé refusa de l'administrer et l'archevêque enchérit encore sur le refus du curé, si bien que le
Parlement crut devoir sévir. L'archevêque fut sommé
de faire administrer immédiatement la sœur Perpétue,
sous peine de saisie de son temporel, mais il répondit
par un refus formel réitéré deux fois. Le Parlement

convoqua les pairs pour juger l'archevêque qui était
l'un d'entre eux comme duc de Saint Cloud ; il décréta
de prise de corps les vicaires de Saint-Médard, restés
au presbytère après la fuite de Frère Hardy. Mais les
vicaires s'enfuirent à leur tour, les prêtres habitués se
cachèrent, et il n'y eut personne pour dire la messe
dans cette grande paroisse le dimanche 17 décembre.
C'est alors que le roi vint au secours de l'archevêque ;
il cassa toute la procédure ; il défendit au Parlement
de convoquer les pairs, et finalement il fit enlever la
sœur Perpétue le 24 décembre. On l'arracha de son
lit et on la transporta à Port-Royal devenu la forte-
resse du jésuitisme ; elle y fut retenue prisonnière
et je crois bien qu'elle y recouvra la santé, car les
feuilles jansénistes ne parlent plus d'elle en 1753 ni
depuis.

On peut juger de l'effet produit sur le Parlement par
ces actes de rigueur ; la consternation fut d'abord
générale, puis on se ressaisit. Le premier président
Maupeou alla le 3 janvier 1753 se plaindre au roi, qui
le reçut fort mal et qui lui dit en propres termes :
« Quant aux ordres particuliers que je juge à propos
de donner, je ne croyais pas, monsieur, que vous
eussiez osé m'en parler. »

Dès le lendemain, le Parlement ordonna la rédaction de ce qu'on appelle les grandes Remontrances.
On adopta d'abord un sommaire en vingt-deux articles, puis on rédigea les remontrances elles-mêmes, ce
qui exigea deux mois de travail. Le 5 avril, l'ouvrage
était terminé ; le 9, les Remontrances étaient revêtues
de la signature du président Molé, le premier président Maupeou étant malade de la goutte. On demanda
au roi son jour et son heure pour la remise des Remontrances ; mais après avoir tergiversé quelque

temps il déclara, le 4 mai, qu'il refusait de les recevoir et qu'il ordonnait au Parlement d'enregistrer sans différer ses lettres patentes du 22 février. Le Parlement prit alors une résolution désespérée. Ne pouvant, disait-il, faire parvenir la vérité jusqu'au trône parce que des gens mal intentionnés s'y opposaient, il décida que les chambres resteraient assemblées, *tout autre service cessant*, jusqu'à ce qu'il plût au roi de recevoir, ainsi qu'il l'avait promis l'année précédente, des remontrances qui avaient pour objet le bien de la Religion et la tranquillité de l'État. Le 7 mai, les magistrats recevaient des lettres de jussion qui leur enjoignaient de reprendre le service « à peine de désobéissance et d'encourir l'indignation royale ». Ils crurent devoir désobéir et s'exposer aux effets de l'indignation du roi, et dans la nuit du 8 au 9 mai, 193 d'entre les magistrats des Enquêtes et des Requêtes, furent exilés ou incarcérés. La Grand'-Chambre seule fut épargnée, parce qu'on espérait la réduire, mais elle ne sépara pas sa cause de celle des deux autres chambres; elle s'occupa uniquement des refus de sacrements et elle décréta de prise de corps un curé de Chartres. Elle fut immédiatement transférée à Pontoise, lieu de son exil, et on cessa de rendre la justice au nom du roi, si ce n'est dans les tribunaux inférieurs. Il en devait être ainsi durant quinze mois, jusqu'au 1er septembre 1754.

Tel fut l'effet des grandes remontrances du 9 avril, sur lesquelles le Parlement avait fondé de si belles espérances. Il avait fait appel à ses meilleurs rédacteurs, Robert de Saint-Vincent, Lambert, l'abbé Chauvelin, et elles avaient été composées avec un soin tout particulier. On avait même poussé les choses à l'excès, puisque ces Remontrances, bourrées de citations latines et françaises avec des références nombreuses, constituaient un assez gros volume dont la lecture avait pris trois heures au Parlement assemblé. Pouvait-on espérer que Louis XV lui consacrerait autant de temps dans le boudoir de Mme de Pompadour ?

Les Remontrances de 1753 sont à vrai dire un traité historique des devoirs du clergé et des droits de la couronne en matière ecclésiastique [1]. En outre les magistrats s'élevaient avec force contre les évocations au Conseil du roi, qui avaient pour but de leur enlever la connaissance des affaires délicates et de sauver ainsi les coupables. Enfin ils peignaient sous les couleurs les plus sombres la situation que faisait à l'Église de France la maudite Bulle *Unigenitus*, cause unique des refus de sacrements et des faits de schisme. On a dit que le Parlement s'arrogeait un droit qui ne lui appartenait pas, attendu que le clergé doit être le maître dans ses églises et que lui seul peut régler les choses d'ordre purement spirituel ; mais ce qui est vrai de nos jours ne l'était pas alors. Le roi, fils aîné de l'Église, était l'évêque du dehors, le protecteur des lois et de la discipline ecclésiastiques. Si des hérétiques ou des catholiques « nommément excommuniés » avaient la prétention de faire irruption dans les églises et de réclamer les sacrements, les agents de la force publique avaient mission de les en empêcher. En vertu du même principe, les catholiques devaient être protégés contre un clergé fanatique qui oserait leur refuser les secours de la religion. Or ceux qui rejetaient la Bulle *Unigenitus* n'étaient ni

____

(1) « C'était un véritable traité des rapports de l'Église et de l'État, avec l'exposé de toutes les fautes que l'État venait de commettre à ses dépens. » — E. Glasson, *Le Parlement de Paris*, tome II, page 198.

hérétiques, ni schismatiques ; car leur appel même était un acte de catholicité ; les protestants n'ont jamais appelé au pape mieux informé ou au futur concile. Les prétentions de Christophe de Beaumont et des quelques évêques qui agissaient comme lui étaient insoutenables, et les parlements avaient raison de vouloir les empêcher de tourmenter les mourants par des refus injustifiés [1]. L'opinion publique était avec les parlementaires, et la manière dont les magistrats parisiens se conduisirent en 1753 et en 1754 leur attira l'admiration générale. Ils ne faisaient pas au gouvernement une opposition systématique, et ce n'était même pas le sentiment religieux qui les faisait agir, car il y avait parmi eux bien peu de jansénistes déclarés, — on n'en compterait pas dix en tout, — c'était uniquement l'amour du bien public qui inspirait leurs démarches ; ils sentaient la nécessité de réagir contre le despotisme des évêques. Beaumont et les Jésuites ne s'y méprenaient pas ; ils voyaient bien, par le succès des grandes Remontrances, dont il se vendit plus de 20.000 exemplaires en quelques semaines, que le public s'intéressait vivement à cette lutte du spirituel et du temporel, du sacerdoce et de la royauté. L'archevêque de Paris osa dire un jour à Versailles que le retour du Parlement exilé serait préjudiciable à l'Église et à l'État, mais Louis XV lui tourna le dos sans lui répondre. D'autre part, je lis dans une lettre manuscrite du 23 juillet 1754 l'anecdote suivante, relative à trois marchandes de morue de la place Mau

____

(1) On peut voir, dans les écrits du temps et aussi dans les ouvrages de MM. Glasson et Flammermont, que c'étaient de véritables tortures infligées à des mourants très religieux qui imploraient le secours de l'Église, alors que la théologie des Jésuites sauvait sans hésiter les hérétiques et les infidèles de bonne foi.

bert. « Elles gémissaient sur l'exil du Parlement [1] ; la première dit : Ma commère, cela est bien long. — Oui, ma commère, j'en pâtissons bien, mais pargué ! c'est notre faute. — Comment ! notre faute ? dit la troisième. — Eh oui, pargué ! c'est notre faute. Si j'avions mis lia [il y a] un an le feu à la maison de ces b... de la rue Saint-Jacques et à celle de la rue Saint-Antoine [2], et que je les eussions grillés comme des cochons, j'aurions notre Parlement. »

Le roi n'était pas mis personnellement en cause, mais il avait cessé d'être populaire, et les chansonniers commençaient à dire :

> Le Bien-Aimé de l'Almanach
> N'est plus le bien-aimé de France.
> Il met tout *ab hoc* et *ab hâc...* etc.

Les écrits politiques se multipliaient à l'infini, et on y disait beaucoup de choses qui ne relevaient pas le prestige de la royauté. Louis XV, que la débauche n'avait pas encore abruti [3] et qui était doué d'un rare bon sens, était très perplexe. Malgré les expédients auxquels il avait recours pour arriver à se passer du Parlement, il sentait bien qu'il serait forcé de le rappeler sans conditions, comme en 1732, d'autant plus que la province suivait l'exemple de Paris et que les cours souveraines de Toulouse, de Rouen, d'Aix et de plusieurs autres villes s'élevaient avec force contre les billets de confession et contre les refus de sacrements. Après avoir longuement hésité, parce que la reine et toute la famille royale soutenaient Beau-

---

(1) « La justice était suspendue et les crimes restaient impunis. » — Glasson, ouvrage cité, p. 204.

(2) Au collège Louis-le-Grand et à la maison professe des Jésuites.

(3) C'est pourtant à cette date que commencent les horreurs du Parc aux cerfs.

mont et les Jésuites, il négocia secrètement et il donna l'ordre de ramener les exilés qui s'obstinaient à ne pas demander grâce. Il rappela le Parlement, et le 4 septembre 1754 il lui fit donner lecture de la fameuse Déclaration du 2 septembre, connue sous le titre de *Loi du silence*. Les considérants de cette Déclaration étaient comme toujours très sévères et très durs, et le Parlement se demanda un moment s'il pouvait les enregistrer sans protester. Le roi disait en effet que les officiers de son Parlement, par les refus qu'ils avaient faits de reprendre leurs fonctions qui forment un devoir indispensable de leur état, et auxquelles ils se sont consacrés par la religion du serment, l'avaient forcé de leur marquer son mécontentement. Il les traitait donc tout simplement de prévaricateurs, de révoltés et de parjures. Toutefois il avait écouté ce que lui dictait sa clémence; il les avait donc rappelés dans sa bonne ville de Paris, et il avait pris les mesures qu'il avait jugées les plus capables de procurer la tranquillité à l'avenir. « Ayant reconnu, ajoutait la Déclaration, que le silence imposé depuis tant d'années sur des matières qui ne peuvent être agitées sans nuire également au bien de la Religion et à celui de l'État est le moyen le plus convenable pour amener la paix et la tranquillité publiques, enjoignons à notre Parlement de tenir la main à ce que d'aucune part il ne soit rien fait, tenté, entrepris ou innové qui puisse être contraire à ce silence et à la paix que nous voulons faire régner dans nos États; lui ordonnons de procéder contre les contrevenants conformément aux lois et ordonnances. Et néanmoins, pour contribuer de plus en plus à tranquilliser les esprits, à entretenir l'union, à maintenir le silence et à faire oublier entièrement le passé,

nous voulons et entendons que les poursuites et pro-
cédures qui pourraient avoir été faites, et jugements
définitifs qui pourraient avoir été rendus par contu-
mace depuis le commencement et à l'occasion des
derniers troubles jusqu'au jour des présentes, de-
meurent sans aucune suite et sans aucun effet.., »

La loi du silence n'était pas une nouveauté, car elle
s'inspirait des Déclarations faites par le Régent en
1717 et en 1720; mais sous la Régence c'était aux
adversaires de la Bulle que le silence était imposé,
parce que, disait-on, les contestations auxquelles elle
avait donné lieu étaient heureusement terminées. Il
n'en était plus de même du silence général imposé par
la loi du 2 septembre 1754; loin de favoriser la Bulle
Unigenitus, puisqu'il fallait remédier aux maux dont
elle était la cause, elle avait pour objet de lui enlever toute autorité, de la considérer comme nulle et
non avenue: les contemporains ont remarqué qu'elle
n'était même pas nommée dans la Déclaration.

Le Parlement, assagi par seize mois d'exil, crut
donc pouvoir et devoir enregistrer la Déclaration;
mais il résolut de ne pas laisser sans réponse les
accusations de désobéissance et de parjure que le roi
lui avait adressées dans son préambule. Il le fit en
rédigeant son arrêt d'enregistrement, et deux jours
plus tard, le 7 septembre, le premier président Maupeou osa dire à Louis XV, en plein palais de Versailles : « Oui, sire, votre Parlement n'a fait, en donnant pour un temps la préférence aux affaires publiques sur les particulières, que ce qu'exigeaient de lui
*le devoir indispensable de son état et la religion de
son serment.* » Le roi feignit de ne pas comprendre
l'allusion, et dans sa réponse il engagea le Parlement
à se conformer en tout à ses intentions, dont le but

était, disait-il, de maintenir les lois du royaume sans s'écarter du respect dû à la religion.

On a beaucoup épilogué alors et depuis sur la Déclaration du 2 septembre 1754. Elle était à certains égards équivoque et obscure, comme toutes les pièces de chancellerie, parce que la diplomatie et la sincérité n'ont jamais parlé la même langue ; mais on voyait pourtant à qui le roi en voulait, et le but qu'il se proposait d'atteindre. Comme on l'a dit à satiété sur les belles estampes qui ont été gravées alors, à défaut de médailles, pour commémorer ces grands événements, il s'agissait d'éteindre le schisme (*de schismate exstinguendo*), de délivrer et de ramener des captifs invincibles, de célébrer enfin le roi pacificateur, protecteur de l'Église et vengeur de ses lois. Le meilleur jugement qui ait été porté sur la loi du silence est peut-être celui du curé Guéret, celui-là même à qui l'on s'était adressé pour faire administrer le conseiller Coffin. Voici ce que ce curé de Saint-Paul disait à son archevêque dans une lettre du mois de décembre qui fut imprimée aussitôt : « Rien de plus sage, rien de plus digne de notre respect et de notre obéissance que la nouvelle Déclaration qui nous impose silence sur ces matières. Et bien loin de s'y opposer, tout ce qu'il y a d'évêques et de prêtres qui aiment sincèrement l'Eglise doivent remercier Dieu d'avoir inspiré au roi l'unique moyen de terminer nos troubles et nos divisions, et de rendre à l'Église de France et à l'État la paix et le calme dont ils sont privés depuis si longtemps [1]. »

La lettre du curé Guéret à l'archevêque Beaumont n'éclaira pas ce prélat sur ses véritables devoirs ; il

____

[1] Page 24 de l'imprimé.

n'en continua pas moins à exiger des billets de confession et à priver de sacrements ceux qui mouraient sans accepter la Bulle, et son exemple était suivi, avec l'assentiment du vieux Boyer, successeur du cardinal Fleury, par cinq ou six évêques fanatiques. Le Parlement dut encore sévir, mais il le fit avec une extrême modération, et en recourant tout d'abord au roi. Les prélats qui violaient ouvertement la loi du silence, c'est-à-dire les archevêques de Paris et d'Aix, les évêques d'Orléans, de Troyes et d'Auxerre, furent exilés par Louis XV, et le Parlement fit administrer les malades injustement persécutés; il fit donner la communion à des religieuses d'Orléans qui en étaient privées depuis trente-trois ans.

Il y avait à Paris même un certain nombre de paroisses où l'on était assuré de mourir en paix sans billet de confession, et c'est un fait d'une grande importance pour l'histoire de la Bulle. A Saint-Gervais, à Saint-Paul, au temps des curés Feu (1671-1761) et Guéret (-1765), à Saint-Jacques du Haut-Pas durant les trente anuées de l'abbé Jean-Denis Cochin, les tracasseries et les persécutions ont été inconnues. François Feu était appelant, mais inamovible, et son appel même le garantissait des censures et des interdits. Il demeura soixante ans curé d'une paroisse qui comptait plus de quarante prêtres, et Christophe de Beaumont lui déclara « foi de gentilhomme », qu'il ne lui ferait jamais de mal. Il fut enterré solennellement en 1761. Guéret avait donné, comme les évêques Fitz James, Rastignac, Souillac et Montazet, les signes extérieurs de la soumission, et l'on ne pouvait pas lui demander davantage. Jean-Denis Cochin devait être dans le même cas. Né en 1726, ordonné prêtre par Christophe de Beaumont et docteur de la nouvelle Sorbonne, il avait évidemment souscrit le Formulaire et accepté la Bulle, mais ce curé qui disait la messe sur la tombe de l'abbé de Saint-Cyran paraît avoir observé plus religieusement que personne la loi du silence promulguée par Louis XV en 1754. A lire l'abrégé de sa vie qui a été composé en 1784 par son frère l'avocat [1], on ne soupçonnerait pas qu'il y ait eu en France, au xviii⁰ siècle, des dissentiments religieux quelconques. La vie du curé Cochin a été tout unie ; on ne l'accusa pas de jansénisme, et il prêcha sans hésiter la doctrine augustinienne et la morale sévère. Tel de ses prônes (tome II, p. 106) est le développement de la vi⁰ proposition de Quesnel relative à la comparaison des deux alliances, et il traite les questions de la grâce, de la prédestination, du petit nombre des élus avec une aisance parfaite. Aujourd'hui le curé Cochin et ses amis les Colette de Baudicourt, les de Revol et autres passent pour avoir été jansénistes, et son enseignement ne fait pas autorité dans la paroisse.

Il y eut même, dans la seconde moitié du xviii⁰ siècle, des diocèses entiers dont la situation était vraiment singulière, ceux de Châlons, de Carcassonne, surtout ceux d'Alais et de Lyon au temps de Beauteville et de Montazet ; celui de Lyon aura certainement un jour son histoire particulière, et elle sera bien curieuse.

Le successeur du cardinal de Tencin, Malvin de Montazet, monta sur le siège archiépiscopal de Lyon en 1758. Il était depuis dix ans évêque d'Autun, et ce

____

(1) Œuvres spirituelles de feu messire Jean Denis Cochin, 1784. tome 1er, le seul publié parce que Cochin s'était opposé à l'impression de ses œuvres posthumes. Les *Prônes* furent néanmoins publiés en 4 volumes. J'en ai vu un exemplaire très bien relié donné en prix par le roi à la date de 1791.

fidèle disciple de Fitz James, acceptant comme lui et comme Rastignac, se montra en toute occasion l'adversaire déclaré des Jésuites et de leurs partisans. Il ne résidait pas autant que le prescrivaient les canons ; mais de près ou de loin il administrait le diocèse avec le plus grand zèle. Il avait donné sa confiance à des oratoriens comme les Pères Guibaud, Valla, Tabaraud, Valin, qui tenaient à honneur d'être les confrères de Quesnel et de Duguet[1]. Il parut, durant les trente années de son épiscopat, une infinité d'ouvrages composés dans cet esprit : une théologie franchement antimoliniste, un Bréviaire, un Rituel, un Catéchisme, qui propageaient sans bruit les doctrines augustiniennes. Mais avec tout cela, Montazet laissa les Sulpiciens maîtres indiscutés de l'enseignement religieux dans les séminaires, et ce fut la source de divisions très fâcheuses. Son successeur Marbeuf, qui ne se montra même pas à Lyon, détruisit en quelques mois l'ouvrage de trente ans.

Les Port-Royalistes purs, qui estimaient beaucoup Montazet, auraient voulu mettre sa conduite d'accord avec ses convictions ; et l'on a d'eux une très belle lettre inédite, écrite en 1767, pour exciter Montazet à parler fortement au roi sur le sujet des Jésuites. Il suffirait de montrer au prince, dit cette lettre, « que ce sont les Jésuites seuls qui ont réalisé la chimère du jansénisme, qu'eux seuls avaient intérêt qu'il y eut des jansénistes ; que ceux qu'on lui a peints sous des couleurs si noires, sont de très bons catholiques, aussi attachés au bien et aux maximes de l'État qu'à celles de la religion ».

---

(1) Voir dans le Dictionnaire historique et critique de 1758, qui est leur œuvre les articles relatifs à Duguet « l'une des plus grandes lumières de l'Église de France », et à Quesnel ; ce dernier est presque dithyrambique.

Montazet était pénétré de ces vérités, il n'osa pas s'exposer à perdre l'amitié très particulière que Louis XV avait pour lui, et il ne fut point conséquent avec ses principes.

Les prélats désobéissants savaient pourtant que Louis XV avait promulgué la loi du silence après s'être concerté avec Benoît XIV, un si grand pape, dont le rôle dans toutes ces affaires est on ne peut plus digne d'attention.

Prosper-Laurent Lambertini, né en 1675, était monté sur le siège pontifical en 1740, à l'âge de soixante-cinq ans, et il avait pris le nom de Benoît, en souvenir de Benoît XIII, qu'il vénérait et dont il partageait les sentiments. Ce fut un pape vertueux, d'un grand libéralisme et d'une intelligence supérieure. Il gémissait sur les maux de l'Église, et il cherchait à y remédier dans la mesure où peuvent le faire les souverains pontifes, esclaves nés comme les autres souverains, de la politique de leurs devanciers. Il jugeait très sévèrement la Bulle *Unigenitus*, qu'il avait vue naître, et il protesta en toute occasion contre la falsification du concile romain qui lui attribuait le titre menteur de règle de foi. Il fit les plus grands efforts, comme autrefois Benoît XIII, pour faire triompher les dogmes augustiniens de la Grâce efficace par elle-même et de la prédestination gratuite ; il était en cela aussi janséniste que les Messieurs de Port-Royal et que le Père Quesnel. Il le fit bien voir en 1748 lorsqu'il adressa officiellement au grand Inquisiteur d'Espagne le célèbre Bref du 31 juillet, qui prenait la défense du cardinal Noris, mort en 1704, dont les ouvrages avaient été censurés à Madrid, à l'instigation des Jésuites, comme infectés de jansénisme. Dans ce Bref mémorable, Benoît XIV disait incidemment que, quand un ouvrage vient d'une source respectable, et qu'il a reçu un grand applaudissement dans l'Église, on ne doit pas le proscrire, quand même il donnerait quelque lieu à la censure, de peur d'exciter des divisions et d'occasionner des maux plus grands que ceux qu'on voudrait éviter [1] ». Les contemporains ont remarqué avec raison que cette observation judicieuse conve nait aussi bien aux *Réflexions morales* de Quesnel qu'à l'*Histoire de l'hérésie pélagienne* de Noris, et ils en concluaient que Benoît XIV n'aurait jamais consenti à rédiger la Bulle *Unigenitus*. En prenant si nettement la défense de l'augustinisme, il faisait bien voir qu'à ses yeux le jansénisme n'était pas autre chose qu'un fantôme.

De même dans l'affaire Belelli et Berti, deux religieux augustins qui, tout en acceptant la Bulle et en attaquant violemment les jansénistes et les quesnellistes, exposaient dans toute leur pureté les théories de saint Augustin sur la grâce. Deux prélats français, Saléon et Languet, avaient attaqué Belelli et Berti en les traitant eux-mêmes de jansénistes et de quesnellistes, Benoît XIV prit énergiquement la défense de ces deux religieux. On peut dire d'une façon générale qu'il s'est placé à la tête de ceux dont parlait l'auteur des *Nouvelles ecclésiastiques* lorsqu'il disait, dans une très remarquable *Addition* au recueil de 1750 : « Dieu s'est réservé des Prélats, des Docteurs, des

______

(1) On lit dans ce même Bref *Dum praeterito* que sous Clément XII on avait pensé sérieusement à condamner l'ouvrage de Bossuet pour la Défense de la Déclaration de 1682. « Mais enfin, dit Benoît XIV, on conclut à n'en rien faire, non seulement par égard pour un auteur qui avait rendu tant de services à la religion en beaucoup d'autres points, mais encore par la crainte bien fondée que l'on avait d'exciter de nouvelles divisions. »

Ordres religieux et des Congrégations entières qui loin de fléchir le genou devant l'idole du molinisme, font profession ouverte de demeurer attachés à la doctrine de saint Augustin et de saint Thomas, et qui, par la pureté de leurs sentiments sur le dogme et sur la morale, réclament d'une manière indirecte contre la Bulle, sans que le Saint-Siège le trouve mauvais, ou plutôt avec son approbation. » Benoît XIV, qui a canonisé Mme de Chantal malgré ses relations compromettantes avec la Mère Angélique et avec l'abbé de Saint-Cyran, a condamné par deux fois la Bibliothèque janséniste et le Dictionnaire des livres jansénistes des jésuites Colonia et Patouillet; il a admiré le Bréviaire parisien de 1736, il a favorisé la publication des œuvres complètes d'Antoine Arnauld. Il a enfin collaboré à la loi du silence, et les Jésuites, qui le haïssaient, l'ont accusé d'être plus qu'à demi janséniste. Néanmoins il n'a pas cru pouvoir aller jusqu'au bout de ses principes ; son fameux Bref aux prélats de l'assemblée de 1755, le Bref *Ex omnibus*, en est la preuve. Il commence par un grand éloge de Louis XV auteur de la loi du silence, puis il prend la défense de la Bulle, et il a fallu lire entre les lignes pour trouver qu'en définitive il réprouvait les refus de sacrements. Il n'osait pas aller plus loin que Benoît XIII son modèle, et c'est tout au plus s'il a insinué que la Bulle *Unigenitus,* loin d'être considérée comme une règle de foi, n'était qu'une pièce de chancellerie comme il y en a tant d'autres dans les archives du Vatican.

Promulguée par le roi avec l'assentiment du pape, la loi du silence aurait dû pacifier immédiatement l'Église de France, mais il n'en fut malheureusement pas ainsi. Les évêques de l'assemblée de 1755 agitèrent longuement la question de savoir si le refus de recevoir la Bulle *Unigenitus* constituait un péché mortel ou un péché véniel, et ils se trouvèrent partagés ; 17 d'entre eux se prononcèrent dans un sens, celui du péché véniel, et 15 dans l'autre. Benoît XIV fut consulté, et sa réponse évasive n'éclaircit point la difficulté. Les refus de sacrements continuèrent, et le roi circonvenu par le dauphin et par les femmes de son entourage, ne sévit qu'avec une grande mollesse ; il exila Beaumont en le reléguant dans sa maison de campagne, à une lieue de Notre-Dame, et il en fut de même des autres délinquants. Il fallut réitérer les déclarations ; les Parlements renouvelèrent leurs re· présentations, et les troubles recommencèrent. Mais les événements extérieurs, et en particulier l'affaire du Grand Conseil que la Cour prétendait élever au-dessus du Parlement, relégua au second plan les questions religieuses, si irritantes qu'elles fussent. Le Grand Conseil finit par être débouté de ses préten-tions. Mais Louis XV chercha à désorganiser la magistrature et à réduire sensiblement le nombre de ses membres. Tel fut l'objet du célèbre lit de justice tenu à Versailles le 14 décembre 1756, à la suite duquel un certain nombre de magistrats donnèrent leur démission. Le roi les accepta ; il exila seize des conseillers démissionnaires, et il décida que leurs charges leur seraient remboursées. C'est sur ces entrefaites que se produisit, le 5 janvier 1757, l'attentat de Damiens, crime d'un fou qui n'avait pas de complices. Le roi se retrouva par la force des choses en face du Parlement chargé de juger le régicide, et, sur les instances de Mme de Pompadour, il se résolut à « capituler[1] » une

____

(1) Glasson. — *Le Parlement de Paris*, p. 256.

fois encore. Il avait été très affecté en constatant l'indifférence des Parisiens, « preuve manifeste de son
impopularité [1] ». Il considéra comme retirées les dé-
missions des commissions d'enquêtes. Les exilés furent rappelés sans conditions, et le 29 novembre 1757
la paix était faite ; le Parlement obtenait satisfaction,
et la loi du silence reprenait une nouvelle vigueur. Le
roi témoignait aux magistrats beaucoup d'estime et
de confiance, et il leur dit en propres termes : « Continuez à remplir vos fonctions avec cet esprit de paix,
de sagesse et de modération que je vous ai si souvent
et si expressément recommandé. » Il était sincère en
s'exprimant ainsi car il n'était plus alors en butte aux
récriminations des fanatiques. L'ancien évêque de
Mirepoix, le théatin Boyer, avait fini par mourir en
1755 [2] ; il avait été remplacé par le cardinal de La
Rochefoucauld, un modéré qui fit remettre en liberté
des jansénistes incarcérés depuis de longues années
et qui témoigna les dispositions les plus conciliantes.
Mort en 1757, il fut remplacé comme collateur des
bénéfices par Jarente de la Bruyère, un ami de la
paix lui aussi. Belsunce, toujours intransigeant et
intolérant, avait été en 1753 remplacé par de Belloy,
celui-là même que Bonaparte placera en 1801 sur la
siège de Paris, et ce sage prélat avait pacifié le diocèse de Marseille et rappelé les Oratoriens. Fitz James
à Soissons, Montazèt à Autun et ensuite à Lyon, prê-
chaient la paix et la concorde, et le fougueux Beaumont pouvait être exilé à La Roque, dans le diocèse de

(1) *Ibid.*, p. 247.
(2) « A force de zèle et de dureté, dit Bernis dans ses Mémoires, il
a su ranimer les cendres éteintes du jansénisme... Le parti a repris
toutes ses forces. N'aurait-il pas été plus sage de le laisser expirer
dans une agonie lente ? »

Sarlat, sans que ses confrères dans l'épiscopat prissent fait et cause pour lui. Les jansénistes reprenaient
courage, et l'un d'entre eux, Adrien Le Paige, écrivait à un ami en 1758 : « Je suis ravi de joie de voir
rendre le témoignage à l'innocence des opprimés,
Saint-Loup, Saint-Charles, les Calvairiennes, les Hospitalières, le curé de Ronchères, M. de Silly, etc.. et
tant d'autres reconnus pour innocents avec solennité
après des dix et des vingt années d'oppression ; quels
motifs de courage et de confiance dans la défense de
la vérité [1] ? » Tout montrait que les Jésuites prôneurs
de la Bulle *Unigenitus* commençaient à n'avoir plus
la même influence. Benoît XIV mourut le 3 mai 1758,
et le dernier acte de son pontificat fut un Bref pour la
réforme des Jésuites du Portugal. C'est vers les Jésuites, ou plutôt contre eux, que se portait l'attention
publique, elle commençait dès lors à se détourner de
la Bulle *Unigenitus*.

(1) Cf. A. Gazier : *Une Suite à l'histoire de Port-Royal, Jeanne de.
Boisgnorel et Beaumont*, p. 78.

CHAPITRE XXII

Le 27 janvier 1753, un cavalier se présenta chez l'évêque d'Auxerre Charles de Caylus ; il était porteur d'une lettre anonyme et d'un paquet. Le paquet contenait un réquisitoire contre la Compagnie de Jésus, et la lettre, dont l'auteur offrait de se faire connaître, indiquait l'usage qu'il faudrait faire du réquisitoire. On proposait de l'imprimer, de le répandre à profusion, et d'obtenir ainsi que les Jésuites fussent chassés de France. Le prélat gentilhomme refusa, et son biographe de 1765, l'abbé Dettey, dit à ce propos que le coup proposé à l'évêque d'Auxerre fut porté à la célèbre Société par ses membres eux-mêmes. « Le Tout-Puissant, dit-il, a livré dans sa justice la Société à un esprit de vertige et d'aveuglement qui l'a induite à se mettre en cause, d'abord au tribunal de l'Église par l'ouvrage du Père Berruyer,... ensuite au tribunal du Parlement, où elle a cité et produit ses constitutions pour s'exempter de payer des dettes contractées en son nom [1]. » Ces quelques lignes sont pour ainsi dire le sommaire d'un nouveau chapitre de l'histoire reli-

____

(1) *Vie de M. de Caylus*, tome II, p. 395.

gieuse du xviiie siècle, le plus curieux de tous peut-être, car il s'agit d'une péripétie que nul ne pouvait prévoir alors ; l'affaire des Pères Hardouin et Berruyer et l'affaire du Père La Valette et des frères Lioncy n'ont rien de commun avec la Bulle *Unigenitus*, et ce ne sont pas les jansénistes qui ont mis leurs implacables persécuteurs en mauvaise posture durant vingt ans, de 1753 à 1773.

L'affaire Berruyer, la première en date, est d'une grande importance pour l'histoire des Jésuites, car elle fait voir à plein leur politique séculaire et leurs façons d'agir. Isaac-Joseph Berruyer (1681-1758), fit paraître en 1728, l'année du concile d'Embrun, la première partie d'un grand ouvrage intitulé *Histoire du peuple de Dieu...* Il se proposait, disait-il « de mettre le corps des Écritures dans l'état où elles doivent être pour devenir le livre de toutes les conditions du monde, et l'occupation de toutes les familles chrétiennes ». C'était hardi, car le Jésuite semblait dire qu'il allait enfin rendre l'Écriture sainte accessible à ce qu'on appelle le grand public, chose que n'avaient pas su faire le sieur de Royaumont et Claude Fleury, les prétendus vulgarisateurs dont la vogue était alors si grande. La nouvelle publication fut très mal accueillie, car on fut indigné en voyant Berruyer « changer l'histoire sainte en un roman de ruelle dans le goût de *Clélie* », l'expression est de Voltaire. Les Jésuites le sentirent si bien que dans leur *Journal de Trévoux*, en février 1729, ils annoncèrent que le Père Berruyer se préparait, « par ordre de ses supérieurs » à corriger dans une nouvelle édition « les fautes que quelques savants et quelques personnes pieuses avaient observées dans son ouvrage. » Ils parvinrent ainsi à garantir leur confrère des censures qui n'auraient pas

manqué de se produire, et qu'il n'avait que trop méritées. Seul l'évêque de Montpellier, l'intrépide Joachim
Colbert, s'éleva contre « cet affreux ouvrage » qu'il
accusait de travestir les patriarches en héros de roman et en personnages de comédie. Les autres évêques gardèrent le silence, et Berruyer publia la nouvelle édition que ses confrères de Trévoux avaient
annoncée ; elle était très légèrement expurgée, elle
fut mise à l'index, sous le pontificat de Clément XII,
le 17 mai 1734. Mais on sait ce que valaient alors les
censures de l'Index ; « ce n'est rien du tout » disait
Pascal en 1656. En 1734, les Jésuites firent si bien que
personne en France n'eut connaissance de la proscription du livre de Berruyer. Mais l'historien du
peuple de Dieu trouva un contradicteur incorruptible en la personne du chancelier Daguesseau. On a
vu dans un des chapitres précédents que cet illustre
magistrat s'était réconcilié avec la Bulle *Unigenitus*
et avec les Jésuites, et qu'il alla même, en 1748,
jusqu'à vouloir corriger lui-même l'odieux livre du
Père Pichon. En 1730, ce n'est pas ainsi qu'il agit
avec le Père Berruyer ; il avait été indigné en lisant
la première partie de cet ouvrage, il empêcha la
deuxième de paraître, et tant qu'il vécut elle ne vit
pas le jour ; Berruyer dut patienter vingt ans. Le
chancelier mourut octogénaire en 1751 ; les huit volumes de la 2ᵉ partie de l'*Histoire du peuple de Dieu,
depuis la naissance du Messie jusqu'à la fin de la
synagogue...* [1] parurent en juin 1753, durant l'exil
du Parlement. Cette publication se fit même dans les
conditions les plus singulières qui se puissent ima-

----

(1) A La Haye, chez Néaulme et compagnie. — Cette indication
est fausse, le livre fut imprimé en France.

giner. Le provincial des Jésuites de France et les
supérieurs des trois maisons de Paris déclarèrent publiquement que l'ouvrage de leur confrère paraissait
à leur insu et malgré eux; qu'ils le désavouaient et
qu'ils l'improuvaient absolument. Cette déclaration
est du 22 octobre 1753, elle était signée : Le Forestier, Le Houx, de Saint Jean et de la Croix. C'est
ainsi que chez les Jésuites, dans la congrégation où
fleurit le principe de l'obéissance cadavéreuse — *pe-
rinde ac cadaver* — l'ouvrage d'un subalterne paraissait, ou du moins semblait paraître malgré les supérieurs, et il se distribuait sous leurs yeux; il se vendait chez eux au prix de vingt et un francs les huit
volumes, malgré leur opposition formelle; les contemporains avouaient qu'ils n'y comprenaient rien [1].

Le scandale que Daguesseau voulait empêcher fut
énorme, tellement que l'archevêque de Paris, si grand
ami des Jésuites, se vit contraint d'agir et de sévir.
Vingt-deux prélats, dont sept archevêques, se réunirent à Conflans, maison de campagne de Christophe
de Beaumont, le 3 et le 13 décembre 1753; un mandement fut rédigé, un tout petit mandement de quatre pages, pour condamner sévèrement un livre qui, disait-on,
« n'aurait jamais dû paraître » et ce mandement, qui
annonçait une condamnation ultérieure plus explicite,
fut signé par Beaumont avec l'assentiment de vingt-

---

[1] Voici ce qu'on lit à ce sujet dans une lettre de l'évêque de
Soissons au pape : « Dans le temps même où le P. Le Forestier faisait
distribuer avec éclat cet acte imprimé, il stipulait secrètement avec
un libraire de Paris, nommé Bordelet, pour en faire faire incessamment une nouvelle impression et s'engageait à lui payer pour les
frais la somme de 50.000 livres. » Le billet autographe et signé s'est
retrouvé, ajoute Fitzjames, dans la succession de Bordelet, et les
Jésuites l'ont acquitté. — Œuvres posthumes de Fitzjames, 1769,
tome I, p. 184.

deux prélats, et parmi eux on remarquait les bullistes les plus ardents et les meilleurs amis des Jésuites, les futurs cardinaux Saulx-Tavannes et de Luynes, et Crussol, archevêque de Toulouse, et jusqu'à dom La Taste, évêque de Bethléem et persécuteur des Carmélites. On fit même à ce sujet un huitain dont voici les deux derniers vers :

> Que voulez-vous ? C'est un coup de pied d'âne
> Auquel on ne s'attendait pas [1].

Les évêques apeurés firent plus encore, car les agents du clergé reçurent l'ordre d'envoyer une circulaire à tous les prélats de France pour les mettre en garde contre le poison d'un si mauvais livre.

Que pouvaient faire les supérieurs et les confrères de Berruyer ? Ils courbèrent la tête, et ils publièrent dans les Mémoires de Trévoux, en janvier 1754, un acte de soumission très humble [2]. Berruyer se soumit également, et il écrivit à l'archevêque de Paris, le 21 décembre 1753 : « Je me soumets sincèrement.., et promets de m'en rapporter au jugement qu'en porteront mondit seigneur l'archevêque de Paris et nosseigneurs les évêques, et de regarder comme répréhensible et comme condamnable ce qu'ils croiront devoir reprendre [dans mon ouvrage] » Il ne le craignait guère, ce jugement futur et hypothétique ; il savait bien que le mandement provisoire du 13 décembre 1753 ne serait pas suivi d'un autre ; les Jésuites

______

(1) Copie manuscrite du temps.

(2) Il est imprimé avec les autres actes du même genre et avec le mandement de Beaumont, dans le livre intitulé : *Remarques théologiques et critiques sur l'Histoire du peuple de Dieu...* — A Alethopolis, 1755, in-12 de 424 pages. L'auteur de ces remarques se nommait de Montigneau, de l'Académie de Nancy et chanoine de Toul

se vantaient, au dire d'un contemporain « d'y avoir
mis bon ordre pour qu'il n'en fût jamais question [1] ».
L'auteur de l'*Histoire du peuple de Dieu* reprit donc
courage, et il se défendit avec une vigueur et avec une
audace toujours croissantes. Ses amis et ses confrères
vinrent à son aide, et ils le prônèrent à l'envi comme
un homme de génie proposé, disaient-ils, à l'admiration de l'Europe savante, chrétienne et catholique. Les
éditions se multiplièrent comme si l'ouvrage n'avait pas
été condamné, et on se garda bien de le corriger, ce
qui eût été le gâter; on le traduisit même en espagnol et
en italien. En vain Benoît XIV mourant condamna par
un Bref solennel, le 16 février 1758, le livre français,
les dissertations latines du huitième volume, les traductions et les apologies qui en avaient été faites. La
réponse du jésuite au pape, ce fut la publication d'une
troisième partie en cinq volumes qui enchérissait
encore sur les deux premières. Le successeur de Benoît XIV, Clément XIII, condamna encore, le 2 décembre 1758, cette dernière partie, qui mettait, disait-
il, le comble au scandale causé par les premières.
Quelques jours plus tard, en janvier 1754, ce même
pape, « considérant les injures et les blasphèmes
vomis contre le mystère de la Sainte Trinité par les
Pères Hardouin et Berruyer, donna un décret qui portait que l'on dirait désormais la préface de la Trinité
à la messe du dimanche ». On la dit encore, et les
fidèles ne se doutent pas que c'est par manière de
protestation contre les hérésies de deux Jésuites.

On ne tint aucun compte de ces anathèmes réitérés,
pas plus qu'on n'avait tenu compte des condamnations prononcées par le Parlement de Paris, à la re-

---

[1] Deux lettres de M... à M..., p. 3.

quête de l'abbé Chauvelin et de Joly de Fleury en
décembre 1755 et en avril 1756. L'audace des Jésuites
était de jour en jour plus grande; aux blasphèmes de
Berruyer qui tendaient à ébranler jusque dans ses
fondements l'édifice de la religion, ils joignirent,
comme l'avait fait avant de mourir Berruyer lui-
même, les extravagances du Père Hardouin, son maître, et les historiens qui voudraient chercher dans le
passé les origines de ce qu'on nomme le modernisme
doivent étudier de très près la vie et les œuvres de
Richard Simon, du Père Hardouin et du Père Berruyer.

Ce que les évêques ne faisaient pas malgré l'enga-
ment pris en leur nom par Christophe de Beaumont, des
théologiens particuliers le firent sans tarder. On vit
paraître, en 1754, un projet d'Instruction pastorale
élaboré à Auxerre aussitôt après la mort de Caylus.
Dans un autre ouvrage, le Père Berruyer était accusé
et convaincu d'arianisme, de nestorianisme, de pélagianisme. Un autre montrait le ridicule et l'odieux de
la manière dont ce Père travestissait le texte sacré;
mais le plus remarquable de tous les ouvrages publiés antérieurement à 1760, c'est assurément celui
qui a pour titre : *Lettres théologiques... contre le
système impie et socinien des Pères Berruyer et Hardouin, jésuites, ouvrage posthume de M. l'abbé Gaultier...* [1] Jean-Baptiste Gaultier, né à Louviers en
1684 et mort accidentellement à Gaillon en 1755, était
un théologien de grande valeur qui échappa toujours
aux persécutions, et qui fut successivement le collaborateur de deux appelants célèbres, de l'évêque de
Boulogne de Langle, jusqu'en 1724, et de Joachim

____

[1] 3 vol. in-12, 1756.

Colbert, évêque de Montpellier, dont il fut le bibliothécaire jusqu'en 1738. Il vécut ensuite à Paris dans la retraite et il ne cessa jamais d'écrire pour la défense de la vérité persécutée. La liste de ses ouvrages serait longue; on la trouve au commencement des *Lettres théologiques* parues en 1756. Il avait été à bonne école auprès de Joachim Colbert, un écrivain de race et un grand logicien. Les ouvrages qu'il publia seul ne sont pas inférieurs à ceux qu'il avait faits de concert avec l'évêque de Montpellier, et les dix-sept Lettres qu'il écrivit deux mois avant sa mort contre les Pères Hardouin et Berruyer soutiennent très bien la lecture, même quand on vient de relire les *Provinciales*. Gaultier s'y révèle parfois comme un très bon disciple de Pascal, et il démasque les Jésuites comme son maître l'avait fait en 1657. En voici un exemple choisi entre beaucoup d'autres. Dans la 7e lettre (tome Ier p. 333), il s'exprime ainsi sur ce qu'il appelle la grande conspiration des Jésuites contre le catholicisme :

« N'allez pas borner le corps de doctrine de la Société aux erreurs qu'elle enseigne sur la prédestination, sur la grâce, sur la différence des deux alliances, sur la foi, sur les deux amours, sur la pénitence, et généralement sur toutes les matières qui sont l'objet de la Bulle *Unigenitus*. Le livre du Père Berruyer dévoile un mystère que la Société a tenu caché durant longtemps. Ce n'est pas simplement aux dogmes de la prédestination et de la grâce, et aux vérités qui en dépendent que la Société borne ses attentats. Elle a des vues bien plus étendues. Elle a renversé la morale et la discipline pour s'accommoder aux passions des hommes. Elle veut maintenant abolir les mystères pour se concilier ce que le monde appelle les beaux esprits. Le déisme est la religion à la mode ; il faut donc décharger la Religion de ce qui rebute ces philosophes que le monde adore. Le mystère de la Trinité les choque. Celui de l'Incarnation les scandalise. Tout ce qui passe les bornes de leur faible raison ne mérite chez eux aucune croyance, quelque évidents que soient les motifs de crédibilité sur lesquels on s'appuie. Comment faire, disent les révérends Pères, avec des hommes si difficiles ? Eh bien ! les philosophes ne veulent pas captiver leur esprit sous le joug de la foi ; captivons donc la Religion sous le joug des philosophes. Nous avons levé les barrières qui arrêtent les passions ; levons celles qui retiennent les esprits. — Mais les Jésuites sont-ils capables de pareils attentats ? — Eh ! Monsieur, personne n'ignore aujourd'hui qu'ils ont corrompu toute la morale de l'Évangile ; pourquoi voulez-vous qu'ils soient plus timides à l'égard de ses dogmes ? »

Pascal aurait contresigné cette page de l'abbé Gaultier et Racine également ; l'un et l'autre auraient de même approuvé ce qu'il dit à la fin de sa XVII⁰ lettre [1] sur le machiavélisme des Jésuites, qui feignirent d'abandonner à son malheureux sort leur confrère condamné unanimement par les évêques, et qui le portèrent aux nues quand ils virent que leurs appréhensions étaient vaines : « J'ai donc raison, dit Gaultier, de soutenir que les supérieurs des Jésuites sont d'accord avec le Père Berruyer, et qu'ils connaissent encore mieux que moi le fond de son système, qui ne tend pas moins qu'à anéantir les mystères, et à nous rendre sociniens. » Les *Lettres théologiques* parurent du vivant de Berruyer, mais elles ne l'affectèrent point,

_____

[1] Tome III, p. 357.

ni ses supérieurs non plus, puisque Gaultier était mort, et qu'elles n'étaient qu'un écho lointain de la condamnation prononcée jadis par Colbert; on était assuré du silence prévaricateur de Christophe de Beaumont et des vingt-deux évêques qui avaient pris l'engagement solennel de parler, c'était l'essentiel. Le mandement anodin que l'archevêque d'Auch adressa à ses « chères brebis » (12 pages in-12, février 1754), passa presque inaperçu, et les Jésuites reprenaient confiance, lorsque l'évêque de Soissons, Fitzjames, parut à son tour, au commencement de 1760, avec une Instruction pastorale foudroyante en deux volumes in-4° de plus de cinq cents pages chacun.

C'était un coup terrible pour les Jésuites, attendu que l'évêque de Soissons faisait seul, et d'une façon magistrale, ce que l'épiscopat français avait promis de faire, et Fitzjames était un évêque orthodoxe au même titre que Rastignac et Souillac, l'archevêque de Tours et l'évêque de Lodève. Comme eux, il avait accepté la Bulle *Unigenitus*, et il faisait signer le Formulaire d'Alexandre VII, avec ou sans distinction du fait et du droit. C'est un des prélats dont le rôle devrait être étudié de très près si l'on voulait bien connaître l'histoire religieuse du xviii° siècle, et dans une histoire du mouvement janséniste il mérite une mention toute particulière. Né à Saint-Germain en 1709, il était fils de l'illustre maréchal de Berwick et par conséquent petit-fils de Jacques II, le roi d'Angleterre détrôné, comme l'on sait, en 1688. Il ne cessa jamais de se dire Français, fidèle sujet de Louis XV et gallican dans toute la force du terme. Prêtre par choix, il remplaça Languet de Gergy sur le siège de Soissons, en 1739, et jamais il ne chercha à s'élever davantage. En 1748, il fut l'un des premiers à censurer le Père Pichon, et à dater de ce jour, les Jésuites et leurs doctrines trouvèrent en lui un juge sévère et un adversaire résolu. Il éloigna les Sulpiciens de son séminaire, il publia un Rituel et des catéchismes dont les principes étaient diamétralement opposés à ceux de Languet de Gergy et des constitutionnaires intransigeants. Il n'admettait pas les refus publics de sacrements et les billets de confession, et j'ai sous les yeux la copie authentique d'une grande lettre de lui à Benoît XIV qui est probablement inédite, et qui devrait être publiée, car elle est importante [1]. Présenté deux fois pour le cardinalat par son oncle, le prétendant Stuart, il ne put obtenir le consentement du roi de France « son maître », parce qu'on l'avait dépeint, disait-il, « comme un homme suspect dans sa doctrine et accusé de jansénisme. » C'est pour répondre à cette calomnie qu'il écrivit au pape une lettre de 24 pages, lettre très belle et vraiment digne d'un petit-fils de roi. Fitzjames commençait par se disculper, et il le faisait en ces termes : « Je n'ai jamais, grâces à Dieu, dissimulé ma façon de penser, et j'ose dire que je n'ai pas dans le monde la réputation d'un homme faux. J'ai toujours fait profession d'accepter les dernières constitutions, et, en particulier, la constitution *Unigenitus*. J'ai toujours engagé mes inférieurs à s'y soumettre, et jamais je n'ai souffert dans mon diocèse que qui que ce soit osât manquer de respect à ce décret. Mais je ne pense pas, comme quel-

(1) L'éditeur des œuvres posthumes de Fitzjames, l'abbé Gourlin en parle dans sa préface, p. LXXXV, de la manière suivante : « C'est avec le plus grand regret que nous nous trouvons dans l'impuissance d'insérer une lettre si importante dans le recueil qui suit. Nous prions très instamment les personnes qui l'auraient en leur disposition de la rendre publique. Ce sera rendre un service essentiel à l'Église, et dès lors, c'est un devoir indispensable. » (Collection Le Paige, tome 535, n° 135.)

ques-uns de mes confrères, qu'on doive priver publiquement des sacrements les opposants. Voilà sans
doute le prétexte qu'on prend pour m'accuser de jansénisme. Ma défense est facile. Ma façon de penser est
conforme à la constitution *Unigenitus*, et je soutiens
que ce sont ceux qui refusent les sacrements qui s'en
écartent. Il est certain qu'on contrevient [ms. con-
trarie] aussi bien à la loi en l'étendant au delà de ce
qu'elle prescrit qu'en voulant la restreindre. Or la
Bulle *Unigenitus* ne prononce ni excommunication, ni
privation de sacrements contre les opposants. Le dis-
positif exclut même une peine aussi grave... L'objet de
l'Église, quand elle forme des décrets doctrinaux, est
de proscrire l'erreur. Elle ne propose pas à ses enfants
de recevoir de l'encre et du papier, mais de reconnaître
quelque vérité, ou de condamner quelque mauvaise
doctrine. Celle que Clément XI a eu en vue de condamner par la Bulle, et il s'en explique assez clairement,
c'est la doctrine contenue dans les cinq fameuses propositions de Jansénius... Quiconque condamne sincèrement les cinq propositions est soumis à la Constitution... Je ne crois pas qu'on puisse citer un concile ou
un décret apostolique qui ait ordonné, sous peine d'a-
nathème, de recevoir ce concile ou ce décret. Ils ordon-
nent de professer telle doctrine ; ils anathématisent
quiconque en professera une contraire ; mais jamais
les anathèmes n'ont tombé sur ceux qui auraient de la
répugnance pour le décret, pourvu qu'ils acceptent les
vérités décrétées... Au lieu de dire aux opposants :
Vous pensez comme nous ; vous condamnez la grâce
nécessitante ; vous croyez qu'on peut résister à la grâce
intérieure, on leur crie : Vous êtes des hérétiques !
vous êtes des jansénistes ! tandis qu'ils s'en défendent
de toutes leurs forces. Il semble qu'on ait intérêt à

faire les hommes hérétiques. C'est qu'en effet c'est l'intérêt qui guide bien des gens, plutôt que l'amour de la vérité. Combien seraient demeurés dans l'obscurité s'ils n'avaient eu de prétendus hérétiques à persécuter! Il faut donc qu'ils persuadent au monde, et surtout aux puissances, qu'il en est encore. Tous ceux qui connaissent ce pays-ci et qui jugent des choses sans passion ni partialité sont très persuadés qu'il n'y a ni hérésies, ni hérétiques. »

Elles sont bien curieuses, ces paroles adressées par un évêque français au pape Benoît XIV quelques mois après la promulgation de la loi du silence, et elles confirment ce qui a été répété à satiété au cours de cette histoire, que le prétendu jansénisme est un fantôme créé par les Jésuites, et qu'il n'y a jamais eu de véritables jansénistes. Partant de ce principe, Fitzjames ne veut pas qu'on prive des sacrements des catholiques scrupuleux peut-être à l'excès, ou égarés par des préventions et par des préjugés. Il proteste contre les persécutions qui se sont élevées depuis la mort du cardinal Fleury, et il déclare hautement que l'Église, toujours animée par la charité, ne doit punir que pour guérir, et non pour rendre les maux incurables. Il se permet alors, en sa qualité de successeur des apôtres, de donner au pape un conseil ; il l'exhorte à reprendre à son compte la publication des douze articles élaborés en 1725 de concert avec Benoît XIII, et, pour justifier l'intervention du souverain pontife, l'évêque de Soissons s'élève avec véhémence contre ceux qui abusent indignement de la Bulle *Unigenitus* « pour ériger en articles de foi des opinions nouvelles dont on connaît la date, et pour soutenir des erreurs pernicieuses, tant sur le dogme que sur la morale et la discipline. Ceux qui n'approuvent pas leur doctrine sont traités de jansénistes déguisés, quoique sincèrement soumis à la constitution.., » Et Fitzjames rappelait à Benoît XIV que Sa Sainteté l'avait encouragé, lors de l'affaire du Père Pichon, « à venger les décrets apostoliques de ceux qui par de fausses interprétations les rendent odieux. »

Telle est en substance cette belle lettre du 1ʳ mars 1755, et tout donne à penser qu'elle fut bien accueillie par Benoît XIV, quoique ce pape n'ait pas cru pouvoir faire ce que lui demandait l'évêque de Soissons [1]. Fitzjames encouragé persévéra dans son attitude ; il travailla secrètement à réfuter les monstrueuses erreurs des Pères Hardouin et Berruyer, et son Instruction pastorale, rédigée avec une exactitude minutieuse de concert avec un théologien célèbre nommé Gourlin, parut le 1ᵉʳ août 1759 en deux volumes in-4° et en sept volumes in-12. Cette Instruction était précédée d'un mandement très court qui fut publié à part (14 pages in-4° ; — 46 pages in-12) [2]. L'évêque de Soissons s'empressa d'envoyer à Clément XIII, qui venait de con-

(1) J'ai sous les yeux le manuscrit original du voyage d'Italie et d'Espagne publié ultérieurement par l'abbé Clément, futur évêque constitutionnel de Versailles. Il est de toute évidence que Benoît XIV entrait dans les vues de Fitzjames, qui étaient celles de Montazet, de Rochechouart, et qui avaient l'assentiment du roi. Son bibliothécaire, Bottari, était dans la confidence ; sa mort prématurée l'empêcha de recourir à ce moyen de pacifier l'Église.

(2) Gourlin avait préparé une seconde édition de cet ouvrage ; ses additions et corrections ont été reportées sur un exemplaire in-4° par Le Paige, qui s'exprime à ce sujet en termes bien touchants : « Malgré la perte récente d'un œil, la débilité excessive de ma main droite et mon âge de près de 82 ans, j'ai osé entreprendre ce travail en cette année 1794, et je l'ai terminé le 15 juin de cette année, dimanche de la Trinité [le 17 prairial, an II, au plus fort de la Terreur]... J'aurais été trop peiné de mourir avant d'avoir fait ce travail, qui peut un jour devenir utile à l'Église. Signé Le Paige, ancien bailli du Temple.

damner sévèrement Berruyer, un exemplaire de son
Instruction pastorale, et il y joignit une lettre très
respectueuse et néanmoins très ferme, datée du 20 décembre 1759. Le pape reçut favorablement cet hommage, et il écrivit à Fitzjames une lettre très obligeante
qui demeura longtemps sur son bureau sans être signée,
et qui finalement ne fut pas envoyée parce que les
Jésuites étaient intervenus. Après deux ans d'attente
vaine, l'évêque écrivit, le 8 mars 1762, une seconde
lettre, une lettre de rappel. Il y portait, disait-il lui-
même, « des plaintes un peu vives à la vérité, mais
cependant pleines de soumission et de tendresse
filiale [1]. » A cette lettre, Clément XIII répondit enfin,
le 26 mai 1762, par un Bref très sec, très désobligeant
même, et très élogieux pour la Compagnie de Jésus
que le Saint-Siège « a toujours prise et prendra toujours sous sa protection [2]. » Fitzjames était de trop
noble race pour rester sous le coup d'une semblable
mercuriale ; il répliqua donc le 8 janvier 1763, et par
la même occasion il envoya au pape son Instruction
pastorale sur les Assertions des Jésuites, dans laquelle
son gallicanisme irréductible s'étalait au grand jour.
Les choses se gâtèrent alors tout à fait ; Clément XIII
fit condamner par l'Inquisition, sans daigner dire
pourquoi, la nouvelle Instruction pastorale de l'évêque
de Soissons (13 avril 1763), et le même jour il se plai-
gnit officiellement à Louis XV. Les Parlements et le
roi prirent hautement la défense de Fitzjames, et ce
vertueux prélat, un janséniste au sens du cardinal
Bona, car il n'aimait pas les Jésuites, mourut prématu-
rément, à l'âge de cinquante-cinq ans, le 19 juillet

(1) *Œuvres posthumes de Fitzjames*, publiées par Gourlin en
1769, 2 vol. in-12.
(2) *Ibid.*

1764. Il avait été administré publiquement par le curé de Saint-Sulpice : ses ennemis firent courir à Rome, le bruit qu'il était mort anglican sans vouloir entendre parler de sacrements [1].

Il avait eu avant de mourir la consolation de voir les Jésuites supprimés, et la consolation plus grande encore d'assister au triomphe de son Instruction pastorale contre Hardouin et Berruyer. Elle avait eu le plus grand retentissement, et les Jésuites n'avaient même pas cherché à la combattre et à la réfuter. Elle a servi de base au très remarquable Mandement de l'archevêque de Lyon Montazet [2], et à la non moins remarquable Censure de la Sorbonne, censure qui fut enfin dressée, malgré Christophe de Beaumont, en 1762 et en 1764 [3]

La cause des Jésuites considérés comme théologiens semblait à jamais perdue, car ils étaient accusés et

(1) Il fut enterré chez les Bénédictins anglais, faubourg Saint-Jacques, là même où se trouve aujourd'hui la Schola Cantorum. Le jésuite Patouillet, déguisé en chevalier de Malte, écrivit à ce propos : « Gare les miracles ! Il va en pleuvoir aux Bénédictins anglais, autant qu'à Saint-Médard. »

(2) Un volume in-4°, de 124 pages en très gros caractères ; Lyon, 1763.

(3) Cette censure imprimée forme un très gros volume in-4°, publié à Paris, chez Le Prieur. La Sorbonne y condamna 324 propositions dont les deux tiers furent jugées hérétiques. Les considérants sont très sévères. Une belle estampe satirique du temps représente l'accouchement laborieux de la Sorbonne après une gestation de neuf fois neuf mois. La Censure est figurée par un petit monstre barbu (*infantilus barbatus, monstrum Sorbonicum*). On jugea néanmoins que cette Censure faisait honneur à la Faculté, qui avait dû lutter contre le mauvais vouloir évident de l'archevêque Beaumont. Le pape Clément XIII adressa à la Sorbonne, le 26 octobre 1763, un Bref désobligeant, que le gouvernement aurait voulu supprimer et qui fut imprimé subrepticement. Le pape félicite la Sorbonne d'avoir condamné l'*Émile* de Rousseau, mais il la blâme d'avoir perdu son temps en condamnant Berruyer.

convaincus de molinisme, de pélagianisme, d'arianisme, de nestorianisme et de socinianisme. Ils avaient été condamnés comme tels par trois papes, par trente évêques, par une foule de théologiens, et enfin par tous les Parlements du royaume. Tout ce qui n'était pas sous leur domination s'élevait contre eux, et ce n'étaient pas les jansénistes qui avaient pris la tête du mouvement; c'étaient l'imprudence des Jésuites eux-mêmes, leur orgueil insensé, leur témérité folle qui les avaient amenés à démasquer trop tôt leurs batteries; ils ne pouvaient s'en prendre qu'à eux-mêmes de tous les malheurs qu'ils voyaient fondre sur eux. Mais la qualité maîtresse des Jésuites, que leurs ennemis les plus acharnés sont bien forcés d'admirer, c'est la ténacité. Jamais ils ne se reconnaissent vaincus, jamais ils ne désespèrent de leur institut. Si l'évêque Fitz-james avait vécu vingt ans de plus, il aurait pu voir ce qu'en rapportait en 1778, dans un livre contre l'évêque de Lodève, Jean-Félix de Fumel, défenseur des Jésuites et propagateur de la dévotion au Sacré-Cœur, un prélat « aussi saint que savant », au dire du jésuite Armand Jean : « Il est notoire que les Sulpiciens, plusieurs religieuses, surtout celles de la Visitation, presque tous les cordicoles, font leurs délices de Berruyer, et que la contagion du nestorianisme s'est répandue avec une rapidité inconcevable... Le livre du Père Berruyer est vendu ou donné en présent avec la plus scandaleuse profusion [1]. » Fitzjames et Montazet auraient été bien attristés s'ils avaient pu prévoir que Berruyer serait réimprimé à grands frais, en 1835, par des directeurs du séminaire de Besançon, et que ses

---

(1) *Dissertation dogmatique et morale, ou lettre d'un prieur à un uni*. En France, 1778, p. 171.

nouveaux éditeurs diraient alors de la scandaleuse *Histoire du peuple de Dieu* : « C'est un livre qu'on lira toujours avec plaisir et avec fruit... Nous le réimprimons avec quelques rectifications légères qui en rendront la lecture désormais sûre et sans danger. On n'a touché ni au plan ni au style de l'auteur... Il ne s'agissait que de supprimer ou changer un très petit nombre de passages et d'expressions qui sentent le paradoxe ou qui effarouchent l'imagination. Mais ces endroits sont rares, et il y a tel volume qui offre à peine trois ou quatre phrases répréhensibles... Nous n'avons rien négligé pour donner à ce bel ouvrage tout le degré d'utilité dont il est susceptible. »

Il est vrai que ces mêmes éditeurs ont été moins enthousiastes quand il s'est agi de la seconde partie de Berruyer, de celle qui a trait à la vie de Jésus-Christ. Ils ont été contraints de la juger eux-mêmes avec une grande sévérité et de dire : « En abordant la seconde partie, nous avons été bientôt convaincus qu'il ne s'agissait pas seulement de corriger quelques expressions offensantes, trop peu dignes du sujet, mais de remplacer, dans un grand nombre d'endroits le texte primitif, et de remanier très souvent des pages entières pour les rendre correctes et exactes ; en sorte que le nouveau *Peuple chrétien* différât presque totalement, et quant au style et quant à la doctrine, de celui que le siège apostolique a condamné... Nous n'avons rien négligé pour défendre la simplicité des récits et la pureté de la doctrine contre la manière souvent trop libre de l'auteur [1]. » Voilà donc un Berruyer ou soi-disant tel, qui diffère presque totalement du Berruyer

(1) Edit. de 1835, IIe partie, tome I, p. III de l'Avertissement.
En 1836 on fit paraître une brochure intitulée : *Le cri de la foi contre la nouvelle publication de l'Histoire du peuple de Dieu.*

original; il est difficile de pousser plus loin la naïveté, la candeur, ou peut-être le cynisme. Il en est aujourd'hui du Père Berruyer comme du Père Pichon lui-même; on a perdu le souvenir de leurs mésaventures et de leurs tribulations, et ils sont devenus, aux yeux d'une certaine école, de véritables oracles. Les Jésuites leur empruntent leurs théories les plus audacieuses, et j'ai lu sous la plume de l'un d'entre eux que le prétendu dogme du péché originel, source de tous nos maux, était tout simplement ce qu'on appelle en philosophie un argument de convenance, une explication commode, plus ou moins plausible. Même s'il n'avait pas péché, notre premier père aurait été sujet au travail, à la maladie et à la mort! On ne raisonnait pas ainsi au xviiie siècle, au temps de Benoît XIV, et c'est pour cela que les Jésuites se sont vus condamner par les papes au moment même où leur façon de traiter les affaires temporelles les mettait aux prises avec les rois : l'affaire La Valette est le pendant des affaires Hardouin et Berruyer.

**

Il ne saurait être question de faire ici, même brièvement, l'histoire de la suppression des Jésuites; les faits sont bien connus, et chacun est libre de les interpréter ou de les commenter à sa guise. Ce qu'il importe d'établir, parce que cela est rigoureusement vrai, c'est que la Compagnie de Jésus est allée au-devant des catastrophes, et que les jansénistes ne peuvent pas être accusés de l'avoir immolée à leurs rancunes séculaires. En 1755, elle était encore toute-puissante, et rien ne donnait à penser qu'elle pût jamais cesser de l'être. Mais pour dominer en tous lieux, pour acheter les dévouements et pour reconnaître les services

rendus, il fallait aux Jésuites beaucoup d'argent, et
c'est pourquoi ils se firent marchands et banquiers, ce
qui causa leur perte. Le Père La Valette, un des
leurs, fut investi par eux des plus hautes fonctions
dans le service des missions étrangères. Visiteur
général et préfet apostolique, il proposa à ses supérieurs un plan d'opérations commerciales qui fut
agréé. Sucreries, vinaigreries, vastes magasins, terrains immenses cultivés par des esclaves nègres, tout
fut mis en exploitation avec une intelligence très remarquable, et le Père La Valette institua finalement une
banque de la Martinique qui spéculait sur le change,
et qui réalisait des bénéfices énormes. En 1756, des
négociants de Marseille, Gouffre et les frères Lioncy,
lui ayant avancé 2.400.000 livres, La Valette leur
expédia en paiement des denrées coloniales qui furent
capturées par les Anglais, et les créanciers marseillais,
acculés à la faillite, réclamèrent ce qui leur était dû.
Condamnés par les juges consuls de Marseille, les
Jésuites refusèrent de payer ; ils interjetèrent appel
devant le Parlement de Paris; « ils commirent fautes
sur fautes, ils manquèrent complètement d'habileté,
contrairement à leurs habitudes », dit un historien qui
leur est favorable [1]. Au lieu de dire qu'ils se feraient
un devoir d'acquitter leur dette dès que la chose serait
possible, ils séparèrent la cause de la Société de celle
des Pères La Valette et de Sacy qui, disaient-ils,
avaient fait le commerce à leurs risques et périls
contrairement aux statuts de la Compagnie de Jésus.
Ces statuts, on les somma de les faire voir, et ils
remirent au Parlement un exemplaire authentique de
leurs constitutions. Il fallut produire le célèbre *Insti-*

____

(1) Glasson, *Le Parlement de Paris*, tome II, p. 266.

tutum Societatis Jesu publié à Prague en 1756 qu'ils ont presque anéanti depuis [1]. C'était de leur part une grande imprudence. Le 8 mai 1761 le général et la Société furent condamnés solidairement à payer 1.552.000 livres aux banquiers de Marseille. Le Parlement profita de l'occasion pour examiner curieusement ces constitutions, véritables *Monita secreta* qu'il ne connaissait pas, et le résultat de cet examen, ce furent des arrêts d'un tout autre genre, notamment celui du 6 août 1761, qui déclarait la Société de Jésus « inadmissible par sa nature dans tout état policé. » En conséquence, les Jésuites de France reçurent l'ordre de vider dans la huitaine leurs maisons et leurs collèges. Cet arrêt fut exécuté le 1ᵉʳ avril 1762. D'autres arrêts suivirent, le 23 avril et le 6 août 1762. Celui du 6 août déclarait la Société « définitivement dissoute et déchue de tous ses droits ». En 1764, le 24 février, le Parlement imposait aux Jésuites sortis de France qui voudraient rentrer dans leur patrie un serment d'abjuration de leur institut, et le 9 mars suivant un dernier arrêt bannissait du royaume tous ceux qui n'auraient pas prêté ce serment. Le 18 novembre 1764, le roi lui-même, après de longues hésitations, sur les instances de Mᵐᵉ de Pompadour et du ministre Choiseul, supprima purement et simplement la Société de Jésus en France.

Les temps étaient durs pour les Jésuites, qui avaient fait des efforts désespérés pour éviter ce désastre, ils avaient même pris devant notaire l'engagement de combattre l'infaillibilité du pape et de soutenir éner-

____

(1) Deux volumes petit in-folio. Cet ouvrage n'est pas à la Bibliothèque Nationale ; j'ai entendu dire qu'il s'y trouvait jadis mais qu'on l'a volé. Il en existe un exemplaire à la bibliothèque de la Chambre des députés.

giquement la Déclaration de 1682[1]. Les évêques, qui étaient presque tous leurs créatures, prirent leur défense en 1763, et à leur tête se trouva naturellement Christophe de Beaumont, dont ils font aujourd'hui un second saint Athanase. Clément XIII consterné publia, pour les disculper de toutes les calomnies auxquelles ils étaient en butte, la célèbre constitution *Apostolicum pascendi* (7 janvier 1765)[2]; mais cette manifestation maladroite ne fit que jeter de l'huile sur le feu. L'opinion publique était contre les Jésuites et personne alors n'aurait dit ce que dit M. Glasson : « Il est certain qu'en France cette affaire porta un rude coup à la religion et augmenta la force des philosophes. Le Parlement n'avait montré tant d'acharnement contre les Jésuites qu'à cause de son gallicanisme ; mais il restait d'ailleurs profondément attaché à la religion et n'hésitait pas à prendre des mesures sévères contre les écrits des philosophes qui pouvaient en compromettre l'autorité. Comment n'a-t-il pas vu qu'en déclarant une guerre à outrance à l'ordre des Jésuites, il devenait l'allié des philosophes et causait le plus grand tort à la religion[3] ? »

Le Portugal avait chassé les Jésuites en 1759, après l'attentat du 3 septembre 1758 dont le roi Joseph avait failli être victime ; l'Espagne, la République de Venise,

----

(1) V. Theiner : *Histoire du Pontificat de Clément XIV*, tome I, p. 40 ; cité par Glasson, tome II, p. 272. M. Glasson dit à ce propos que les Jésuites « commençaient enfin à être habiles, et peut-être même à faire des concessions exagérées ».

(2) On écrivait de Pise à Le Paige le 16 septembre 1766 : « Les Jésuites avaient fait insérer dans la Bulle *Apostolicum* l'approbation de la doctrine de leur Société. Le pape, en lisant la minute, biffa tout ce qui avait rapport à une telle approbation. Ce fut un coup de la providence du Seigneur. Le pape est le moins passionné pour les Jésuites de tous ceux qui l'entourent. »

(3) *Le Parlement de Paris*, tome II, p. 279.

le grand duché de Parme et le royaume des Deux-
Siciles suivirent l'exemple de la France (1766-1768).
Enfin le pape Clément XIV, élevé sur le trône pontifical
en 1769, après avoir vainement tenté de sauver les
Jésuites en réformant leur institut, chose qu'ils ne
voulurent pas admettre, se vit acculé aux résolutions
extrêmes. Il lui sembla que l'unique moyen de rendre
la paix à l'Église, c'était de sacrifier des moines qui
étaient l'objet de l'exécration universelle. Il publia
donc, le 21 juillet 1773, le fameux bref *Dominus ac
Redemptór*, et la Compagnie de Jésus cessa d'exister,
officiellement du moins, de 1773 à 1814[1].

Telle est la suite des événements extraordinaires
qui ont causé dans le monde religieux, en France et
ailleurs, une perturbation si profonde. J'ai beau examiner ces événements avec une attention scrupuleuse,
je n'y trouve nulle part la main des jansénistes contemporains. Ils n'ont pas eu la gloire de purger l'Église
des monstres qui l'infestaient; ou, si l'on veut, la honte
de lui ravir ses auxiliaires les plus dévoués. Si les
Jésuites ont cessé d'exister en 1773, c'est surtout parce
que Pascal leur avait fait en 1656 une blessure mor-
telle, *hærebat lateri lethalis arundo*. Parmi les parlementaires, auteurs des proscriptions de 1760 et des
années qui suivirent, on ne compterait pas une demi-
douzaine de jansénistes déclarés pouvant figurer à côté
de l'abbé Pucelle ou du président de Lesseville dans
les Nécrologes des amis de la Vérité. Je n'y vois guère
que le vieux conseiller Lefèvre de Saint-Hilaire, mort
en 1765, le jeune Robert de Saint-Vincent, neveu de
l'abbé Nivelle, et Rolland de Challerange. Ceux que

----

(1) Le Bref de Clément XIV vient d'être réimprimé avec des
notes par M. de Recalde, Paris, 1920.

l'on pourrait être tenté de considérer comme tels, par exemple le procureur général Omer Joly de Fleury, l'abbé Chauvelin, les présidents de Murard et Molé, les conseillers Laverdy, Rolland d'Erceville, et en province La Chalotais et Montclar, furent ce qu'on aurait appelé, au temps de Port-Royal, des amis du dehors, gallicans par tradition et d'une manière excessive que Bossuet et Arnauld n'auraient pas admise, catholiques plus ou moins instruits et plus ou moins pratiquants; leur jansénisme consistait surtout à ne pas aimer les Jésuites. Il s'en trouvait enfin, mais en très petit nombre, et c'était même une minorité infime, qui agissaient par politique, pour faire de l'opposition et pour se donner de l'importance. Il est trop évident que Louis XV et Mme de Pompadour et le duc de Choiseul ne proscrivirent pas les Jésuites à l'instigation de leurs ennemis, et dans l'épiscopat ceux qui jugèrent le plus sévèrement la Compagnie de Jésus, Fitzjames et Montazet n'étaient pas jansénistes, puisqu'ils acceptaient la Bulle *Unigenitus*. Le rôle des Jansénistes dans cette grande affaire se réduit à peu de chose, si l'on en croit le Père Loriquet lui-même : « Le grand obstacle aux progrès de l'incrédulité, dit-il dans son *Histoire ecclésiastique*, (5e édit., p. 101), c'était la Compagnie de Jésus, dont les ennemis de l'Église romaine, tant jansénistes que philosophes, redoutaient le zèle et les talents. » On travailla donc à sa destruction. Le philosophe d'Alembert l'avoue lui-même. « C'est proprement, dit-il, la philosophie qui, par la bouche des magistrats, a porté l'arrêt contre les Jésuites; le jansénisme n'en a été que le solliciteur. »

Il faut pourtant reconnaître que les adversaires de la Bulle ne virent pas avec déplaisir les mesures de rigueur dont les Jésuites furent l'objet. Ils ne leur donnèrent pas l'hospitalité, et ils ne se firent pas scrupule d'acheter leurs livres quand on vendit leur bibliothèque.

Les *Nouvelles ecclésiastiques* enregistrèrent avec complaisance tout ce qui pouvait être désagréable à la célèbre Société, et la disparition de leur rédacteur en chef, de l'intrépide Fontaine de la Roche, mort le 26 mai 1761, ne diminua pas l'amertume de leur zèle. Il fut remplacé par Marc Guénin, qui se faisait appeler l'abbé de Saint-Marc (1730-1807) et les *Nouvelles* furent rédigées par ce dernier jusqu'en 1793, en s'intitulant toujours *Mémoires pour servir à l'histoire de la constitution Unigenitus*.

Le mouvement janséniste se ralentit d'autant moins que le jésuitisme n'avait pas disparu avec les Jésuites, comme on va le voir en étudiant la fin du XVIIIᵉ siècle.

CHAPITRE XXIII

Les affaires Berruyer et La Valette nous ont entraînés
bien loin, et il faut maintenant revenir en arrière,
d'autant plus que les mesures prises contre les Jésuites
par les Parlements, par le roi et par le pape n'ont pas
eu pour effet de rendre la paix à l'Église de France.
Clément XIV n'était point tel que se l'est représenté
René Cerveau, auteur du *Petit Nécrologe des Amis
de la vérité*. Augustinien déterminé, comme Benoît XIII
et Benoît XIV, il ne paraît pas avoir songé un seul
instant à supprimer la Bulle *Unigenitus* et le *Formulaire*, causes de tant de maux. Les évêques français
tenaient en majorité pour les Jésuites, dont ils étaient
presque tous les créatures, et la lutte entre les Parlements et le Clergé était toujours aussi vive. Malgré la
loi du silence et les déclarations réitérées de Louis XV,
il y eut toujours des faits de schisme scandaleux. En
1775 encore, après la mort du roi, l'abbé Gourlin se vit
refuser les sacrements par un vicaire de Saint-Séverin, sa paroisse ; on les lui administra par ordre de la
police ! Beaucoup de religieuses, notamment les Hospitalières de la rue Mouffetard et les Bénédictines du
Val-de-Grâce, furent persécutées sans relâche par

Christophe de Beaumont, qui mourut à soixante-dix-neuf ans en 1781. Le crime de ces religieuses était de se retrancher au sujet de la Bulle *Unigenitus* derrière la loi du silence que Beaumont ne voulut jamais admettre. En 1779 enfin, après la mort de Voltaire et de Rousseau, et six ans après le Bref du pape qui supprimait les Jésuites, les œuvres complètes de Pascal (édition Bossut) ne purent obtenir l'autorisation de Malesherbes, parce que les *Provinciales* avaient été condamnées cent vingt ans auparavant, par un arrêt du Conseil du roi. Il fallut recourir à un mensonge digne d'Escobar, et paraître publier à la Haye, chez Detune, ce que l'on éditait chez un libraire de Paris, chez Nyon.

Mais d'une façon générale, on peut dire que la loi du silence avait grandement contribué à calmer les esprits. Benoît XIV y avait collaboré, et ce grand pape était disposé à faire ce que Fitzjames lui avait demandé en 1755. Il se proposait de publier une déclaration analogue à certains égards aux douze articles approuvés par Benoît XIII en 1725 et malheureusement abandonnés sur l'ordre des Jésuites. Cette profession de foi n'aurait pas fait mention de la Bulle *Unigenitus*, elle aurait effectivement annulé ou rendu inutiles toutes les constitutions publiées contre le jansénisme. Mais, Benoît XIV mourut le 3 mai 1758 ; le Vénitien Rezzonico, devenu pape deux mois plus tard sous le nom de Clément XIII, semblait vouloir marcher sur ses traces, mais un mauvais café lui enleva en une heure de temps son secrétaire d'État, qui était son conseiller et son ami, le cardinal Archinto (30 septembre 1758). Le successeur d'Archinto fut le cardinal Torregiani, qui avait pour directeur de conscience le général des Jésuites, et la politique pontificale, qui allait à la

destruction immédiate de la célèbre Société, prit immédiatement une direction toute contraire.

En France, la loi du silence et les déclarations qui
suivirent avaient eu pour effet de rapprocher les unes
des autres des personnes bien intentionnées qui
n'avaient pas, il s'en fallait de beaucoup, les mêmes
opinions, mais qui toutes désiraient sincèrement la
pacification religieuse. On vit alors, comme en 1668,
au temps de la Paix de l'Église, sous Clément IX, une
sorte d'union sacrée dont l'histoire, inconnue jusqu'ici,
est on ne peut plus curieuse. Point de chef·, car on
n'agissait pas au nom d'un parti, et l'on attendait le
succès d'une démarche concertée secrètement entre le
roi et le pape. Les jansénistes purs ne parlaient point
de renouveler les appels de 1717 et de 1720 ; ils ne demandaient que le silence et l'oubli, et ils ne faisaient
pas difficulté de joindre leurs efforts à ceux d'un
Fitzjames et d'un Montazet, qui avaient accepté et fait
accepter la maudite Bulle *Unigenitus*. Voici d'ailleurs,
d'après un document historique de haute valeur, comment les choses se passèrent en 1757 et durant les
années qui suivirent. Je prends pour guide, sauf à le
contrôler par l'étude minutieuse des écrits contemporains, le manuscrit original du *Journal de correspondances et de voyages....* publié en 1802 par Clément,
jadis trésorier de l'église d'Auxerre et depuis évêque
constitutionnel de Versailles [1].

(1) 3 vol. in-8°. Le manuscrit, collationné par Clément et accom-
pagné d'une lettre autographe datée de 1793, avait été donné par
lui aux Oratoriens de la rue Saint-Honoré. Il fut repris par son
auteur, lors de la dispersion des ordres religieux, et donné à Louis-
Adrien Le Paige, ancien bailli du Temple, qui s'y trouve mentionné
plusieurs fois. C'est dans la collection Le Paige qu'il est aujourd'hui
avec beaucoup de lettres de Clément. Le complément naturel de cet
important recueil, ce sont 24 volumes de pièces conservées par

Augustin-Clément du Tremblay (1717-1804), était fils
et frère de magistrats; son père et son frère, Clément
de Feillet, étaient conseillers au Parlement. Port-
royaliste fervent, il voulait être prêtre sans avoir à
signer le *Formulaire* et à recevoir la Bulle *Unigenitus*;
il se fit donc ordonner par Caylus, évêque d'Auxerre,
qui se l'attacha en 1744, en le nommant chanoine et
trésorier de sa cathédrale. Très riche, il entretenait des
relations suivies avec des personnes qui pensaient
comme son évêque et comme lui, avec l'abbé d'Etemare, avec Coudrette, disciple du docteur Boursier et
auteur de nombreux ouvrages (1701-1774), avec
Gourlin, théologien de Rastignac et de Fitzjames (1695-
1775), avec le clergé d'Utrecht, et avec des prélats
étrangers tels que le cardinal piémontais des Lances
et avec le savant Bottari, bibliothécaire du Vatican
sous quatre papes (1689-1775).

Un jour, en 1757, Coudrette écrivit à Clément que
Rome « allait enfanter quelque chose d'utile, et que, si
Dieu conservait quelque temps à Benoît XIV sa vie et
sa tête, on avait lieu d'espérer quelque chose d'avan-
tageux ». On le priait donc d'aller trouver à Rome son
ami Bottari, et de jouer ainsi le rôle qu'avaient joué
jadis les docteurs Bourgeois et Saint-Amour, le marquis de Pontchâteau, l'abbé Chevalier et l'oratorien
Laborde. On mettait à exécution, avec l'assentiment
du pape, le plan de pacification suggéré par Fitzjames,
et on pouvait compter en France et en Italie sur le
concours actif et dévoué de certains personnages.
Gilbert de Voisins, le conseiller d'État Berryer, le

Clément et données récemment par ses héritiers à la bibliothèque
du séminaire de Saint-Sulpice. Il s'y trouve notamment deux volumes de lettres originales de Bottari, bibliothécaire du Vatican sous
Benoît XIV, et grand ennemi des Jésuites.

premier président Molé, le contrôleur général de
Laverdy, qui fut autorisé par le roi à dépenser un
million pour cette grande affaire, l'avocat au Parlement
Adrien Le Paige, bailli du Temple et conseiller du
prince de Conti, étaient à la tête du mouvement. Les
archevêques de Rouen, de Lyon et de Besançon (Saulx-
Tavannes, Montazet et Choiseul) étaient favorables à
cette négociation, ainsi que l'évêque de Soissons,
Fitzjames, et on pouvait faire fond sur un certain
nombre de prélats, sur ceux qui ne voyaient dans la
résistance à la Bulle *Unigenitus* qu'un péché véniel.
Tels étaient les évêques de Carcassonne, de Limoges,
de Luçon, de Châlons, et quelques autres prélats qui
commençaient, dit Clément « à former un clergé paci-
fique en France [1]. » Au mois de janvier 1758, l'affaire
était « en très bon train »; Benoît XIV consentait à
publier « un exposé exact de la saine doctrine. Tous
ceux qui soutiendraient cette doctrine seraient déclarés
irréprochables, et on n'aurait pas besoin de révoquer
la Bulle, ce qui est trop fort pour les Romains, et ce
qui pourrait exciter de grands troubles en France, eu
égard au nombre des fanatiques qui y soufflent le
feu [2]. »

---

(1) Page 24 du ms original. L'évêque de Carcassonne était Bazin
de Bezons (1701-1778). Le jésuite Armand Jean a osé dire, dans la
notice qu'il lui a consacrée : « On vante ses charités, sa régularité,
sa piété. Nous voulons croire que ce n'était pas de l'hypocrisie et
qu'il s'est amendé ; mais ce prélat était habile à cacher ses sentiments. » — *Les évêques et archevêques de France*, 1891, p. 262.
    Limoges avait pour évêque Coetlosquet (1700-1784), et Luçon
était gouverné par Stanislas de Verthamon (1693-1758), « esprit
étroit et taquin, homme sans cœur, livré corps et âme aux jansénistes », dit le même Père Armand Jean, *ibid.*, p. 137. Il faut voir
comme les évêques français sont jugés quand on fait leur histoire
A. M. D. G.
    (2) *Ibid.*, p. 15.

La mort de Benoît XIV remit tout en question : cependant l'abbé Clément partit pour Rome sur les instances de Bottari ; il lui fut donné de voir de très près ce qui se passa au conclave, et l'on sait que ces choses-là ne sont pas toujours édifiantes. Archinto faillit être élu avec 23 voix, mais une publication prématurée le fit échouer ; Cavalchini, candidat du roi de Sardaigne et des Jésuites, obtint 33 voix, ce qui était plus que suffisant ; mais le veto de la France annula son élection comme clandestine et simoniaque, et finalement ce fut le vénitien Rezzonico qui devint pape sous le nom de Clément XIII (6 juillet 1758). Les Jésuites, qui appréhendaient son avènement, escomptaient à leur profit son peu de lumières, son indécision et la faiblesse de son caractère. Le nouveau pape suivit d'abord les traces de son illustre prédécesseur ; il condamna Berruyer, et il fit sentir aux Jésuites qu'il ne les aimait pas. On crut donc pouvoir reprendre la grande affaire de la pacification de l'Église par le moyen d'un exposé doctrinal. Le jurisconsulte parisien Adrien Le Paige dressa un mémoire lumineux dont voici le début, transcrit sur la minute autographe ; il est daté du 6 août 1758 : « Il n'y a pas d'autre moyen solide de paix qu'une bonne déclaration de doctrine qui puisse constater ce fait décisif qu'il n'y a point en France d'erreurs ni d'errants, et que cette hérésie du jansénisme, qui est la base unique de toutes ces Bulles, ne subsiste point. Tout autre moyen est inutile parce qu'il laissera subsister les soupçons et le malentendu qui causent tous les troubles. Mais il faut qu'en proposant cette déclaration comme un point de ralliement, on impose un silence éternel sur tout le passé et sur toutes ces Bulles, comme n'étant que des provisoires indéterminés devenus inutiles. Sans ce dernier point, le premier ne ferait pas plus que la Bulle *Pretiosus* ou le Bref *Demissas*. La déclaration serait reçue, et les troubles n'en subsisteraient pas moins [1]... »

A la suite de ce mémoire de Le Paige, venait une Déclaration en 21 articles, élaborée jadis à Paris par le docteur Boursier et portée à Rome en 1725 par l'abbé d'Etemare, à la prière de l'évêque de Montpellier, Colbert. Plus tard, elle avait été, dit Clément, « l'objet de l'examen et de l'applaudissement des théologiens romains qui avaient la confiance de Benoît XIV. Il était fort sage de ne proposer sous le nouveau pontificat qu'un travail si mûr pour mériter la confiance de Clément XIII [2]. » Ceux qui connaissaient bien l'histoire de Port Royal, et on va voir qu'ils étaient nombreux alors, se croyaient ramenés au temps de Clément IX, et une nouvelle paix de l'Église leur paraissait imminente ; mais la disparition subite du cardinal Archinto, qui était l'âme de cette négociation, et son remplacement par Torregiani, un ami des Jésuites et un boutefeu, arrêtèrent tout. Augustin Clément dut revenir en France ; les négociateurs attristés attendirent des jours meilleurs, et les affaires des Jésuites en Portugal et en France détournèrent l'attention publique.

En 1759, il se produisit un fait d'importance très secondaire, mais qui montre bien quel était alors l'état des esprits. Un riche libraire de Lausanne, Sigismond d'Arnay, entreprit de publier Arnauld comme on avait publié Bossuet. Il proposa d'éditer ses Œuvres complètes par souscription, et il fit paraître sous la rubrique Avignon–Lausanne un prospectus intéressant. Il y

(1) On lit dans le *Journal...*, publié en 1802, un mémoire analogue rédigé par Le Paige, tome I, p. 233.

(2) Ms. original, p. 143. Le projet de Bulle en 24 articles est imprimé au tome III, p. 203, du *Journal....* publié en 1802.

disait que Benoît XIV et les membres les plus éclairés
du Sacré Collège l'avaient vivement encouragé à faire
cette édition; qu'il ne reculait pas devant la dépense
presque immense, et qu'il comptait imprimer 16 ou
18 volumes in-4°. Chacun de ces volumes coûterait
7 livres, argent de France, et ils se vendraient deux
par deux. Les souscriptions étaient reçues chez une
centaine de libraires établis dans soixante-dix villes de
la France et de l'Europe. Les deux premiers volumes
devaient paraître en 1760, et la publication suivrait
son cours à raison de six volumes par an. « Des
savants très connus dans la République des lettres,
mais qui ne nous ont pas permis de les nommer, ont
bien voulu, ajoutait-il, nous promettre des préfaces et
des notes. » Sigismond d'Arnay ne s'attendait pas à
des difficultés puisqu'il éditait son prospectus à Avignon, ville pontificale, et qu'il l'expédiait en tous lieux
par la poste; mais il avait compté sans la vigilance
des Jésuites. Dès la fin de juillet 1759, il fut défendu
aux libraires de Paris, Briasson, Vincent et autres, de
par le roi, de distribuer les prospectus qui leur restaient et de recevoir aucune souscription. Quelques
jours plus tard, le Chancelier transformait cette défense
particulière en interdiction générale signifiée à tous
les intendants du royaume; Arnauld était traité plus
sévèrement qu'Helvétius et l'Encyclopédie. Une ordonnance de l'archevêque d'Avignon et un décret de
l'Inquisition de Rome condamnèrent également le
prospectus, sous prétexte que la rubrique d'Avignon
était une imposture. Le projet de Sigismond d'Arnay
était ainsi tué dans l'œuf, et les œuvres d'Arnauld ne
parurent pas en 1760. Heureux contretemps, car cette
publication en 16 ou 18 volumes n'aurait pas valu à
beaucoup près la belle édition que nous possédons.

aujourd'hui. L'affaire fut reprise en 1775 par le même Sigismond d'Arnay, qui lança un nouveau prospectus. Il avait recouvré, disait-il, beaucoup d'ouvrages qui lui étaient inconnus en 1759; il distribuait les matières d'une manière plus rationnelle, en commençant par la correspondance, et l'éditeur suppliait les personnes qui posséderaient un portrait d'Arnauld par Champaigne, de le lui faire connaître. C'est ainsi que l'on a en tête du dernier volume l'admirable gravure de Massard, un pur chef-d'œuvre. La publication comprendrait environ 30 volumes qui paraîtraient deux par deux, à raison de huit volumes par an à 10 livres l'un. Cette fois Sigismond d'Arnay n'éprouva aucune difficulté; la belle édition de Paris-Lausanne parut régulièrement de 1775 à 1783, grâce au dévouement des excellents éditeurs Dupac de Bellegarde, Larrière et Hautefage; elle comprend 43 volumes, et cette fois encore la haine aveugle des Jésuites ne les a pas bien servis : ils ont travaillé sans le vouloir à la glorification plus complète de leur plus grand ennemi[1].

Les Jésuites jouaient de malheur en ce temps-là, et on le vit bien en 1761, lorsqu'ils engagèrent spontanément l'affaire Mésenguy, dont les conséquences auraient été incalculables, si elle avait réussi au gré de leurs désirs. François-Philippe Mésenguy (1677-1763) est une de ces physionomies charmantes qu'on aurait voulu voir étudier par Sainte-Beuve. L'auteur de *Port-Royal* aurait pu écrire à son sujet des pages ex-

(1) Le principal éditeur des œuvres d'Arnauld fut l'abbé Hautefage. (V. son Éloge, imprimé en 1816 ; Paris, Égron, 24 p. in-8°.) Il s'installa à Lausanne durant six ou sept ans, moyennant une rétribution très modique, dont l'imprimeur, fort obéré, ne lui donna que la moitié. C'est à l'abbé Hautefage que revient surtout l'honneur de cette belle publication.

quises, car Mésenguy lui rappelait, dit-il, « les meilleurs temps des solitaires, et l'âge d'or de cette solitude chrétienne [1]. » Fils d'un simple ouvrier de Beauvais, il parvint à faire au collège de cette ville d'excellentes études qu'il termina à Paris, au séminaire des Trente-trois. Il fut sept ans régent dans le collège où il avait étudié, puis on le ramena à Paris sous la direction de Rollin et de Coffin. Appelant et réappelant comme eux, il publia de nombreux ouvrages, notamment un *Abrégé de l'ancien Testament* en dix volumes qui aurait bien dû décourager Berruyer et l'empêcher de composer son *Histoire du peuple de Dieu*. Vintimille eut recours à lui pour corriger le *Bréviaire* de 1736, et il lui confia la rédaction du *Missel* de 1738, lequel est tout entier l'œuvre de ce modeste ecclésiastique, un simple acolyte [2]. Mais son ouvrage capital, c'est l'*Exposition de la doctrine chrétienne*, résumé des conférences religieuses qu'il faisait aux grands élèves du collège de Dormans-Beauvais. Il y travailla toute sa vie, car il s'en fit de très nombreuses éditions depuis 1744, en cinq ou six volumes in-12 et en un volume in-4°. Cet ouvrage était jugé admirable et les contemporains, tels que Ségur, ancien évêque de Saint-Papoul, Fitzjames et le duc d'Orléans, s'extasiaient devant les rares talents de son auteur. Un pareil livre ne pouvait manquer d'être attaqué avec violence par les Jésuites ; il le fut une première fois en 1748, mais, sur le conseil de Caylus, Mésenguy dédaigna des attaques anonymes. Les Jésuites revinrent à la charge, et dans le *Dictionnaire des livres jansénistes* publié en 1752, le Père Patouillet

____

(1) Port-Royal, tome III, p. 633.

(2) « J'ai eu la plus grande part au missel, ce qu'il ne faut point dire, de peur que par là il ne devienne plein d'erreurs... » — Lettre autographe de Mésenguy (1758).

présenta l'*Exposition* comme un livre pernicieux qui
« adopte crûment et avec insolence les erreurs de Baïus,
de Jansénius et de Quesnel ». Mésenguy continua à
garder le silence, et, chose curieuse, il ignora longtemps que son livre avait été mis à l'Index en 1757,
sous Benoît XIV. L'auteur de la censure disait d'ailleurs que c'était un livre excellent, et il souhaitait
qu'on le traduisît en italien, quand on aurait corrigé ce
qu'il avait de trop gallican [1].

En 1758 et en 1759, l'ouvrage fut traduit en italien et
imprimé à Naples, et il fallut songer à le réimprimer
aussitôt, car l'édition était presque épuisée. C'est alors
que les Jésuites aux abois résolurent de frapper un
grand coup, de faire de l'octogénaire Mésenguy un second Père Quesnel, et de recommencer sur de nouveaux frais l'opération qui leur avait si bien réussi au
temps des *Réflexions morales*. C'était mettre l'Italie en
feu et bouleverser à nouveau l'Église de France, mais peu
leur importait ; le salut de leur Compagnie n'était-il pas
à leurs yeux la loi suprême ? Clément XIII fut circonvenu, et c'était chose facile depuis que l'audacieux
Torregiani avait succédé comme secrétaire d'Etat au
cardinal Archinto. En décembre 1760, le pape consentit
à faire examiner l'*Exposition*, dont les Jésuites avaient
extrait 45 propositions, jugées censurables et presque
identiques aux propositions de Quesnel. Voici à titre
d'exemple la 3ᵉ de ces propositions, dont la condamnation aurait exaspéré Bossuet : « Nous sommes libres ; c'est une vérité de foi et tout ensemble de sen-

---

(1) Le jésuite Benvenuti, auteur de cette censure, disait en parlant du livre de Mésenguy : « *Continet multa ad fovendam pietatem,
idonea. — Egregios de christianæ religionis majestate et sanctitate
legentibus imprimit sensus.* » Copie ms. d'une lettre de Rome, du
3 juin 1761.

timent. Mais Dieu est tout-puissant ; c'est une autre vérité de foi. Croyons donc l'une et l'autre, et gardons-nous bien de faire cette injure à Dieu que de penser qu'une vérité en détruise une autre [1]. » Mésenguy était tenu au courant des événements par Bottari et par les augustiniens de Rome, de Pise et de Naples, qui avaient si bien accueilli l'abbé Clément en 1758. Il savait notamment par une lettre du 10 février 1761 que les Jésuites et leurs dévots venaient d'exciter un orage terrible contre l'*Exposition*. « Il faut savoir quelle en sera la fin, disait le correspondant anonyme, mais les apparences sont des plus mauvaises. [2] » Vingt jours plus tard, le 3 mars, il était dit que les Jésuites, « pour faire diversion et détourner de penser à eux, avaient imaginé d'engager le pape à faire le second tome de la Constitution contre les *Réflexions morales*. Le livre qu'ils ont en vue aujourd'hui est l'*Exposition*... Ils ont représenté ce livre au Saint-Père comme rempli d'une doctrine empoisonnée et de maximes hérétiques. Sa Sainteté a eu la bonté (*sic*) de les croire. Elle en a écrit une lettre de plaintes au cardinal archevêque de Naples, etc. [3].» Clément XIII marchait sur les traces de Clément XI, et il se préparait à donner pour complaire aux Jésuites une nouvelle Bulle *Unigenitus*. Prévenu à temps, Mésenguy se mit en devoir de faire ce qu'avait fait en 1710 le Père Quesnel, octogénaire comme lui. Il écrivit au pape une lettre très respectueuse pour demander, comme autrefois Quesnel, à être entendu et à recevoir communication des accusa-

---

(1) Edit. de 1744, tome I., p. 212. Les 45 propositions dénoncées ont été imprimées en 1763, aussitôt après la mort de Mésenguy.

(2) Copie ms. du temps, conservée dans les recueils de Le Paige, tome 555.

(3) *Ibid.*

tions articulées contre lui [1]. Il ne reçut point de réponse ; on tint jusqu'à neuf congrégations en présence du Souverain Pontife, et dans celle du 28 mai 1761, les cardinaux se prononcèrent ; ils étaient treize, six d'entre eux déclarèrent que le livre était irrépréhensible [2] ; sept autres demandèrent une condamnation sévère, et parmi eux se trouvaient naturellement les amis des Jésuites, Cavalchini le pape évincé par le veto de la France en 1758, Torregiani, et même, ô surprise ! le franciscain Ganganelli, le futur Clément XIV, que Clément XIII écoutait volontiers, car il le jugeait « savant et impartial [3] ». Quinze jours plus tard, le 14 juin, parut le Bref *Dum inter gravissima*, un Bref jugé par le correspondant de Rome, Bottari sans doute, « épouvantable, terrible, et tel qu'il était difficile de faire quelque chose de plus contre les *Institutions* (*sic*) de Calvin. Le pape l'a fait souscrire par le cardinal Passionei [secrétaire des Brefs], de force, et sans qu'il s'y attendît. Le pauvre vieillard en a été si troublé que peu d'heures après avoir donné sa signature il a été attaqué d'apoplexie, et à l'heure que je vous écris, je ne sais s'il est encore vivant [4]. »

Le cardinal Torregiani, sous la direction du général des jésuites, a fait faire ce bref au pape dans son château de Castel-Gandolfe. On l'imprime contre l'ordi-

(1) La plupart des pièces relatives à cette affaire ont été imprimées en 1763, après la mort de Mésenguy, avec son *Mémoire justificatif*, etc., dont Sainte-Beuve faisait très grand cas. D'autres se trouvent en original dans les recueils de Louis-Adrien Le Paige... (tome 555).

(2) Le cardinal Spinelli « avait parlé comme un ange », de même que le « très savant et très pieux Tamburini ». Un cardinal disait que les censures des théologiens étaient « les plus étranges, les plus absurdes et les moins unanimes qu'on puisse voir ». Copies ms. de lettres écrites de Rome.

(3) Copies ms. lettre du 10 juin.

(4) Ibid. 17 juin. Passionei mourut quelques jours après

naire en quatre formats, feuille entière, feuille pliée, in 4° et in-8 ».

Voilà certes un complot bien ourdi et une affaire menée rondement ; le général des Jésuites, le fameux Ricci, exultait, et il pouvait se croire supérieur au Père Tellier lui-même. Le Bref foudroyant ne tarderait pas à être transformé en Bulle, et les affaires de la Compagnie de Jésus allaient prendre une face nouvelle. Mais les temps étaient changés, et les choses ne se passèrent pas en 1761 comme elles s'étaient passées en 1713. Les cours de France, d'Espagne, de Naples et de Vienne ainsi que la république de Venise refusèrent catégoriquement de recevoir le Bref du 14 juin, et Louis XV s'en expliqua par l'intermédiaire de Choiseul avec une énergie extrême. Le jurisconsulte Adrien Le Paige avait dressé pour le roi un vigoureux mémoire dont j'ai sous les yeux la minute autographe. Il proposait d'attaquer résolument le Bref de Clément XIII, qu'il jugeait avec la plus grande sévérité ; il demandait que l'on défendît au nonce de le laisser transpirer, et qu'on le rendît personnellement responsable s'il en était distribué en France un seul exemplaire. Le roi lut ce beau mémoire, qui est encore inédit comme tant d'autres, il en adopta sans hésiter les conclusions, et le nonce obéit si ponctuellement que Le Paige lui-même, le collectionneur incomparable, ne put se procurer un exemplaire imprimé du Bref *Dum inter gravissima ;* il en fut réduit à insérer dans ses recueils deux copies manuscrites [1]. Choiseul écrivit au pape en le tançant d'importance et en lui déclarant qu'il ne lui permettrait pas de mettre la

---

(1) Mésenguy en a donné une analyse dans le mémoire justificatif publié en 1763, p. 15. Les *Nouvelles Ecclésiastiques* de même.

France en feu. Le souverain pontife ne répliqua pas, et ce fut pour lui une humiliation profonde. Voici ce qu'on écrivait de Rome le 13 janvier 1762. « L'auteur du livre de l'*Exposition* peut être content de la prohibition de cet ouvrage, puisqu'elle a donné lieu à un édit du roi d'Espagne qui arrête l'exécution du Bref, et qui a fait que le pape s'est repenti de l'avoir donné. A Venise, la traduction italienne a été réimprimée avec une préface qui a fait avouer au pape, même publiquement, et au maître du sacré Palais que cette édition n'était pas prohibée; ce qui fait qu'on la vend publiquement à Rome. A Naples, ils l'ont réimprimée de nouveau, et le livre court par toute l'Italie; tout le monde le lit avec empressement, ce qui ne serait pas arrivé s'il n'avait pas été défendu avec tant de solennité [1]. »

Le résultat de cette entreprise, ou pour mieux dire de cette équipée, ce fut l'entière confusion des Jésuites. Plus heureux que Quesnel, dont il était le disciple fidèle, Mésenguy eut la consolation de ne pas voir l'Église bouleversée par la condamnation de son ouvrage de prédilection, du livre où il mettait en pleine lumière les dogmes de la Grâce efficace par elle-même et de la prédestination gratuite; Louis XV l'avait aidé à proclamer la toute-puissance de Dieu. Mésenguy mourut à Saint-Germain le 19 février 1763, âgé de quatre vingt-cinq ans, et l'infirmité dont il souffrait le plus, une surdité presque complète, lui épargna les tracasseries d'un clergé moliniste. Le curé qui devait l'administrer lui posa les questions du Ri-

____

(1) *Mémoire justificatif : Avertissement*, p. XCII. — Pour se tirer d'embarras, on dit à Rome que la nouvelle édition avait corrigé les endroits condamnés. *L'Exposition* fut ensuite traduite en allemand, et elle obtint encore un succès très vif.

tuel dont il n'entendit pas un mot ; le curé du Pecq répondit pour le malade, et tout se passa bien. L'auteur de l'*Exposition* fut inhumé en terre sainte, et on lui fit à Paris, malgré Beaumont, deux services solennels, l'un à saint Yves, et l'autre à saint Gervais.

L'affaire Mésenguy ne rendit pas meilleure la situation des Jésuites, et elle eut pour effet d'encourager ceux qui tenaient pour la très judicieuse loi du silence. Ce n'est pas comme auteurs responsables de la Bulle de Clément XI et du Bref de Clément XIII que les Jésuites ont été supprimés. Les luttes du Parlement contre le clergé ont pris à dater de 1761 un autre caractère. C'est à peine s'il est question de la Bulle dans les remontrances de 1766, relatives surtout aux droits réciproques de l'Église et de l'État et à la question de l'infaillibilité pontificale. En 1768, lorsque Clément XIII osa se déclarer souverain du duché de Parme, Louis XV supprima le Bref du 26 février, et il en exigea même le retrait. Sur le refus du Saint-Père, il fit occuper Avignon et le comtat Venaissin. « Cet acte d'énergie, dit un historien du Parlement de Paris, reçut en France une approbation unanime. C'était là une nouvelle preuve que les querelles religieuses étaient bien finies [1]. » Les affaires de Bretagne et le procès d'Aiguillon n'ont pour ainsi dire rien à voir avec les questions religieuses du temps ; et enfin le coup d'État de 1771 et la constitution du Parlement Maupeou sont du domaine exclusif de la politique intérieure.

Il en fut de même sous Louis XVI, qui voulait absolument faire respecter la loi du silence, et jusqu'à la Révolution. Lorsque l'intraitable Beaumont,

---

(1) Glasson, tome II, p. 302.

que trois exils n'avaient point assagi, mourut de
vieillesse le 12 décembre 1781, le roi choisit pour
lui succéder l'évêque de Châlons, Leclerc de Juigné,
auquel il recommanda sur toute chose la modération.
Foncièrement honnête et assez borné, Juigné n'était
assurément pas favorable aux jansénistes, mais il avait
été choisi « pour apaiser les troubles que le zèle
trop amer de son prédécesseur avait allumés[1] ». Il
commença par se montrer sage et conciliant; il revint sur les mesures de rigueur employées par Beaumont contre les religieuses hospitalières du faubourg
Saint-Marcel [2] et contre beaucoup d'autres. Mais au
bout de quelques années, l'archevêque moliniste revint en arrière; les prescriptions fâcheuses de son
Pastoral de 1786, tendaient à renouveler l'usage des
billets de confession et les refus de sacrements. Mais
comme les Jésuites n'étaient plus là pour stimuler son
zèle, il n'alla pas jusqu'au schisme; le temps des lettres de cachet était passé.

En pouvait-il être autrement quand on considérait
ce qui s'était produit à Rome après l'échec retentissant de l'affaire Mésenguy ? Clément XIII, tout dévoué aux Jésuites, avait été à plusieurs reprises traité
durement par Louis XV et par Choiseul; il essaya
vainement de lutter, et il mourut mystérieusement la
veille du jour où il devait réunir un consistoire pour
mettre fin à sa fâcheuse querelle avec le duc de Parme,
petit-fils du roi de France. Sous Clément XIV (1769-
1774) on reprit les négociations pour la paix religieuse entamées en 1758 avant la mort du cardinal
Archinto, mais elles durent céder le pas à la grande

<hr>

(1) H. Monin, *L'Etat de Paris en 1789*, p. 116. — Récit d'un membre du Parlement à la séance plénière du 19 décembre 1786.
   (2) Cf. A. Gazier, *Une suite à l'histoire de Port-Royal...*, p. 234.

affaire de l'abolition de la Compagnie de Jésus. Clément XIV n'y mettait pas beaucoup d'enthousiasme ; il en comprenait la nécessité, mais il voulait que les princes catholiques s'entendissent pour lui forcer la main, et en fin de compte, il attendit quatre ans avant de signer le Bref *Dominus ac redemptor*. Modéré entre tous, il aurait voulu pacifier l'Église, et sans doute il se serait prêté à une réconciliation avec les évêques de Hollande. Ces derniers, qui comme tous les vrais jansénistes avaient horreur du schisme et reconnaissaient au pape les privilèges que lui concède l'Évangile, avaient fait preuve de sagesse, et ils avaient tenu à Utrecht, en 1763, un concile provincial dont les décrets furent jugés irrépréhensibles. Aucun de ces projets ne put aboutir ; Clément XIV fut enlevé par une mort presque soudaine, et il fut remplacé par 1774 par Pie VI, qui ne le valait pas, et qui n'était pas dans les mêmes dispositions.

C'est néanmoins Pie VI qui a porté le coup mortel à la Bulle *Unigenitus*, lors de son voyage à Vienne, le 20 avril 1782. Le séjour du pape en Autriche allait prendre fin, les prélats et évêques de Hongrie, ayant à leur tête le cardinal primat du royaume, comme le dit le procès-verbal imprimé en 1784 [1], vinrent lui faire leurs adieux, et lui demander sur quelques articles « les décisions et les instructions du premier pasteur de l'Église. »

Après avoir parlé de la fameuse Bulle *In cœna Domini*, dont Pie VI fit allègrement le sacrifice, il fut question de la Bulle *Unigenitus*, pour laquelle un rescrit impérial du 25 avril 1781 était très sévère [2], et

---

(1) 37 p. in-12. C'est un opuscule très rare.

(2) « Les Bulles *In cœna Domini* et *Unigenitus*, disait ce rescrit, n'ayant jamais été ni pu être reçues, et ne pouvant jamais l'être à

voici textuellement reproduites la 13ᵉ question des prélats et la réponse de Sa Sainteté : « On a demandé ce qu'il fallait pareillement faire à l'égard des ordonnances de l'Empereur sur la Bulle *Unigenitus* [1]. — RÉPONSE : Quant à cette Bulle, le Saint Père a répondu qu'il faut en parler non pas dogmatiquement, mais historiquement (*historice, non dogmatice*). Car que serait-ce qu'un théologien qui ne connaîtrait point la Bulle *Unigenitus ?* Cependant il n'est point nécessaire d'en disputer dans les thèses publiques. Ainsi l'on peut publier l'ordonnance impériale, en déclarant que le but de l'empereur est d'empêcher toute dispute à ce sujet [2]. »

Voilà donc enfin la loi du silence consacrée publiquement par une déclaration pontificale; voilà la Bulle *Unigenitus* reléguée dans les archives du Vatican à côté de la Bulle inédite de Paul V en 1608. Que de maux les papes auraient épargnés à l'Église et à la France, si l'on avait parlé de la sorte soixante ans plus tôt ! Il est vrai, comme l'a fait observer malicieusement un contemporain, que Pie VI était alors à

l'avenir, dans les États de la maison d'Autriche, doivent être ôtées · de tous les livres liturgiques où elles pourraient se trouver... A l'égard des Universités, il leur sera ordonné de déposer tout esprit de parti ; de ne parler ni de jansénisme, ni de molinisme, mais de s'appliquer à enseigner la vraie doctrine de l'Évangile.» Note au bas de la page 20 du procès-verbal imprimé de 1782.

(1) *Quæsitum fuit pariter quid circa publicationem dispositionum· cæsaro-regiarum intuitu Bullae Unigenitus agendum sit. P. 23.*

(2) Une faute d'impression a fait dire au pape tout le contraire « non historice » et les NN. EE. du 9 octobre 1782 s'y sont trompées. Mais la faute a été signalée dans le numéro du 1ᵉʳ mai 1785, d'après l'imprimé que j'ai reproduit. On dit alors à ce propos : « C'est bien pis que la loi du silence, car c'est une loi de destruction et d'anéantissement pratique. C'est dire qu'on n'en doit pas faire plus d'usage dans l'Église que de l'Alcoran dont on peut aussi parler historiquement. » — Copie ms. faite par Le Paige, tome 579, n° 6.

Vienne, après l'abolition des Jésuites, et non pas à Rome, sous l'œil inquisiteur de leur général. Toujours est-il que durant les dernières années du xviii° siècle, la Bulle ne pouvait plus être considérée comme une arme de combat, et dans ces conditions le mouvement janséniste reçut une orientation nouvelle. Ceux qui s'intitulaient eux-mêmes les amis de la vérité sortirent de leurs retraites dès 1756, parce qu'ils n'avaient plus à redouter l'exil ou la prison; c'est ainsi qu'on vit reparaître Nivelle, auteur des *Actes d'appel* en trois volumes in-folio, mort en 1761 à l'âge de soixante-quatorze ans entre les bras du célèbre Cochin, curé de Saint-Jacques du Haut-Pas; Léonard Dilhe (1691-1769), Fourgon (1687-1773), et l'abbé de Roquette, et le curé de Rouvray, Fleurs, qui fut trente ans prisonnier. Le rédacteur en chef des *Nouvelles ecclésiastiques*, le redouté Fontaine de la Roche, mourut paisiblement en 1761 sur la paroisse Saint-Étienne-du-Mont, ce qui prouve que la police ne s'acharnait plus à le poursuivre.

Mais ces notables du parti janséniste étaient des gens très paisibles, et nullement des conspirateurs; jamais de réunions [1], rien qui ressemblât aux assemblées des anciennes corporations ou des congrégations religieuses. On imprimait une multitude de livres, mais un peu au hasard, sans méthode et en tous lieux.

---

(1) Les NN. EE. de 1792, consacrant un article nécrologique à Jean Bailliet, font pourtant mention d'une « Société choisie qui s'était formée à Saint-Mandé dans une maison appelée le Prieuré ». Là se réunissaient avec Bailliet, Besoigne, Savard, Pelvert, Menidrieux, Cormailles, quelques autres ecclésiastiques dont le curé de Ronchères, prisonnier à Vincennes, et de vertueux laïcs, parmi lesquels se trouvait sans doute Louis-Adrien Le Paige, qui avait une maison à Saint-Mandé. — N° du 23 avril, p. 67. On se réunissait de même à Palaiseau et ailleurs.

Les auteurs qui étudiaient des sujets analogues, qui
utilisaient les mêmes documents et qui puisaient aux
mêmes sources, ne se concertaient pas entre eux ;
loin de s'unir, ils se traitaient mutuellement avec
une grande sévérité. C'est ainsi qu'ont agi les trois
principaux historiens de Port-Royal, Jérôme Besoigne,
dom Clémencet et Guilbert.

Le docteur Besoigne, auteur de la belle et touchante *Histoire de Port-Royal* en six volumes paruc
à Cologne en 1752, a récriminé d'une manière regrettable contre le bénédictin dom Clémencet, qui publia
de 1755 à 1757, à Amsterdam, l'*Histoire générale de
Port-Royal*, et il ne ménagea guère le savant Guilbert,
auteur des *Mémoires historiques et chronologiques*
parus à Utrecht en neuf volumes (1755-1756; 1758-
1759)[1]. Clémencet et Guilbert répliquèrent avec acrimonie, et le spectacle de ces luttes intestines attrista
leurs amis communs. Les trois historiens de Port-
Royal ont bien mérité de leurs contemporains et de
la postérité, et s'il leur avait été possible de travailler
de concert, l'histoire de la célèbre abbaye eût été faite
d'une manière définitive. Pourquoi faut-il qu'une misérable question d'amour-propre les ait empêchés de se
rendre mutuellement justice [2].

Port-Royal fut au xviii° siècle, surtout après 1750,
l'objet de beaucoup d'autres publications dans le détail
desquelles je ne saurais entrer ici [3] ; je me contenterai

(1) V. à ce sujet les *Vies des 4 évêques* par Besoigne, tome II,
p. 319 et suiv. — Voir aussi les *Nouvelles ecclésiastiques* de 1757,
p. 43 et 136.

(2) Il semble bien que Guilbert ait été l'agresseur ; il ne figure pas
dans le Petit Nécrologe de Cerveau.

(3) Je me permets de renvoyer le lecteur à l'Essai bibliographique
que j'ai joint en 1908 à mon édition de l'*Histoire de Port-Royal*, de
Racine ; il est complet.

de mentionner brièvement les principales, les *Vies intéressantes et édifiantes*, 4 volumes 1750; les *Vies des 4 évêques*, de Besoigne (1756), l'*Histoire des persécutions des religieuses de Port-Royal écrite par elles-mêmes*, Villefranche, 1753; l'*Histoire de la dernière persécution de Port-Royal*... édition royale, 1750.

Plus tard, en 1767, parut à Paris, chez le libraire Lottin, l'*Histoire de Port-Royal* de Racine, dont la première partie seule avait été publiée à Cologne en 1742 [1]. En 1767 également on donna aux fidèles qui visitèrent pieusement les ruines de Port-Royal un *Manuel des pèlerins* composé par l'abbé Gazaignes, dit Philibert (mort en 1802). C'est ce manuel qui de nos jours a si heureusement inspiré M. André Hallays. Vingt ans plus tard enfin, en 1786, une personne de piété, Mlle Poulain (? — 1833), publia une *Histoire abrégée de Port-Royal*, simple résumé de Racine et de Besoigne, et l'année suivante on fit paraître, au Désert encore, les *Exercices de piété à l'usage des religieuses de Port-Royal*, ouvrage posthume de la Mère Angélique de Saint Jean. Ce qui fait l'intérêt tout particulier de ce petit livre de pure édification c'est l'éloge de Port-Royal que l'éditeur anonyme a placé en tête; je me reprocherais de ne pas le citer, car il montre avec une entière évidence l'unité de vues de ces Jansénistes que l'on dépeint volontiers comme se laissant aller à tout vent de doctrine. En 1787 comme au temps de Saint-Cyran et d'Arnauld, ils suivaient la même ligne de conduite; ce qui les animait, c'était l'esprit de Port-Royal. On peut en juger par l'extrait que voici :

---

(1) Elle n'avait pas eu de succès, et quand on publia l'édition de 1770, à Paris, chez Lottin, on se contenta de joindre la deuxième partie à la première qui était demeurée en feuilles dans le magasin du libraire.

« Auprès de tous ceux qui connaissent l'esprit de la religion et qui aiment la vérité, la meilleure recommandation pour un livre est de pouvoir dire qu'il sort de la célèbre maison de Port-Royal ; qu'il y a été composé, lu, goûté, admiré dans le temps qu'elle était le plus remplie de lumière et qu'elle brillait comme un soleil au milieu de l'Église. Excepté les débris de la fameuse Société qui restent parmi nous, et quelques esprits bornés qui ont hérité de ses préventions et de son emportement, il n'y a aujourd'hui, même parmi les gens du monde, qu'une voix pour reconnaître que le Seigneur avait répandu ses dons et son esprit avec une admirable abondance sur la sainte solitude de Port-Royal ; qu'il en avait fait une source de bénédictions et de grâces pour toute son Église.

« Encore aujourd'hui, s'il reste une étincelle de foi sur la terre, si la solide piété n'y est pas encore éteinte, c'est à Port-Royal que nous en sommes redevables. Si, malgré le débordement des vices et des erreurs qui a tout inondé, la vérité conserve encore quelques disciples et quelques adorateurs ; si les dogmes précieux de la grâce, si les grands caractères de la justice chrétienne, si les saintes règles de la pénitence, si les droits des fidèles à la lecture des Écritures, si sur tous les points, en un mot. qui intéressent le fond même de la religion les vrais principes sont encore connus, respectés et suivis dans quelques coins de l'Église, c'est évidemment parce que l'esprit de Port-Royal y a pénétré, et que les excellents ouvrages dont il nous a enrichis y sont lus avec une sainte avidité... L'esprit de Port-Royal se perpétuera d'âge en âge sans aucune interruption. »

C'est à perpétuer cet esprit que conspiraient les jansénistes de la fin du XVIII° siècle, délivrés enfin de l'affreux cauchemar de la Bulle *Unigenitus*. On ne connaît pas l'éditeur des *Exercices spirituels ;* mais le propre neveu de Massillon [1] avait glorifié Port-Royal en termes presque identiques dans un ouvrage remarquable, paru en 1776 et intitulé *Réponse de M*** à M. l'évêque de*** sur cette question : Y a-t-il quelque remède aux maux de l'Église de France ?* C'est un réquisitoire d'une extrême violence contre les Jésuites, et parmi les remèdes proposés se trouvent l'abolition des signatures et le retour à l'ancienne doctrine du clergé de France. C'est de même par une glorification de Port-Royal que commence l'ouvrage de René Cerveau [2] connu sous le nom de *Nécrologe des plus célèbres défenseurs et confesseurs de la vérité des XVIIe et XVIIIe siècles*, sept volumes in-12 parus de 1760 à 1778. Le *Petit Nécrologe* est avec les *Nouvelles ecclésiastiques* et le gros recueil des *Actes d'appel* la meilleure source à laquelle on doive puiser si l'on veut bien connaître l'histoire religieuse du siècle de la Bulle. Il s'y trouve des abrégés chronologiques très bien faits et un grand nombre de notices biographiques, enfin des listes d'ouvrages et des recueils de pièces rares ou peu connues. On peut y joindre le *Nécrologe des appelants* (1755) et les *Appelants célèbres* de l'abbé Barral (1753). Tous ces ouvrages s'imprimaient à l'étranger, du moins en apparence, et souvent avec le concours de libraires parisiens dévoués à la cause, tels que Coignard, Desprez, Vincent, Pralart, Boudet, Desaint et Saillant,

---

(1) Il est mort en 1781.

(2) René Cerveau (1700-1780) était un prêtre de Saint-Étienne-du-Mont auquel le Parlement recourut plusieurs fois lors du refus de sacrements. Il a laissé quelques bons ouvrages en prose et même en vers.

Méquignon, Savoye, etc. Il faut renoncer à citer les auteurs de tant d'ouvrages et ceux qui contribuaient à les répandre, comme Gourlin, d'Étemare, Fourquevaux, Goujet, Dupac de Bellegarde, Larrière, Rondet, l'abbé Paul Collard, oncle de Royer Collard, l'abbé Cochin, curé de Saint-Jacques du Haut-Pas, l'abbé de l'Épée, que Beaumont n'osa pas interdire parce que lui seul pouvait confesser les sourds-muets, et cinq cents autres qui appartenaient à toutes les classes de la société.

Les jansénistes avaient même des écoles, et qui plus est, des écoles paroissiales. Ce n'étaient pas, comme en 1635, de très petits collèges réservés à quelques enfants riches, mais bien des écoles gratuites, ce qu'on appelle aujourd'hui des groupes scolaires, et même des écoles normales. Telles ont été les écoles de la rue de Lappe, au faubourg Saint-Antoine, qui ont instruit et catéchisé, parfois même habillé et nourri les enfants de ce faubourg de 1713 à 1793. Je ne puis répéter ici ce que j'ai dit ailleurs sur cette admirable fondation de l'abbé Tabourin [1], qui a rendu de si grands services à la France et à l'Église. On ne saurait trop redire que les élèves de ces écoles vraiment port-royalistes, mais nullement jansénistes, n'étaient pas mis par leurs maîtres au courant des querelles religieuses du temps. On ne cherchait pas à faire des prosélytes, des appelants ou des convulsionnaires ; on tâchait de faire des chrétiens catholiques, des enfants soumis de l'Église romaine, sachant bien le catéchisme du diocèse, et rien de plus. Il en était de

____

(1) A. Gazier. *Les Ecoles de charité du faubourg Saint-Antoine (école normale et groupes scolaires)* — Revue internationale de l'enseignement, 1906. Il en a été fait un tirage à part, non mis dans le commerce, qui se trouve à la Bibliothèque nationale.

même dans les collèges de l'Université où enseignaient Rollin, Coffin, Lhomond, Rivart et tant d'autres; Rollin l'a proclamé bien haut.

L'instruction des filles était confiée, dans le faubourg Saint-Antoine et sur les paroisses Saint-Paul, Saint-Leu, Saint-Séverin et Saint-Médard, aux religieuses de Sainte-Agathe, si cruellement persécutées par Beaumont, comme on l'a vu par l'histoire de la Sœur Perpétue [1], et surtout aux sœurs de l'ordre de Sainte-Marthe, dont l'histoire particulière ne tardera pas à voir le jour. Fondée en 1713 par la veuve du sculpteur Théodon, cette congrégation fut protégée par le cardinal de Noailles; dirigée successivement par Mme Lesourd et par la Sœur Gille, elle a traversé heureusement tout le XVIIIe siècle, et nous la verrons reparaître sous le Consulat [2].

Il fallait de l'argent pour entretenir ces œuvres, pour propager les bons livres, pour venir au secours des innombrables victimes du Formulaire et de la Bulle; on en trouvait, comme on en trouve toujours en France quand il s'agit de charité. De riches particuliers, des parlementaires et même des grands seigneurs qui ne voulaient pas être nommés versaient des sommes considérables, et il y avait une caisse de secours, la fameuse *boîte à Perrette* [3] dont il faut bien dire ici quelques mots, puisque les indiscrétions des amis et les révélations des ennemis l'ont signalée ou dénoncée depuis longtemps. C'est à Nicole, que l'on représente

____

(1) V. ci-dessus, t. II, p. 64.

(2) La dernière des religieuses de l'ordre de Sainte-Marthe, Sœur Simon, est morte en mars 1918, à Magny-les-Hameaux.

(3) La gouvernante de Nicole se nommait Marie Pipereau ; il faut donc chercher ailleurs la fameuse désignation que je crois antérieure au XVIIe siècle.

volontiers comme un forçat du jansénisme, et qui fut
toute sa vie un port-royaliste fervent, que remonte
l'idée première d'une caisse de secours administrée à
perpétuité par des fidéicommissaires. Il est mort le
16 novembre 1695, et il avait institué ses légataires
universels le comte du Charmel, le Père Fouquet, de
l'Oratoire, et un abbé Cordier sur lequel je n'ai pu
trouver aucuns renseignements. Cordier mourut avant
Nicole, et ce fut le célèbre abbé Couet qui lui fut sub-
stitué. Mais Couet, qui fut assassiné par un fou en
1736, a dû se retirer de très bonne heure, car il
n'était plus en 1717, lors de l'appel au Concile du
Père Fouquet, dans le même camp que son associé. Le
testament de Nicole fut attaqué en 1696 par deux de
ses cousines, les demoiselles Le Maire, qu'il n'avait ni
avantagées, ni même nommées, et l'on a ainsi dans un
factum assez violent signé Delaistre (28 pages in-f°),
quelques renseignements sur la caisse de secours
créée par Nicole. Elle était destinée dans sa pensée à
subventionner les filles régentes de Troyes, de Beauvais et de Chartres, si toutefois elles ne se laissaient
pas aller à calomnier les religieuses de Port-Royal.
Les trois légataires institués par Nicole obtinrent gain
de cause le 16 août 1696, et ils purent disposer d'environ 40.000 francs.

En 1734, le Père Fouquet mourut après avoir fait, en
1732, un testament qui instituait non pas trois fidéicommissaires, mais un seul, l'abbé Pierre Gervais Lefebvre
d'Eaubonne, chanoine de Notre-Dame. Ce saint prêtre,
animé du plus pur esprit de Port-Royal [1], recueillit
également quelques successions analogues, notamment

____

(1) Voir sa notice biographique dans le Petit Nécrologe de Cerveau, tome VI, p. 381.

celle de l'abbé Dorsanne, et il mourut, sans avoir été inquiété par Vintimille et par Beaumont, en 1765. L'abbé d'Eaubonne avait testé en faveur de Denis Rouillé des Filletières, un de ces hommes rares qui cherchent le silence et la retraite. Son article nécrologique est le dernier du dernier volume du *Petit Nécrologe de Cerveau.* Il n'a pas trente lignes, et on y dit simplement qu'il était riche et très charitable. Ce qui l'a fait connaître, c'est le procès retentissant auquel son testament a donné lieu en 1781. Il instituait l'abbé Le Bègue de Majainville, simple clerc tonsuré, son légataire universel, et en outre il léguait 110.000 fr. à M. de Fays, conseiller honoraire à la Cour des aides, 110.000 fr. à Desprez de Boissy auteur des *Lettres sur les spectacles* (1730 ? — 1787), et 64.000 fr. à l'abbé Augustin Clément, futur évêque constitutionnel de Versailles (1717-1804). Les neveux de Rouillé des Filletières, notamment le Président Rolland, attaquèrent le testament, et Rolland fit valoir que l'affaire des Jésuites lui avait coûté plus de 60.000 livres. Le célèbre avocat Gerbier plaida contre les héritiers, il fit à ce propos un très bel éloge de Port-Royal[1], et un arrêt du Parlement du 5 avril 1781, ordonna l'exécution pure et simple du testament, et la mystérieuse caisse de secours disposait de près d'un million quand la Révolution française éclata.

Il faut arrêter ici ces études sur l'histoire religieuse du xviii° siècle, elles sont nécessairement incomplètes : peut-être néanmoins ne sembleront-elles pas dépourvues d'intérêt. On est si peu accoutumé à considérer de ce point de vue le siècle de Louis XV, de Voltaire, de Diderot, de Beaumarchais et de Boucher ! Or il est

---

(1) Cité par Grégoire, *Les Ruines de Port-Royal* (1809), p. 110.

manifeste que les Français de ce temps là se sont passionnés pour les discussions religieuses, et qu'ils n'étaient plus en 1789 ce qu'ils étaient à la mort de Louis XIV. La France chrétienne avait été littéralement bouleversée par les affaires de la Bulle et du jansénisme. Elle avait encore un clergé, des évêques, des ordres religieux, des fidèles, mais rien de tout cela ne ressemblait à ce qu'on avait pu voir et admirer avant 1715. L'épiscopat comptait à la veille de la Révolution des prélats comme le cardinal de Rohan, le triste héros de l'affaire du collier, comme Alexandre de Jarente, comme Loménie de Brienne et comme Talleyrand. Le clergé du second ordre, les curés et les vicaires, ne sortaient plus comme jadis de la bonne bourgeoisie; il se recrutait, au dire du neveu de Massillon, « parmi les cadets de la noblesse, contraints d'opter entre le mousquet et la soutane, ou parmi les personnes du plus bas étage, attirées par l'espérance d'attraper une cure et d'être ainsi le soutien de leurs familles [1] ». Les ordres religieux avaient été complétement désorganisés ; les chaires étaient occupées, à bien peu d'exceptions près, par des prédicateurs sans talent; l'apologétique religieuse enfin était au-dessous de sa tâche au moment même où la libre pensée attaquait les dogmes avec la plus extrême violence. En un mot la situation religieuse était considérée comme désespérée.

La cause première de tous ces maux, au témoignage de ceux qui en gémissaient le plus amèrement, c'étaient les Jésuites, auteurs ou promoteurs des Bulles contre le jansénisme, du Formulaire et de la Bulle contre Quesnel. On établissait alors même dans quelques

____

(1) *Réponse de M** à M. l'évêque de*** sur cette question : Y a-t-il quelque remède aux maux de l'Église de France ?* p. 417.

ouvrages très bien faits, notamment dans celui qui parut en 1769 comme addition aux *Nouvelles ecclésiastiques* et qui est intitulé : *Les Appelants justifiés à nouveau par la réunion des preuves qui constatent que le jansenisme n'est qu'un fantôme* [1], que s'il n'y avait pas eu de Jésuites au monde il n'y aurait jamais eu de jansénistes. Les Jésuites étant supprimés par le roi et abolis par le pape, et les Bulles contre le jansénisme étant considérées, de l'aveu de Pie VI lui-même, comme des documents historiques, le fantôme s'évanouissait. Mais si les Pères Jésuites disparaissaient momentanément, le jésuitisme leur survivait; et même il prenait, grâce à la dévotion nouvelle au Sacré-Cœur, une vigueur extraordinaire. Or en vertu de l'adage *Qui non molinizat, jansénizat* [2] — Quiconque n'est pas moliniste est réputé janséniste — l'antagonisme ne pouvait pas cesser, nous en aurons la preuve en abordant l'histoire du mouvement janséniste pendant la Révolution.

(1) Ouvrage in-4° à deux colonnes de 101 pages. On a tout lieu de penser qu'il est de Louis-Adrien Le Paige, car on trouve en tête un erratum très complet qui est de son écriture. (Collection Le Paige, tome 562, n° 235).

(2) Attribué au cardinal Bona : *Épistola ad Norisium.* — *Spectrum Jansenismi detectum*, 1783, p. 8.

CHAPITRE XXIV

Si l'on en croyait les principaux historiens de la
Révolution française, le rôle du jansénisme en 1789
et depuis se réduirait à bien peu de chose. « Rien ne
paraît moins préoccuper les électeurs en 1789 que la
question du jansénisme », dit M. l'abbé Sicard dans
ses très remarquables études sur les Évêques avant la
Révolution ; mais quelques lignes plus bas M. Sicard
dit en propres termes : « Laissez la Constituante, une
fois sortie des discussions orageuses qui marquent son
début et du vote de ses grandes lois d'Etat, aborder la
constitution civile du clergé, l'inspiration janséniste
va présider à l'organisation de la nouvelle Église.
Camus triomphera de Louis XIV ; le comité ecclésiastique vengera les cendres de Port-Royal, et les légis-
lateurs jansénistes qui ont tant parlé de rendre au
clergé l'organisation de la primitive Église la ramè-
neront en effet au martyre [1]. » Ces deux affirmations
de l'éminent historien semblent contradictoires, et

----

(1) *L'Ancien Clergé de France*. Les évêques avant la Révolution,
p. 421. En 1842, dans une lettre pastorale du 18 mars en faveur de
l'Église d'Espagne, l'archevêque de Paris, Affre, disait en propres
termes y I: « la un demi-siècle, les disciples de Port-Royal, bien

quelques explications sont nécessaires. Il est certain que sauf deux cahiers du Tiers-Etat, l'un à Paris et l'autre à Auxerre, personne n'a réclamé la suppression du Formulaire, dont la signature était exigée rigoureusement dans le diocèse de Lyon par l'archevêque Marbœuf, successeur de Montazet en 1788. Partout ailleurs les anciennes querelles étaient manifestement assoupies. Faut-il donc admettre qu'elles se réveillèrent en 1790 ? Je crois pouvoir affirmer qu'il n'en fut rien, parce que la Constitution civile, élaborée par un comité de trente membres, libéraux, libres-penseurs ou gallicans, ne comptait pas quatre jansénistes dans son sein, et parce qu'elle a eu pour premier effet de diviser profondément la petite société janséniste. L'organe officiel du parti, son moniteur, si l'on peut s'exprimer ainsi, ce sont les *Nouvelles ecclésiastiques*, qui parurent sans interruption jusqu'en 1803, et c'est à cette feuille que l'historien doit recourir pour bien connaître l'état de la question. Or la lecture des *Nouvelles ecclésiastiques* fait voir avec évidence que le Formulaire et la Bulle *Unigenitus* ne sont pour rien dans ce qui constitue essentiellement la Révolution française.

Les *Nouvelles ecclésiastiques* ont été durant l'année 1789 ce qu'elles étaient depuis 1728, un journal de polémique religieuse, et on ne soupçonnerait pas en les lisant qu'il s'était passé au cours de cette année-là des événement tels que la transformation des États Généraux en Assemblée nationale, le Serment du jeu de paume, la prise de la Bastille et les journées d'Octobre. En

dégénérés à la vérité, donnèrent la main à des athées et à des déistes et, tous ensemble, ils travaillèrent à former une église constitutionnelle, de laquelle ils n'attendaient d'autre service que la destruction de l'unité catholique. »

avril, le Nouvelliste attaquait vivement Voltaire ; en
juin, il réprouvait les représentations théâtrales dans
les collèges ; en juillet, il gémissait sur l'état lamentable
du diocèse de Lyon où l'archevêque Marbœuf détrui-
sait l'œuvre de Montazet. Le 25 septembre, il était longuement question d'un miracle opéré par l'intercession
de Joseph Labre, un thaumaturge posthume comme
le diacre Paris. Enfin le dernier numéro. contenait un
grand éloge de du Tillet, évêque d'Orange, lequel proclamait les principes augustiniens sur la Grâce, et
préconisait le silence, « un silence raisonnable » sur
les questions controversées. Mais la situation changea
à dater du 1ᵉʳ janvier 1790 ; les *Nouvelles* cessèrent
d'être une publication clandestine et elles devinrent
un journal hebdomadaire auquel on pouvait s'abonner
chez un grand libraire de Paris ¹. Le discours initial
de 1790, très différent de ceux qui l'avaient précédé,
exaltait les bienfaits de la Révolution, « qui pouvait
être aussi salutaire à l'Église qu'elle était nécessaire à l'É-
tat». Guénin de Saint-Marc, le rédacteur en chef, saluait
l'apparition d'un ordre nouveau qui allait, disait-il,
« remettre le clergé à sa place et le rappeler à sa
vocation. » Il n'était même plus question de la Bulle,
si ce n'est dans le titre du premier numéro. Les feuilles
qui suivirent étaient consacrées exclusivement aux
affaires religieuses ; jamais on n'y parlait des événements politiques, et la publication se poursuivit
dans ces conditions jusqu'au 1ᵉʳ janvier 1794. On y
trouve une foule d'indications très curieuses, mais je
me contenterai d'en signaler un très petit nombre. Dans
les numéros des 6 et 13 février 1790, le Nouvelliste a
analysé une brochure singulière intitulée : *Doléances*

____

(1) Chez Le Clère, rue Saint-Martin.

des églisiers , soutaniers ou prêtres de paroisse de Paris
(123 p. in 8°). Ce n'est pas du tout, comme on l'a cru
« le cahier de la secte janséniste, » car ces doléances,
dont l'allure est parfois très vive, ont été adressées à
l'Assemblée nationale dans les derniers jours de l'année
1789. Elles ont été utilisées par quelques-uns de nos
contemporains, et on les a réimprimées plusieurs
fois [1].

Le 15 et le 22 mai, les *Nouvelles ecclésiastiques*
faisaient connaître à leurs lecteurs un ouvrage qui
touchait à l'histoire du jansénisme, l'oraison funèbre
de l'abbé de l'Epée par l'abbé Fauchet. Elle est bien
curieuse, cette oraison funèbre prononcée le 23 février
1790, à Saint-Etienne-du-Mont, par le futur girondin
Claude Fauchet, alors prédicateur du roi, avec la permission de l'archevêque de Paris, Juigné, à la prière
de la commune de Paris et en présence des magistrats
municipaux [2] et d'une députation de l'Assemblée nationale. Charles Michel de l'Epée, prêtre et avocat au
Parlement, était mort à Paris le 23 décembre 1789. Il
était franchement janséniste, appelant et réappelant,
et Claude Fauchet ne se fit pas faute de le dire ; il insista sur ce fait que l'abbé de l'Epée devint prêtre
grâce à l'évêque de Troyes, Bossuet, « qui accueillait
avec empressement les hommes d'une piété sévère
bannis des autres diocèses ». Il osa dire en chaire que
Michel de l'Epée « entretenait des relations intimes
avec le vénérable Soanen », et qu'il remit entre ses
mains son acte d'appel de la Bulle *Unigenitus*. « Enfin,

(1) Cf. Chassin. *Les élections et les cahiers de Paris en 1789*,
t. II, p. 91. — Léon Séché : *Les derniers jansénistes*, tome I,
p. 170 et 275.

(2) Imprimé par ordre de l'assemblée générale des représentants,
de la commune, 51 p. in-8°.

messieurs, ajoutait l'orateur, malgré sa foi vive à tous les dogmes catholiques et son ferme attachement à la doctrine des grands hommes de Port-Royal, M. l'abbé de l'Epée n'était ni un dévot ombrageux, ni un homme de parti. Nulle espèce de fanatisme n'avait accès dans son âme ». Mais, chose étrange, Fauchet, si nettement janséniste en cet endroit, prit aussitôt parti pour le fanatique Beaumont, « persécuté de la manière la plus inique pour avoir fait constamment ce qu'il regardait comme son devoir ». Il blâma le recours aux tribunaux contre les refus de sacrements, et il représenta la Loi du silence de 1754 comme « un grand attentat contre la liberté de l'homme et du citoyen ». Le *Nouvelliste* n'a pas manqué de relever cette affirmation singulière, et il a cité les principaux passages de cet éloge, qu'il disait plein d'une éloquence noble et vraie, et conte- nant des beautés d'un ordre supérieur [1].

Le 24 juillet 1790 les *Nouvelles ecclésiastiques* pu- blièrent un article relatif à la Constitution civile du clergé ; Guénin de Saint Marc, qui l'avait rédigé, ap- prouvait sans réserve le rapport de Martineau, et il trouvait le plan du comité ecclésiastique « très judi- cieux, conforme à l'esprit de l'Église et aux principes essentiels de son gouvernement ». Cet article et ceux qui suivirent déplurent fort à un certain nombre de lecteurs, et le jansénisme français fut immédiatement divisé comme il l'avait été cinquante ans auparavant, au temps des convulsionnaires et des antisecouristes. Parmi les partisans de la Constitution civile du clergé se trouvaient des jansénistes de marque, tels que Louis

---

(1) Fauchet insinuait que l'abbé de l'Épée voyait avec indiffé- rence les miracles du diacre Pâris ; le *Nouvelliste* le réfuta victorieu- sement en citant textuellement (p. 80) son testament spirituel de 1744.

Adrien Le Paige, Camus, Larrière, l'abbé Grégoire, Durand de Maillane ; au nombre de ses adversaires irréconciliables figuraient l'avocat Maultrot, l'abbé Jabineau, Vauvilliers, l'abbé Mey, Louis Silvy, les bénédictins Deforis et Coniac, et une infinité d'autres. L'ancien doctrinaire Jabineau, homme de beaucoup d'esprit et d'une imagination très vive, prit la tête du mouvement, et dès le 15 septembre 1791 il publia des Contre-Nouvelles ecclésiastiques analogues à certains égards à celles qu'avait fait paraître jadis le jésuite Patouillet. Imprimées dans le même format que les autres, elles paraissaient comme elles tous les huit jours, mais les numéros avaient en général quatre pages au lieu de huit. Ils étaient intitulés : *Nouvelles Ecclésiastiques, ou Mémoires pour servir à l'histoire de la constitution prétendue civile du clergé*. Le numéro du 15 septembre est une déclaration de guerre contre « une poignée de gens qui croient trouver un remède aux maux de l'Église dans le renversement de sa hiérarchie et de sa discipline. » Jabineau, qui ne se faisait pas connaître, voulait surtout, disait-il, « désavouer le téméraire Nouvelliste qui osait se couvrir du nom et des livrées des défenseurs de la Vérité pour la livrer à ses ennemis ». C'était bel et bien une guerre à mort de janséniste à janséniste. Les Contre-Nouvelles parurent ainsi jusqu'au 4 août 1792 ; c'est un ensemble d'environ quarante numéros dont quelques-uns, et notamment celui du 31 décembre 1791, sont des pamphlets d'une extrême violence. Le *Nouvelliste* répliqua dès le 22 novembre, avec modération d'abord, et la lutte, devenue très passionnée, ne cessa qu'à la mort de Jabineau, survenue en juillet 1792. Six mois plus tard, le 6 février 1793, les *Nouvelles*, qu'il avait si vivement combattues, lui consacraient une notice nécrologi-

que et, après avoir rendu hommage à ses vertus et à
ses talents, elles plaidaient en sa faveur les circonstances
atténuantes ; elles disaient que s'il s'était jeté à corps
perdu dans la contre-révolution, s'il s'était fait l'auxiliaire des ci-devant jésuites Feller et Barruel pour
soutenir les aristocrates et les émigrés, il était assurément « plus fou que coupable », et il faisait beaucoup
de mal sans s'en douter. Le spectacle de ces dissensions
intestines est affligeant, mais du moins il prouve sura-
bondamment que le jansénisme ne saurait être rendu
responsable de la Constitution civile du clergé, la plus
grande faute que l'Assemblée nationale ait commise.

Les Contre-Nouvelles de Jabineau ne survécurent
pas à leur auteur et Guénin de Saint-Marc put continuer à publier les *Nouvelles ecclésiastiques* ; mais
quand il vit la Convention s'attaquer au clergé constitutionnel et le persécuter avec fureur ; quand il vit les
défaillances et les lâchetés d'un Gobel, d'un Torné,
d'un Gay-Vernon et d'un Robert Lindet, il exprima
lui aussi son indignation et son dégoût, et le numéro
du 25 décembre 1793, le dernier qui ait paru chez le
libraire Le Clère, est d'une véhémence que Jabineau
eût certainement approuvée. Le *Nouvelliste* y paraphra-
sait à propos de Manuel, condamné à mort par le tribunal révolutionnaire, le célèbre traité de Lactance
sur la mort des persécuteurs, et, pour faire connaître
les crimes de Manuel et de Pétion, il donnait sur la
profanation des églises, sur leur fermeture et sur le
culte de la Raison des détails d'une grande précision
qui rendent ce numéro des *Nouvelles ecclésiastiques*
bien précieux pour l'histoire. La Terreur ne lui aurait
pas permis de récidiver ; il disparut donc de la scène
politique ; et les *Nouvelles ecclésiastiques* de 1794
parurent après un intervalle de temps assez long. Elles

furent publiées chez un libraire d'Utrecht nommé Schelling, et elles avaient pour rédacteur en chef un ecclésiastique très respectable, l'abbé Mouton, qui les fit paraître jusqu'à la fin de mai 1803 [1]. Nous y retrouverons l'histoire du mouvement janséniste après la Terreur et sous le Consulat, et nous constaterons une fois de plus que l'esprit de secte n'a rien eu à voir avec la restauration du catholicisme en France.

La Constitution civile du clergé, qui n'était pas née viable, fut emportée par le torrent révolutionnaire en novembre 1793, et lorsque le courageux Grégoire eut arraché à la Convention le décret du 21 février 1795 sur la liberté des cultes, ni lui, ni aucun des évêques constitutionnels qu'il s'était associés ne songea à la faire revivre. Il ne pouvait pas être question de revenir en arrière, de demander pardon au pape et de rappeler ceux des anciens évêques qui n'étaient ni morts, ni abdicataires, ni émigrés ; les grands chrétiens qui avaient à cœur de rendre à la France la religion de Bossuet crurent qu'il serait possible de faire appel à tous les prêtres de bonne volonté, jureurs ou non jureurs, pourvu qu'ils acceptassent franchement le régime que s'était donné la France républicaine.

Au lendemain de la Terreur et jusqu'au Concordat, la situation devint très nette ; il n'y eut plus ni constitutionnels ni anticonstitutionnels ; il y eut deux clergés : celui qui acceptait sans arrière-pensée le régime républicain, et celui qui refusait de l'admettre, le clergé patriote et le clergé royaliste. Tous deux pro-

---

(1) Guénin de Saint-Marc revint à Paris après la Terreur ; il travailla aux grandes publications des évêques réunis et de la Société de philosophie chrétienne ; il fut promu au sous-diaconat et au diaconat en 1797. *Registre original du Presbytère de Paris.* Il mourut sous l'Empire, en 1807.

Tessaient également le gallicanisme ; quant au jansénisme il n'entrait pas en ligne de compte, officiellement
du moins. Il y a sans doute quelques prélats constitutionnels qui auraient pu trouver place dans un supplé-
ment au *Petit Nécrologe* de Cerveau, et voici leurs
noms : Grégoire, Saurine, Debertier et Constant, qui
tous deux moururent appelants de la Bulle *Unigenitus*,
Molinier, Monin, qui correspondait avec l'Église de
Hollande, Le BlantDe beaulieu, qui passa de la cure
de Saint-Etienne-du-Mont au siège de Rouen, et enfin
Clément, évêque de Seine-et Oise. En dehors de ces
sept ou huit évêques, on n'en trouverait pas d'autres.
La presque unanimité de l'épiscopat ne partageait pas
leurs sentiments. Ainsi l'évêque de Toulouse, Hyacinthe
Sermet, écrivait à Grégoire le 10 avril 1797 : « Je ne
suis ni moliniste, ni janséniste, mais, Dieu merci, chrétien et très zélé catholique, apostolique et romain, si
toutefois, par ce mot de romain on entend un homme
uni sincèrement au Saint-Siège et plein de respect
pour le chef de l'Église, sans être néanmoins l'apologiste de toutes les prérogatives qu'il s'est arrogées et que
le clergé de France a toujours contestées, encore moins
des prétentions de la Cour de Rome [1]. » Dufraisse,
évêque du Cher, était un ancien Jésuite qui ne reniait
pas ses confrères, mais qui se contentait de déclarer
qu'il n'avait jamais été moliniste ni bannésien [2]. L'évêque
du Jura, le savant Moïse, appelait les jansénistes « des
hommes dangereux qui réunissent presque tous les
vices des jésuites sans en avoir les talents [3]». Deman-

(1) Lettre autographe, transcrite par M. Pisani *Répertoire de
l'épiscopat constitutionnel*, p. 366.
(2) Lettre autographe ; *ibid.*
(3) Cf. A .Gazier, *Études sur l'histoire religieuse de la Révolution*,
p. 271.

dre, qui fut élu en 1798 évêque de Besançon, était encore plus dur pour les jansénistes : « Ils ne voudraient, disait-il, d'éloges que pour eux et leurs amis. Il y a long-temps que je connais ces messieurs, ils ont toujours la charité sur les lèvres et le fiel toujours dans le cœur. » Claude Lecoz, qui présida les deux conciles de 1797 et de 1801, était fortement entaché de molinisme, et enfin l'évêque de l'Ain, Royer, qui fut élu évêque de Paris en 1798, se vit réprimander vertement par le doctri-naire Minard, parce qu'il avait prêché en véritable jésuite, à Saint-Médard, à Notre-Dame et ailleurs au sujet de la fréquente communion. « Tout votre discours, lui disait-il en propres termes, n'a été qu'un réchauffé du livre du P. Pichon. Que pouviez-vous tirer d'une source aussi impure ?... On n'ignorait point qu'élevé dans les écoles des Sulpiciens et des Jésuites, ce vieux fantôme du jansénisme vous inspirait une terreur panique ; que vous étiez en garde, en défiance contre ceux qu'il vous arrivait quelquefois de désigner sous le nom de gens de parti. ... Cependant on aimait à se flatter que vos préjugés tomberaient peu à peu... Depuis ces dernières années vous aviez été à portée de voir de plus près ces hommes de parti prétendu, de conférer avec eux, de les entendre s'expliquer sur tous les points du dogme catholique. En aviez-vous trouvé un seul dont la foi ne fût pas celle de l'Église ? Il y a lieu de présumer que non, puisque vous frater-nisiez avec eux, et que vous leur témoigniez même quel-que estime. Mais voilà que tout à coup, sans y être aucunement provoqué, dans un discours public, vous les accusez, avec une violence extrême, d'en vouloir à la fréquente communion, et vous les traitez en consé-quence d'ennemis de Jésus-Christ. L'imputation est on ne peut plus grave ; heureusement elle est d'une faus-

seté on ne peut plus évidente... [1] » Ce n'était de la
part du P. Minard, un vieillard qui mourut l'année
suivante (en avril 1798), que l'application du principe
de la correction fraternelle, et il ne publia pas sa mercuriale. Des laïques moins discrets poussèrent les
choses plus loin, car ils s'efforcèrent d'empêcher Royer,
le prédicateur du pichonisme et l'ennemi de la grâce,
de monter sur le siège épiscopal de Paris. Ils avaient
fait, disait le signataire de leur réclamation [2], « des
neuvaines au tombeau du bienheureux diacre [Paris] »,
et ils disaient que si l'on persistait à nommer Royer,
« le tombeau du bienheureux diacre s'ouvrirait pour
reprocher à leurs respectables pères Bailliet et Beaulieu leur infidélité à la grâce et leur refroidissement à
la défendre ». Royer n'en fut pas moins élu ; les jansénistes qui composaient en grande majorité le Presbytère de Paris, et à leur tête Augustin Bailliet, curé de
Saint-Médard et Le Blant de Beaulieu, curé de Saint-
Étienne du Mont, vécurent en très bonne intelligence
avec lui.

C'était d'ailleurs le principe qu'avaient fait prévaloir,
au lendemain de la Terreur, les évêques réunis et
Grégoire leur chef. Grégoire était assurément port-
royaliste ou, si l'on veut, janséniste, mais sans doute à
la manière de Rastignac, de Fitzjames et de Montazet.
Il était né en 1750 et avait été ordonné prêtre aux
environs de 1775, dans le diocèse de Toul, et je ne
vois pas qu'il ait, comme l'abbé de l'Épée et comme
Jabineau, refusé de signer le Formulaire et d'accepter

---

(1) Ms. autographe conservé dans les papiers du presbytère de
Paris, qui avaient été remis à Grégoire.

(2) Un nommé Aubert. Lettre autographe conservée dans les
archives de Grégoire. Le citoyen Aubert proposait de substituer
Saurine à Royer.

la Bulle *Unigenitus*. Il était foncièrement tolérant, il
a eu pour amis intimes des protestants et des juifs ;
nous le verrons faire preuve d'un certain éclectisme.
J'ai compulsé avec grand soin les archives de l'Église
constitutionnelle qui étaient sa propriété et qu'il a sau-
vées de la destruction, les registres originaux des
deux conciles de 1797 et de 1801, ainsi que les brouillons de leurs procès-verbaux, les registres du Presbytère de Paris et de la cultuelle de Notre-Dame, les
innombrables brochures qu'il avait classées, et enfin
les quinze ou vingt mille lettres qu'il avait conservées,
et je puis affirmer sans crainte d'être démenti que le
jansénisme n'a joué aucun rôle dans l'œuvre de la
reconstitution du catholicisme par les évêques réunis
et par leurs collaborateurs. Leur première Encyclique,
datée du 15 mars 1795, débutait par une profession de
foi qui ne donne pas la moindre prise à la critique ; la
voici :

« Nous croyons que l'Église est l'assemblée des fidèles qui, sous la conduite des pasteurs légitimes, dans
la profession d'une même foi et la participation aux
mêmes sacrements, forment un même corps dont Jésus-
Christ est le chef invisible, et le pape le chef visible.

« Nous croyons de cœur et d'esprit tout ce que croit
et enseigne l'Église catholique, apostolique et romaine.

« Nous professons sa doctrine telle qu'elle a été
définie par les conciles œcuméniques.

« Nous adoptons l'exposition de la doctrine de l'É-
glise catholique par Bossuet. »

Les ultramontains pouvaient n'être pas satisfaits de
cette dernière déclaration ; mais ils étaient si peu nombreux en 1795 !

Dans la seconde Encyclique, datée du 13 décembre
de cette même année, Grégoire a introduit un chapi-

tre d'histoire religieuse assez curieux. Il y a mis au rang
des martyrs l'archevêque d'Arles, massacré aux Carmes,
le 2 septembre 1792, l'abbé de Fénelon, et « les ver-
tueuses Carmélites de Compiègne » et les « charita-
bles Hospitalières de Cambrai ». Il y a parlé de Port-
Royal et des Jésuites et voici en quels termes ; on
comprend que le rédacteur des *Nouvelles ecclésiastiques* ait transcrit ce passage en faisant quelques
réserves :

« Si nous arrêtons nos regards sur le dernier siècle,
quel éclat n'a pas jeté l'Église gallicane ! Une société
de solitaires illustres et pénitents qui comptait parmi
ses membres Arnauld, Nicole, Hamon, Lancelot et
Pascal, ne cessa, jusqu'au moment où elle succomba
sous les coups de ses rivaux, d'enrichir la religion et
la science d'ouvrages qui ne vieillissent point. — Les
pierres de son asile détruit rejaillirent ensuite sur une
société non moins célèbre dans les fastes du christianisme et de la littérature, qui avait donné au
monde François-Xavier, Kirker [1], Bourdaloue, etc., qui
était une pépinière de savants instituteurs et de mis-
sionnaires zélés [2]. » Même discrétion, même réserve
dans les documents relatifs aux deux conciles de
1797 et de 1801. Le petit volume publié à l'Imprimerie-
librairie chrétienne (an de J.-C. 1798 — an 6 de la
Rép.) et contenant les canons et décrets du concile de

---

(1) Kirker, ou mieux Kircher (Athanase), était un savant universel (1602-1680). Le pédantisme de Grégoire s'est toujours complu
à citer ainsi d'illustres inconnus.

(2) Ici, le *Nouvelliste*, visiblement agacé, a ajouté qu'on devait
aussi à la Société jésuitique « le Molinisme, le Probabilisme, les
Casuistes et la morale relâchée, le Formulaire, la Bulle *Unigenitus*,
l'imposture du prétendu jansénisme, avec laquelle elle a tout
bouleversé dans l'Église et préparé la ruine de la religion en
France », etc., etc.

1797, a été jugé inattaquable ; il a été impossible d'y trouver la moindre trace d'une préoccupation janséniste.

Peut-être n'en dirait-on pas autant au sujet d'une publication des évêques constitutionnels qui parut de 1795 à 1803 et qui a pour titre : *Annales de la Religion, ou Mémoires pour servir à l'histoire du XVIII° siècle, par une société d'amis de la Religion et de la Patrie* [1]. En tête du premier numéro (2 mai 1795) se trouve un discours analogue à ceux que les *Nouvelles ecclésiastiques* publiaient tous les ans depuis 1728, et son auteur était précisément Guénin de Saint-Marc, le rédacteur en chef des *Nouvelles ecclésiastiques* jusqu'à la fin de 1793. Ce fougueux écrivain mit sa plume au service de Grégoire et de Desbois de Rochefort, les fondateurs des *Annales*, et on retrouve jusque dans le 18° volume des articles nécrologiques et des dissertations qui semblent bien devoir lui être attribués. Parmi les rédacteurs se trouvaient des écrivains notoirement jansénistes, et ce fut une source de difficultés. Le futur président des deux conciles, Claude Lecoz s'en plaignait à Grégoire [2], et d'autre

----

(1) 18 volumes in-8°, publiés d'abord chez Leclère, ancien éditeur des *Nouvelles ecclésiastiques*, ensuite à l'Imprimerie-librairie chrétienne, rue Saint-Jacques, et finalement rue des Bernardins. Imprimées à 1.800 exemplaires, les *Annales* sont de toute rareté. J'ai connu un historien du Concordat qui les a fait rechercher inutilement en librairie pendant vingt ans.

(2) Lettre autographe du 27 avril 1797 : « J'ai vu, avec peine, au numéro 22 des Annales, ce qu'on y dit du Jansénisme et du Quesnellisme. Hélas ! n'avons-nous pas assez d'affaires sur les bras ? D'ailleurs peut-on soutenir que ces erreurs ne font rien à la foi ? J'en dis autant de la dévotion au Sacré-Cœur, que l'on semble ridiculiser. L'Église sans doute peut s'en passer. Mais cette dévotion n'a rien qui blesse la morale ou la doctrine catholique. Que les jésuites en soient les instituteurs et les jansénistes les détracteurs, laissons-les

part il résulte de lettres manuscrites très curieuses
que l'on reprochait à ce même Grégoire de « s'unir
aux ennemis de saint Augustin ». Comme il avait pris
pour épigraphe des Annales : *In necessariis unitas, in
dubiis libertas, in omnibus caritas*, il fit de louables
efforts pour tenir la balance égale, et grâce à l'aménité
de son caractère, il y parvint ; on ne vit pas se renouveler la lutte fâcheuse de Jabineau contre les *Nouvelles ecclésiastiques*. Grégoire s'est montré dans ces
circonstances délicates et jusqu'à la conclusion du
Concordat tel que David l'a représenté dans le Serment
du Jeu de Paume, le conciliateur qui amenait le pasteur Rabaud et le chartreux dom Gerle à se donner
sans arrière-pensée l'accolade fraternelle.

Au-dessus de toutes ces divergences d'opinions pla-
nait le souvenir de Port-Royal, et les ruines de la
célèbre abbaye, qui étaient un lieu de pèlerinage très
fréquenté, avaient été achetées comme bien national
dès le début de la Révolution. Voici l'acte de vente
dressé le 15 novembre chez le notaire Pérignon :

« Par devant les notaires à Paris soussignés fut
présent Maître Sébastien Louis Rendu, ancien notaire
à Paris, y demeurant rue Saint-Honoré, paroisse
Saint-Roch.

« Lequel, pour réaliser les conventions verbales ci-

se disputer. Et bornons-nous à tout ce qui peut accélérer en France
cette paix religieuse qui en est depuis si longtemps bannie, et qui
n'y fut jamais plus nécessaire à l'Église et à l'État

« Vous pourriez, mon respectable frère, vous devriez peut-être
donner à ce sujet quelques conseils à notre bon Pilat. *Incidimus per
ignes suppositos cineri doloso* ».

L'article incriminé (tome IV, p. 509) était une citation textuelle
d'un traité latin de la Tolérance ecclésiastique et civile, ouvrage d'un
évêque allemand nommé Trautmansdorff, traduit par le citoyen
Poan Saint-Simon.

après, a par ces présentes vendu avec toute garantie
à dame Marie-Françoise Humery de la Boissière du
Plémont, veuve de M. Antoine Desprez, maître des
requêtes de la reine, demeurante rue des Capucines,
paroisse Saint-Roch, à ce présente et acceptante, acqué-
reure (*sic*) pour elle et pour ses ayants cause, l'emplacement de l'ancienne abbaye de Port-Royal des
Champs, consistant en une ferme, moulin à eau, étang,
terres labourables, prés et bois, dont partie est louée
à divers particuliers, et une partie sans bail au sieur
Mayeux et au garde des bois de ladite abbaye; le tout
décrit et détaillé dans le procès-verbal d'adjudication
faite au dit maître Rendu par le directoire du district
de Versailles du 3 mars dernier, sous le nom du sieur
J.-B. Théodore Susleau, qui lui en a passé sa déclaration le même jour au bas dudit procès-verbal d'adjudication faite moyennant le prix et aux charges, clau-
ses et conditions y portées.

« Sur lequel prix ledit maître Rendu déclare avoir
payé vingt mille livres suivant la quittance du trésorier de l'extraordinaire du 18 dudit mois de mars.

« Pour par ladite dame Desprez jouir et disposer
desdits biens en toute propriété comme de chose à elle
appartenante, à commencer la jouissance et recevoir
les fermages par l'année échue à la Saint-Martin dernière.

« Et a le dit maître Rendu présentement remis à ladite
dame Desprez expédition de ladite adjudication, et l'a
mise et subrogée en son lieu et place, droits et actions,
et lui a aussi remis ladite quittance de vingt mille
livres.

« Cette vente faite moyennant soixante-dix mille
deux cents livres, que ladite dame promet et s'oblige
payer, si fait n'a, à la décharge dudit maître Rendu

pour le restant du prix de ladite adjudication avec les intérêts de ladite somme seulement.

« Fait et passé à Paris, ès études, l'an 1791, le 15 novembre, et ont signé la minute des présentes.... »

Ainsi le domaine de Port-Royal des Champs, ou, comme disait l'administration, l'emplacement de l'ancienne abbaye, avait été mis en vente comme bien national le 11 février 1791. La mise à prix servant de base aux enchères était de 36.476 livres, et une adjudication provisoire avait donné comme acquéreur un sieur Leleu, qui en offrait 50.000 livres. L'adjudication définitive eut lieu le 3 mars, et elle fut assez mouvementée, car il fallut recourir à l'extinction de vingt-quatre feux successifs. Les sieurs Leleu, de Versailles, Riqbour, Cornu, Vaillant et Susleau, maître maçon résidant à Paris, mirent enchères sur enchères, et au vingt-quatrième feu Susleau fut déclaré adjudicataire moyennant 90.200 francs. Leleu s'était arrêté à 90.000. Susleau était le mandataire de Sébastien Rendu, et ce dernier agissait au nom de Mme Desprez. L'ancien notaire, grand'père d'Ambroise Rendu, était le chef d'une famille dont les membres étaient alors et furent dans la première moitié du dix-neuvième siècle des port-royalistes très fervents. Quant à Mme Desprez, veuve d'un maître des requêtes de la reine [1], j'incline à penser qu'elle était par son mari de la lignée des libraires de ce nom qui avaient publié jadis les *Pensées* de Pascal, et les ouvrages de Nicole et qui étaient riches

____

(1) Il est mentionné dans l'almanach royal de 1789 ; il était entré en fonctions en 1756.

Voici ce que Grégoire disait en 1801 de Mme Desprez : « On trouve dans sa bibliothèque les ouvrages, dans son esprit les principes, dans son cœur les sentiments, dans sa conduite, les vertus de Port-Royal. » — *Les ruines de Port-Royal*, p. 12.

et notoirement jansénistes. Mme Desprez ne s'en tint pas à cette première acquisition ; elle acheta le 1er août 1793 de vastes terrains provenant de l'ordre de Malte, commanderie de la Brosse, et elle les paya 82.000 francs. En 1798 enfin, elle acheta à Saint-Lambert l'ancien presbytère et quelques autres immeubles qui lui coûtèrent 61.900 francs. C'est à dater de ce moment qu'elle habita à Saint-Lambert, la maison de Le Nain de Tillemont, le pensionnat actuel. En 1797 elle avait loué Port-Royal au fermier Barat, qui payait son loyer partie en numéraire et partie en comestibles et denrées [1].

Le monastère de Paris ne fut pas mis en vente comme bien national, et l'on sait qu'il fut transformé en prison sous le nom de Port-Libre avant d'être affecté au service des enfants trouvés et des femmes en couches. Les amis de Port-Royal trouvèrent moyen d'y faire, en 1792, une ample moisson de souvenirs et d'objets d'art. Jean-Philippe-Gaspard Camet de la Bonnardière, le citoyen Camet au temps de la Révolution, et ensuite M. le baron de la Bonnardière, était

---

(1) Le détail de ces comestibles et denrées est intéressant pour l'histoire économique :

48 quintaux de farine à raison de 15 livres le quintal.
24 setiers d'avoine, à 15 livres le setier ;
1 setier d'orge à 12 livres ;
400 bottes de foin à 30 livres le cent.
1.000 bottes de paille à 15 livres le cent.
Le voiturage à Paris de 12 cordes de bois à raison de 24 livres la corde.
3.000 œufs à 40 livres le millier.
300 livres de beurre à 20 sols la livre.
24 poulets bons et marchands, moyennant 24 livres.
6 dindes, bonnes et marchandes à raison de 3 livres l'une ;
12 canes et canards à raison de 30 sols la pièce ;
12 chapons, moyennant 9 francs.
Acte passé à Chevreuse, chez le notaire Cornillet, le 6 floréal, an V. (25 avril 1797).

alors membre de la commission des hospices; il se
joignit à son beau-père Laideguive, et ils achetèrent
ensemble, je ne saurais dire dans quelles conditions,
les anciens portraits qui provenaient de Port-Royal
des Champs. On les avait relégués dans le grenier,
parce que le couvent de Paris était au xviii° siècle la
citadelle du molinisme; seuls les deux tableaux de
Philippe de Champaigne représentant la Cène et les
Religieuses étaient exposés dans l'église et dans le
chapitre. Ils furent retenus par le gouvernement et
transportés au musée des monuments français. Les
autres devinrent la propriété de Camet de la Bonnardière, et c'est ainsi que ces toiles sont aujourd'hui
dans l'église de Linas ou chez des particuliers. Ainsi
reparurent au jour des chefs-d'œuvre de Philippe de
Champaigne que le fanatisme avait cachés à tous les
yeux durant quatre-vingts ans. On voit par là que
Port-Royal commençait à revivre, et qu'il comptait des
amis dans les hautes classes de la société française,
dans la magistrature, dans le clergé, parmi les érudits
et les savants, et enfin dans le commerce et dans
l'industrie. Les port-royalistes étaient nombreux dans
cette intéressante Société de philosophie chrétienne
dont Grégoire a été le fondateur en 1797 [1]. Ils faisaient
chaque année, sans doute au mois d'octobre, un pèlerinage à Port-Royal des Champs, et ils venaient prier
au milieu des décombres que recouvraient alors les
épines et les ronces. Quelques-uns d'entre eux, et
notamment les évêques Saurine, Debertier, Clément
et Grégoire, étaient reçus à Saint-Lambert chez
Mme Desprez, durant la belle saison, et c'est ainsi que

____

(1) Cf. A. Gazier, *Études sur l'histoire religieuse de la Révolution
française*, p. 282 et suiv.

Grégoire a publié dans les *Annales de la Religion* [1] la première édition de ses *Ruines de Port-Royal*. Cet opuscule, écrit à la manière du temps par un mauvais élève de Jean-Jacques Rousseau, fut immédiatement analysé et transcrit en partie par les *Nouvelles ecclésiastiques* (nº du 20 juin 1801) et le Nouvelliste n'accepta pas sans réserves tous les jugements de l'auteur. Il crut même devoir protester contre Grégoire qui, pour faire preuve d'impartialité, disait que les livres de Port-Royal n'étaient pas toujours écrits sous la dictée de la charité, et qui estimait que Saint-Cyran avait été « trop censuré par les uns et beaucoup trop vanté par les autres ». Le compte-rendu analytique finit par cette phrase significative : « Un léger vernis d'impartialité à la mode qu'on peut reprocher à cette production estimable, n'empêchera pas qu'on ne voie dans l'auteur un ami sincère de Port-Royal pleurant sur ses ruines pour en recueillir et en propager l'esprit. »

Propager l'esprit de Port-Royal, c'est ce que cherchaient à faire ses admirateurs et ses disciples et leurs efforts étaient couronnés de succès en France et à l'étranger. Sous le pontificat de Benoît XIV et depuis, les doctrines augustiniennes reprenaient faveur dans toute l'Europe catholique, et notamment en Portugal, en Espagne, en Autriche, en Hongrie et surtout en Italie. En 1774, les éditeurs d'Arnauld, Dupac de Bellegarde et Hautefage, firent entrer de France en Allemagne pour trois millions de bons livres ; Picot va jusqu'à dire qu'il y en eut pour dix millions ; et si l'on compulse les *Nouvelles ecclésiastiques* de 1789 à 1803, on est tout étonné de voir la vogue prodigieuse dont jouissaient les livres

---

(1) Numéro de mai 1801 ; tome XIII, p. 49. Publiées aussitôt sous forme de brochure, 40 p. in-8º, *Les ruines de Port-Royal* ne paraissent pas avoir été mises dans le commerce.

réputés jansénistes. En 1794, l'archevêque de Florence publiait aux frais du grand duc de Toscane le célèbre catéchisme de Montpellier, chef-d'œuvre de l'oratorien Pouget; à Naples, on imprimait en italien et en français le non moins célèbre catéchisme de Gourlin. On traduisait à Venise, à Turin, à Rome, partout enfin, les *Lettres spirituelles* de Duguet, les œuvres de Nicole, l'*Histoire ecclésiastique* de Bonaventure Racine, et les ouvrages plus récents de Rastignac, de Mésenguy et de Montazet. Le 9 avril 1797 paraissait sous la rubrique de Pavie un article très curieux sur la prétendue alliance des Jansénistes et des Philosophes; on y combattait vigoureusement le molinisme et on exaltait les doctrines augustiennes. L'étude des *Nouvelles ecclésiastiques* serait à recommander aux savants italiens qui voudraient bien connaître le renouvellement du catholicisme en Italie au temps de Scipion de Ricci, de Thomas Vignoli, de Tamburini, de Molinelli et d'Eustache Dégola, ce prêtre génois qui assista au concile de 1801, et que nous retrouverons sous l'Empire à propos de Manzoni et du premier centenaire de la destruction de Port-Royal.

La publication des *Ruines de Port-Royal* par Grégoire correspondait à un mouvement de l'opinion publique très prononcé en faveur du prétendu jansénisme, et Bonaparte négociateur du Concordat aurait pu en tenir compte. Il y avait des jansénistes dans son entourage immédiat, notamment Portalis et Locré, secrétaire général du Conseil d'État [1]. Ni ceux-là, ni les canonistes Maultrot, Camus, Agier, ni leur maître à tous, l'octogénaire Adrien Le Paige ne l'auraient

---

(1) Bonaparte mit son jeune frère Jérome en pension chez M. Savouré ; c'était une institution notoirement janséniste.

poussé à refaire, en le modifiant légèrement, le concordat simoniaque de 1515. « J'ai eu occasion, disait Brugière de Barante le 23 janvier 1801 [1], de voir M. Le Paige. Il est d'avis qu'on s'oppose fortement à toute espèce de concordat avec le pape, et que dans la circonstance présente on imite la sage et louable conduite de l'Église d'Afrique, et qu'on prenne tous les moyens de ne pas se laisser subjuguer. » Le premier Consul se proclama le restaurateur d'un culte qui s'était reconstitué sans lui, et le gallicanisme tapageur des articles organiques n'empêcha pas le Concordat, qui certes n'a rien de janséniste, d'être en définitive, ce que Port-Royal n'aurait jamais admis, le triomphe des théories ultramontaines. Napoléon à Sainte-Hélène n'avait pas tort de déclarer que c'était la plus grande faute de sa vie.

_____

(1) Lettre autographe adressée à Grégoire, qui fut, comme l'on sait, consulté par le Premier Consul.

CHAPITRE XXV

Napoléon et les jansénistes. — De Belloy pacificateur. — La paroisse
Saint-Séverin. — Le culte de Port-Royal; Degola et Mme Geymuller;
premier centenaire de la destruction. — Le centenaire de la Bulle.
— Les jansénistes hollandais. — Le cardinal Maury et l'abbé Dalléas.
— La société janséniste sous l'Empire. — Un transfuge : Le Blant
de Beaulieu. — Manzoni à Port-Royal en 1810. — Grégoire, historien
de Port-Royal en 1809.

L'Église de France, si profondément troublée
durant tout le xviiie siècle, semblait devoir retrouver
la paix grâce au Concordat, d'autant plus que le
gouvernement consulaire avait promulgué à nouveau
la loi du silence. « Ministres d'une religion de paix,
disait-il dans sa proclamation du 17 avril 1802, que
l'oubli le plus profond couvre vos dissensions, vos
malheurs et vos fautes ; que cette religion qui vous
unit vous attache tous par les mêmes nœuds, par des
nœuds indissolubles, aux intérêts de la patrie. » Il y
avait dans le clergé concordataire des réfractaires,
des émigrés et enfin des constitutionnels simplement
transférés à de nouveaux sièges ou à de nouvelles
cures. Le gouvernement avait interdit les rétractations
humiliantes, et il avait pris la précaution d'éliminer
un élément de discorde en s'opposant absolument au
rétablissement des réguliers. « Heureusement, disait
un évêque allemand cité par les *Nouvelles ecclésiastiques* [1], il n'y a pas de moines en France pour trou-

____

(1) Année 1802, p. 77.

bler le clergé dans l'exercice de son ministère. » On n'a pas assez remarqué ce fait qu'il n'y avait pour ainsi dire pas de congrégations sous le Consulat et sous l'Empire; il éclaire toute l'histoire religieuse de cette époque. Les Jésuites n'étaient évidemment pas en cause, bien que Pie VII songeât secrètement dès lors à les rétablir; mais les Sulpiciens, les Capucins, et quelques autres ordres qui leur étaient tout dévoués auraient pu être un obstacle sérieux à la pacification religieuse, telle que la comprenaient Bonaparte et son ministre des cultes Portalis. Ce dernier, que l'on a pu considérer comme un janséniste, publia le 8 juin 1802 une circulaire aux évêques qui fait songer aux lettres que leur adressait parfois Louis XV. Il leur recommandait la tolérance et l'union fraternelle; il les invitait à repousser les pratiques superstitieuses parce que, disait-il, « si l'impiété attaque la religion, la superstition la déshonore ». Il excitait les évêques à propager dans leurs séminaires « l'étude de la sage antiquité », la lecture et la méditation de l'Écriture et des Pères, la fuite des subtilités théologiques et des contestations doctrinales sur des questions nouvelles. Il se prononçait enfin contre les refus de sacrements. « Tout refus public, disait-il encore, est contraire aux règles observées en France sur cette matière, surtout depuis 1755. » On comprend que le rédacteur des *Nouvelles ecclésiastiques*, transcrivant cette circulaire, ait ajouté : « L'Église de France prendrait bientôt une nouvelle face, si M. Portalis pouvait persuader à tous ses évêques ce qu'il leur dit [1]. »

L'allusion aux refus de sacrements de l'année 1755 est le seul souvenir des grandes querelles du jansé-

____

(1) *NN. EE.* de 1802, p. 88.

misme qui se rencontre dans les documents officiels de
cette époque, et l'on voit qu'il n'était même pas question de la signature du Formulaire et de l'acceptation
de la Bulle. Cette dernière était si complètement
oubliée qu'on n'en parlait plus ni dogmatiquement, ni
même historiquement, comme le voulait Pie VI en
1782. Les luttes religieuses issues du Concordat portèrent exclusivement, au début du moins, sur l'antagonisme des prétentions ultramontaines et des principes
gallicans. Ceux qui avaient pris part aux affaires de
la Bulle *Unigenitus* disparaissaient d'ailleurs successivement, et c'est ainsi que moururent sous le
Consulat Louis-Adrien Le Paige, Gabriel-Nicolas
Maultrot, Pierre Brugière et l'ancien évêque de Versailles, Augustin Clément, qui auraient trouvé place
dans un Nécrologe des plus célèbres défenseurs de
la Vérité, si l'on avait eu l'idée de continuer cet ouvrage.

Adrien Le Paige, le savant jurisconsulte dont il a
été plusieurs fois question dans les chapitres précédents, mourut à Paris à la finde l'année 1802. Ruiné par
la Révolution parce que son fils, capitaine au régiment
de Conti cavalerie, avait été à tort considéré comme
émigré, il avait suivi avec grande attention les événements qui se déroulèrent alors. Il était foncièrement
libéral et partisan déclaré de la Constitution civile du
Clergé, et la pacification religieuse qu'il appelait de
tous ses vœux n'eût pas revêtu la forme d'un nouveau
Concordat. Il ne pouvait d'ailleurs pas être consulté
comme il l'avait été si souvent sous Louis XV, car il
était devenu aveugle, il allait avoir quatre-vingt-dix
ans, et il avait dû se séparer de son admirable bibliothèque. Elle avait été recueillie, je ne saurais dire
dans quelles conditions, par deux frères sur lesquels

je n'ai pas trouvé de renseignements précis, deux jansénistes fervents qui se nommaient Roch et Amable Paris[1]. Ils la conservèrent pieusement, et elle appartient aujourd'hui à la Société des amis de Port-Royal.

Gabriel-Nicolas Maultrot, fils d'un notaire parisien, était né en 1714. Avocat consultant, il s'était attaché tout particulièrement à l'étude du droit canon, et les doctrines de Port-Royal n'avaient point d'adepte plus fervent. Devenu aveugle à l'âge de cinquante ans, il ne perdit rien de son zèle et de son activité. En 1791, il rompit avec Le Paige et avec beaucoup de ses amis, parce que, comme Jabineau et quelques autres jansénistes, il était opposé à la Constitution civile du Clergé comme il l'était auparavant à la Bulle *Unigenitus*.

Pierre Brugière, curé constitutionnel de Saint-Paul, venait de voir sa paroisse supprimée et son église démolie quand il mourut à l'âge de soixante-treize ans, le 7 novembre 1803. Né à Thiers, en Auvergne, il appartenait à la famille de Barante; il avait été élevé dans les principes de Port-Royal, et il ne manqua jamais l'occasion de se déclarer contre le Formulaire et contre la Bulle *Unigenitus*. Élu curé de Paris en 1791, il fit preuve de zèle comme démocrate et comme chrétien, et parfois même il alla un peu loin, car il était d'un tempérament très fougueux[2] et les dévotions nouvelles introduites par les Jésuites, notam-

(1) L'un des deux frères était professeur de dessin à l'École polytechnique, l'autre était employé dans les bureaux du Conseil d'État. Amable Paris a communiqué à Victor Cousin des documents précieux qui provenaient de la bibliothèque d'Adrien Le Paige ; il est mort en février 1845. Son frère Roch était mort en 1837.

(2) Les *Annales de la Religion* (tome XVIII, p. 223) reconnaissent qu'il a parfois « exagéré les meilleurs principes ».

ment celles du Sacré-Cœur. n'avaient pas de plus grand adversaire [1].

Le 13 mars 1804, mourut à l'âge de quatre-vingt-sept ans Augustin Clément, ancien trésorier de l'église d'Auxerre, chargé de missions importantes en Italie et en Espagne à la mort de Benoît XIV et sous le pontificat de Clément XIV [2]. Élu évêque de Versailles à quatre-vingts ans, il exerça son ministère de 1797 à 1801, avec une ardeur que Grégoire et ses coopérateurs durent modérer parfois ; mais il était considéré comme un saint : « C'est un brasier dont on ne saurait approcher sans se sentir soi-même embrasé », disait un des correspondants de Grégoire.

Quelques mois auparavant était mort à Utrecht l'abbé Mouton, rédacteur en chef des *Nouvelles ecclésiastiques*, et cette mort entraîna la disparition de ce journal hebdomadaire, qui se publiait régulièrement depuis 1728 et dont le dernier numéro, celui du 24 mai 1803, analysait les *Voyages d'Italie et d'Espagne* de l'abbé Clément. Il annonçait une suite qui ne parut pas, et l'on peut être amené à se demander s'il n'y a pas là un mystère. En effet, la disparition des *Annales de la religion* suivit de quelques mois celle des *Nouvelles ecclésiastiques* avec lesquelles elles présentaient une grande analogie. Le xviiie et dernier volume des *Annales* porte la date de 1803 [3], et il s'y

____

(1) Un petit-neveu de Brugière de Barante, apprenant que son grand-oncle avait été curé constitutionnel, en témoignait devant moi sa honte et son chagrin. « Heureusement, disait-il, il a expié sa faute en montant sur l'échafaud pendant la Terreur. » Le bon neveu était tout triste quand il sut que Brugière était mort paisiblement sous le Consulat.

(2) V. ci-dessus, p. 110.

(3) On trouve, dans le dernier volume des *Annales de la Religion*, quelques articles nécrologiques intéressants, notamment ceux de

trouve des articles composés en avril 1804 et rédigés
par Grégoire ; il était dit dans l'un de ces articles,
véritable manifeste contre les menées de l'ancien
clergé, que le Concordat « n'avait fait que jeter des
cendres sur un feu mal éteint et qui pouvait tôt ou
tard se rallumer [1] ... ». L'article en question a pu
déplaire au Premier Consul, qui fit proclamer le régime
impérial le 18 mai de cette même année 1804 ; ainsi
s'expliquerait la disparition soudaine de cette feuille,
ou pour mieux dire de cette revue très intéressante.

Les *Annales de la religion* étaient l'organe attitré
de la Société de philosophie chrétienne, que Grégoire
avait fondée en 1795 et qui était encore florissante en
1806. On se réunissait primitivement rue Saint-Jacques, n° 30, dans les locaux de l'imprimerie librairie
chrétienne [2]; on s'assembla ensuite chez l'ingénieur
Pasumot (1733-1804) [3] et enfin chez l'ancien évêque de
Rodez, Claude Debertier, qui demeurait rue Pierre
Sarrazin. Ces réunions ne portaient pas ombrage au
gouvernement, car les discussions politiques en
étaient rigoureusement bannies ; la petite société

Nicolas Leroy, fils du célèbre horloger et ami particulier de Maultrolt
p. 225 ; de dom Labat (p. 241), de dom Coniac (p. 248). — L'article
relatif à Clément se trouve à la p. 491.

(1) *Annales*, tome XVIII, p. 499 et suiv.

(2) S'il m'est permis d'évoquer un souvenir personnel, je dirai que
mes parents ont occupé ces locaux de 1844 à 1850.

(3) Voici, à titre de curiosité, un extrait des procès-verbaux de la
Société libre de philosophie chrétienne, du 9 novembre 1797, 19 bru-
maire an VI.

« Le citoyen Saint-Simon fait lecture d'observations du citoyen
Le Paige, sur le décret du Concile national au sujet des élections. La
Société ayant entendu ces observations, les a trouvées très judi-
cieuses, fondées sur les usages primitifs de l'Église, et pense que le
décret du Concile peut non seulement éprouver de très grandes
difficultés, mais même des réclamations de la part des fidèles dont
se droits imprescriptibles sont lésés ; en sorte que ce décret pourra,

janséniste vivait surtout de souvenirs et d'espoirs ; elle
ne cherchait pas à constituer un parti dans l'Église et
dans l'État. Ce que Quesnel disait en 1711 de son
horreur du schisme et de l'esprit de cabale, ses disciples le répétaient cent ans après lui, et ce sera l'éternel
honneur de ces gens-là de n'avoir jamais voulu fonder
une Église schismatique. Ils assistaient aux offices
dans leur paroisse, à Notre-Dame des Victoires aussi
bien qu'à Saint-Séverin, et tout ce qu'ils demandaient,
c'était qu'on ne les privât point de sacrements. Ils
vécurent ainsi très paisiblement pendant toute la durée
de l'Empire, sous le gouvernement des cardinaux de
Belloy et Maury.

Bonaparte avait nommé archevêque de Paris l'ancien évêque de Marseille, Jean-Baptiste de Belloy, et
bien des raisons l'avaient porté à choisir ce prélat qui
venait d'entrer dans sa quatre-vingt-onzième année,
qui était né sous Louis XIV en 1709 [1] et qui avait été,
en 1755, le successeur de Belsunce. Belloy s'était
toujours fait remarquer par sa modération ; il avait
osé dire aux Jésuites de Marseille qui cherchaient à
le circonvenir qu'il n'avait besoin ni de précepteurs ni
de tuteurs ; il avait rappelé les Oratoriens, chassés
par Belsunce, et il avait pacifié un diocèse si profondément troublé par le fanatisme de son prédécesseur.

dans le fait, n'avoir point d'exécution. Il a été arrêté que les dites
observations du citoyen Le Paige seront mises sous les yeux du
Concile et, en conséquence, elle a chargé le citoyen Brugière, curé
de Saint-Paul et membre de la dite Société, ainsi que du Concile,
de les lui communiquer dès demain, en engageant le Concile à reviser
ce décret et à le reformer.

— Pasumot, président ; Larrière, vice-secrétaire. »

(1) On a noté un fait curieux : Jean-Baptiste de Belloy avait
assisté comme enfant de chœur aux obsèques de la duchesse d'Alen-
çon, belle-fille de Charles IX, et il a baptisé Napoléon III.

Il n'avait pas émigré en 1791 et la Terreur ne l'avait pas inquiété dans sa retraite. Une autre raison de son élévation, ce fut précisément son grand âge. On sait que l'abbé Bernier, le principal négociateur du Concordat, avait demandé et presque exigé comme récompense de ses services le titre d'archevêque de Paris. On le pria de patienter un peu, et en attendant on lui donna un grand évêché, celui d'Orléans et de Blois réunis. Mais J.-B. de Belloy vécut jusqu'en 1808, et quand il mourut à quatre-vingt-dix-neuf ans, Bernier, qui en avait à peine quarante-deux, l'avait précédé dans la tombe.

L'archevêque de Belloy, promu cardinal en 1803, fut à Paris ce qu'il avait été à Marseille, un prélat conciliant, dont les *Nouvelles ecclésiastiques* disaient : « Il approuve les uns et laisse faire les autres, le tout pour l'amour de la paix. » Il organisa le diocèse d'accord avec Portalis ; il laissa les anciens évêques constitutionnels officier pontificalement et il accueillit sans mauvaise grâce les prêtres suspects de jansénisme qui se trouvaient en assez grand nombre dans le clergé parisien. Il permit notamment à la paroisse de Saint-Séverin de se constituer librement, et là se groupèrent autour du curé Paul Baillet, ci-devant curé constitutionnel de Saint-Étienne du Mont, des prêtres qui avaient les mêmes idées et les mêmes sentiments et qui tous étaient de fervents port-royalistes. Ils se nommaient Girard, ancien génovéfain, Bordes, Cady, Euvrard, Constantin, Grégoire, ancien curé de Montliard, Varlet, Rondeau, ancien oratorien, etc. On voyait là des fidèles très édifiants, qui assistaient avec leurs nombreux enfants, à la grand'messe et à vêpres ; ils avaient à la main de gros livres d'office ; ils se tenaient debout pendant le *credo* et pendant la préface; ils chantaient volontiers avec le chœur; ils communiaient seulement aux grandes fêtes [1], et ils s'abstenaient de paraître à la grand'messe et aux vêpres le jour du Sacré-Cœur. Hors de là, c'étaient des paroissiens comme tous les autres, et ils avaient bien soin des pauvres. Les écoles chrétiennes tenues par les frères Tabourin et par les Sœurs de Sainte-Marthe instruisaient gratuitement les enfants du quartier, et tout se passait le plus tranquillement du monde.

Le catéchisme que l'on faisait apprendre aux enfants était le fameux catéchisme « à l'usage de toutes les églises de l'Empire français » où se trouvent les passages si souvent cités sur les devoirs des chrétiens envers Napoléon Ier leur empereur [2]. Il fallait répondre que l'on devait à Napoléon « l'amour, le respect, l'obéissance, la fidélité, le service militaire, etc. », et que ceux qui manqueraient à leurs devoirs envers l'empereur « se rendraient dignes de la damnation éternelle ». A part ces trois ou quatre questions et réponses vraiment étranges, le catéchisme de l'Empire est très raisonnable, et l'on n'y trouve pas trace des doctrines molinistes et ultramontaines qui ont prévalu depuis; il n'y a pas lieu de s'en étonner, car c'est le catéchisme de Meaux de 1686, celui de Bossuet. Napoléon a toujours professé pour Bossuet une admiration sans réserve, et tout le monde sait que Bossuet, augustinien enthousiaste, a été traité de janséniste.

On comprend dès lors que le prétendu jansénisme ait joué durant toute la durée de l'Empire un rôle très effacé. Sa seule raison d'être ayant toujours été la nécessité de combattre le molinisme, il a cessé de

(1) On sait que saint Louis, qui entendait la messe tous les jours, n'a jamais communié plus de quatre fois par an.
(2) Pages 58 et 59 de l'édition de 1806.

résister quand les Jésuites ont cessé d'attaquer ouvertement les doctrines dont il avait la garde, et son activité s'est tournée d'un autre côté : le culte de Port-Royal a repris une nouvelle vigueur et la contemplation de ses ruines, devenues un lieu de pèlerinage fréquenté, et possédées enfin par des amis fidèles, a donné lieu à des manifestations touchantes. C'est une série d'histoires dont la sérénité aurait charmé Sainte-Beuve, s'il avait eu connaissance de ce qui s'est passé à Port-Royal des Champs sous le premier Empire, au temps du prêtre génois Eustache Dégola et de l'illustre poète milanais Alessandro Manzoni.

Eustache Dégola, né à Gênes en 1761 et mort en 1826, était un de ces prêtres italiens comme il s'en est trouvé un très grand nombre à la fin du XVIIIe siècle, qui avaient horreur du molinisme et qui professaient hautement les doctrines augustiniennes consacrées par le Concile de Trente et canonisées par les papes Benoît XIII et Benoît XIV. Tels étaient, pour nommer seulement les principaux, Scipion de Ricci, Solari, Palmieri, Veiluva, Carrega, Tamburini et Molinelli, le maître vénéré de Dégola. Ces théologiens propageaient en Italie, de Turin et de Venise à Naples, les écrits de Port-Royal et ceux de ses plus célèbres disciples, ceux de Nicole, de Duguet, de Quesnel, de Mésenguy, de Gourlin et des collaborateurs de Colbert, de Caylus, de Rastignac et de Montazet. Dégola, plus libre de ses mouvements, ne se contenta pas de corresdre avec les jansénistes français, constitutionnels ou non, il vint en personne à Paris, il prit une part active aux délibérations du Concile de 1801 ; il se lia d'amitié avec Grégoire, Saurine, Constant et Debertier, avec Silvestre de Sacy et Audran, professeurs au collège de France, avec le président Agier, et en un mot avec

tous les port-royalistes parisiens. Au lendemain du
Concordat, lorsque Grégoire crut devoir s'expatrier
quelque temps pour ne pas entraver la pacification
religieuse, Dégola se fit son compagnon de voyage ;
ils visitèrent ensemble l'Angleterre, la Hollande, la
Prusse et l'Allemagne. Dégola fit plus encore, il
s'attacha fièvreusement aux ruines de Port-Royal des
Champs, et durant des semaines, des mois et des années,
de 1801 à 1810, il se livra au milieu des ronces, des
épines et des monceaux de débris, à des investigations
minutieuses ; mesurant le terrain, levant des plans,
prenant des notes dont les brouillons subsistent encore.
Il était l'hôte assidu de Mme Humery-Desprez, et de
Saint-Lambert, où cette dame habitait l'été, il rayonnait
aux alentours, dans la ferme de Port-Royal et dans
l'église de Magny, où il fit en 1805 un relevé général
des pierres tombales, y compris celle de Racine.

Dégola dans son enthousiasme, osa même chanter
Port-Royal en vers français, et voici comment il rima
ce qu'il appelait ses effusions de cœur ; sa poésie un
peu gênoise ne prétendait pas rivaliser avec celle de
Racine élève des petites Ecoles :

Effusions de cœur rimées à Port-Royal

> Le plus charmant des paysages,
> Un désert bien cher à mon cœur,
> Jadis fut l'asile des sages,
> Il l'est encore du bonheur.
> A Port-Royal, tout me rappelle
> Des souvenirs délicieux.
> Toujours j'y vois les mœurs, les talents et le zèle ;
> C'est pour moi l'image des cieux.
> Hamon, Nicole, Arnauld, l'immortelle Angélique ;
> Ces personnages ne sont plus ;
> Mais sans aucune aide magique
> Je converse avec eux, j'aspire les vertus
> De ces héros, dont la mémoire
> Ne périra qu'avec les temps.

> Que dis-je ! ils sont encor vivants.
> Arnauld respire dans G. [régoire]
> Et le ciel enrichit la reine de ces lieux [1]
> Des talents de Hamon, des vertus d'Angélique.
> Dans cette heureuse république,
> De posséder un coin je suis très soucieux ;
> Jamais d'y jouer un grand rôle
> Je n'aurai la prétention :
> Pour mon lot je réclame (il me revient, dit-on).
> La simplicité de Nicole.

Le bon Nicole avait de son temps ramené au catholiscisme bien des protestants, et Dégola put l'imiter en cela ; il rencontra à Saint-Lambert, en 1804, une dame protestante, Mme Geymuller, châtelaine de Milon-la Chapelle, que le prosélytisme de Mme Desprez, la reine de ces lieux, avait ébranlée en lui faisant lire dans Besoigne l'histoire des religieuses de Port-Royal. Mme Geymuller se fit instruire par Dégola comme autrefois la duchesse de Duras par Bossuet ; on possède le compte rendu autographe de leurs conférences, et ces pages sont très remarquables. Ce n'est point au jansénisme que Mme Geymuller se convertissait, mais au catholicisme sans épithète, comme en témoignent les Instructions et le Réglement de vie que Dégola composa pour elle en septembre 1805, six mois après son abjuration. Bossuet aurait contresigné cet écrit d'une orthodoxie parfaite, dont l'inspiration est toute port-royaliste, mais sans doute il aurait retranché ce que Dégola disait à la fin : « Pourriez-vous oublier le lieu et les circonstances dont Dieu s'est servi pour dissiper vos ténèbres et vous conduire dans la voie de la vérité ? C'est dans le vallon de Port-Royal, dans cette terre de bénédiction et de sainteté, c'est là que Dieu vous a frappée d'un doute salutaire sur vos anciennes erreurs ;

______

(1) Mme Humery Desprez.

c'est par les prières des saintes religieuses et des pénitents célèbres de Port-Royal que la divine miséricorde
a abaissé sur vous des regards paternels.., Eh !
comment ne témoigneriez-vous pas votre reconnaissance par un amour aussi ardent et par un zèle aussi
efficace pour les intérêts de la Vérité [1] que l'amour et
le zèle des Saint-Cyran, des Arnauld, des Singlin, des
Sainte-Marthe, des Nicole, des Pascal, des deux Angélique, des Agnès, en un mot de Port-Royal tout entier ;
car tout Port-Royal s'étant dévoué pour la cause de la
Vérité, il en soutint les droits au prix de son repos,
de son existence même, qu'il sacrifia avec une générosité digne des plus beaux siècles de l'Église ? Heureuse,
ma sœur, si Dieu vous donne d'avoir part à l'esprit de
Port-Royal..! »

Mme Geymuller avait deux fils, âgés pour lors de
quinze et de seize ans ; le convertisseur n'abusa pas
de leur jeunesse et de leur amour filial pour leur arracher une abjuration qui eût été sans valeur. C'est
plus tard qu'ils abandonnèrent l'un et l'autre le calvinisme, Rodolphe en 1806, Luc en 1808, dans la cathédrale de Noli entre les mains de l'évêque de cette ville.
Quelquesannées s'écoulèrent ; Dégola revint en France,
et l'estime qu'il inspirait à la petite société des jansénistes parisiens était si grande qu'ils le choisirent en

---

(1) Voici ce que Dégŏla disait au sujet de ce qu'il appelait la vérité : « Que d'ennemis attaquent, depuis deux siècles surtout, le dépôt
de la foi et de la morale ! C'est à la puissance divine sur le cœur de
l'homme, c'est à la nécessité de l'amour de Dieu, c'est à la doctrine
des mœurs qu'en veulent des directeurs aveugles, des casuistes
relâchés, des chrétiens judaïsants. Il faut bien que les vrais enfants
de l'Église, en réunissant leurs efforts, travaillent tous ensemble, par
la prière et par la saine doctrine, à conserver le trésor de l'Évangile
et [à] inspirer de l'horreur contre toute nouveauté profane ».— Voilà
bien, si je ne me trompe, le jansénisme orthodoxe tel qu'il a été
défini dès la première page de cette histoire.

1809 pour présider une cérémonie bien touchante, la commémoration du premier centenaire de la destruction de Port-Royal des Champs. Il faut lire, dans le beau livre de M. André Hallays, le récit jusqu'alors inédit de cette journée du 29 octobre 1809, qui vit trois cents personnes se grouper au milieu des décombres du saint monastère autour d'un prêtre italien. Tous les pèlerins assistèrent à la grand'messe dans l'église de Saint-Lambert, puis on se rendit processionnellement à Port-Royal. « Chacun s'assit dans un enfoncement qui se trouve derrière les débris d'un mur de l'église. M. Dégola s'assit en face du mur, sur le haut de l'enfoncement, ayant à sa gauche, à deux ou trois toises, un vieux noyer qui abrite ordinairement le repas des pèlerins, et à vingt toises plus loin, dans la même direction, la fontaine nommée la fontaine de la Mère Angélique. Ce fut de ce lieu un peu éminent, où était autrefois le sanctuaire de l'église du monastère, que M. Dégola prononça son discours, dont le texte commence par ces paroles du premier livre des Macchabées : *Dederunt se periculo — ils se sont abandonnés au péril...* » On revint ensuite à Saint Lambert ; on pria sur la fosse commune des exhumés de 1711, on chanta les vêpres dans l'église, puis on entonna le *Te Deum.* Quand les pèlerins revinrent le soir à Paris, ils trouvèrent la ville illuminée en signe de réjouissance pour la paix de Vienne.

Le discours de Dégola, très remarquable à bien des égards, est une profession de foi trop catégorique pour que l'on puisse le passer sous silence, et je crois devoir en citer *in extenso* le passage essentiel [1], pour mon-

____

(1) M. André Hallays en a cité un autre fragment non moins remarquable, le parallèle entre le protestantisme et le molinisme. — *Pèlerinage de Port-Royal,* p. 135.

trer une fois de plus en quoi a toujours consisté ce qu'on appelle le jansénisme. Voici donc ce passage, transcrit fidèlement sur les copies du temps :

« L'illustre prélat d'Ypres, dans un ouvrage profondément médité, ayant défendu avec autant d'onction que de solidité les principes du grand Augustin sur les dogmes adorables de la grâce de Jésus-Christ et de la prédestination des saints, les Jésuites en furent étrangement irrités. Ils virent bien que leur système, étant un pélagianisme masqué, ne pourrait soutenir la lumière d'une doctrine qui en dévoilait les erreurs et les réfutait complètement. Ils voyaient d'un autre côté que Port-Royal, sous la conduite du savant et pieux abbé de Saint-Cyran, l'ami particulier de Jansénius, Port-Royal, dis-je, croissait de jour en jour dans la connaissance et l'amour de la saine morale dont ils étaient les ennemis. Ainsi, réunissant dans leur rage tout ce que la cabale a de plus rusé et la calomnie de plus atroce, ils accusèrent Jansénius, dont Port-Royal révérait la doctrine, comme auteur de nouvelles hérésies. Ayant à force d'impostures arraché au pape des anathèmes contre l'*Augustinus*, et nommément contre les cinq propositions qu'ils disaient en renfermer tout le venin, ils s'efforçaient déjà de faire tomber ces anathèmes contre le docteur de la Grâce. Mais ce coup leur manqua. Tout le monde s'empressa de condamner le sens hérétique que les cinq propositions pouvaient présenter. Mais le danger de la foi redoubla le zèle de Port-Royal pour mettre à couvert des attaques jésuitiques le sens orthodoxe dont ces mêmes propositions étaient aisément susceptibles suivant le langage de saint Augustin.

« Oui, Port-Royal avait appris de ce grand Père de l'Église à croire et à confesser que, si les commande-

ments de Dieu ne sont jamais absolument impossibles
à observer, tous les hommes n'ont pas toujours la grâce
nécessaire pour les accomplir effectivement, et que
cette grâce Dieu peut bien la refuser quelquefois même
à des justes, témoin saint Pierre menteur et parjure
contre son divin maître [1]. On croyait à Port-Royal que
si la grâce, par son efficacité victorieuse, ne nous
force jamais à opérer, cependant, pour mériter ou
démériter, il suffit que nous soyons libres de cette
nécessité absolue qui, enchaînant la volonté, lui ôterait
le pouvoir de prêter à la grâce un consentement déterminé. On croyait à Port-Royal que l'homme, toujours
assez libre pour résister à la grâce, n'y résiste jamais
lorsque Dieu, par la délectation victorieuse de la charité, agit efficacement sur son cœur. On y croyait que
Dieu ne doit à personne ces grâces intérieures qu'il
donne aux uns par miséricorde, tandis qu'il les refuse
à d'autres par un jugement impénétrable de sa justice.
On y croyait que, quoique Jésus-Christ soit mort pour le
salut du genre humain, tous les hommes cependant,
comme le déclare le Concile de Trente, ne reçoivent
pas le bienfait et l'application de son sacrifice.

« C'est précisément contre cette auguste croyance
que les Jésuites dressèrent tous leurs pièges pour
envelopper et proscrire avec Port-Royal tous les docteurs augustiniens. Alexandre VII, ministre de leur
haine contre ces illustres théologiens, ordonnant par
un formulaire dont l'Église n'avait jamais vu l'exemple,
de signer avec serment que les cinq propositions se

---

(1) « Il est de la foi que selon les Pères du Concile [de Trente] on
peut dire à pleine bouche, non seulement de l'homme hors de l'état
de grâce, mais encore de l'homme juste, qu'il y a des commandements qu'il ne peut pas toujours accomplir. »
Bossuet : *Justification des réflexions morales*, § 8.

trouvaient réellement dans l'*Augustinus*, plusieurs évêques, tout Port-Royal, une foule de théologiens qui avaient à leur tête le grand Arnauld et le pieux Nicole refusèrent sans détour de jurer un fait dont les uns ignoraient l'existence, et dont les autres connaissaient évidemment la fausseté.

« Ce refus devint aussitôt dans les mains des Jésuites le prétexte d'une persécution d'autant plus criminelle qu'il était inouï dans l'Église qu'on poursuivît pour un fait de nulle conséquence des saintes filles qui vivaient dans le silence, et qui demandaient uniquement de (*sic*) servir Dieu dans la simplicité de la foi. Mais les armes que Rome et Louis XIV fournissaient aux Jésuites étaient trop puissantes pour ne pas les enhardir à assouvir leur haine invétérée contre la famille Arnauld, le flambeau et l'ornement de Port-Royal, et décharger leur fureur sur un monastère qui, par la sainteté de sa vie et son attachement inviolable à la saine doctrine, était une censure trop éloquente contre le relâchement des Jésuites... »

De là à glorifier le rôle de Port-Royal dans l'histoire de l'Église, il n'y avait qu'un pas ; aussi Dégola parla-t-il avec enthousiasme de « cette école de piété et de savoir dont les disciples ont perpétué jusqu'à nos jours les lumières et les bénédictions. Oui, disait-il encore, c'est par les élèves de cette école célèbre que le poison mortel du molinisme et du probabilisme, distillé dans l'affreuse [Bulle] *Unigenitus*, n'a pu pénétrer dans tout le corps de l'Église ; car c'est l'appel des héritiers de l'esprit et de la doctrine de Port-Royal qui en arrêta l'infection et qui conserve parmi nous, qui avons le bonheur de les suivre, la connaissance et l'amour de la vérité. »

Voilà ce qui fut dit gravement par un prêtre, au

milieu du recueillement général, sur les ruines de Port-Royal, au jour anniversaire de sa destruction ; qu'aurait pensé Sainte-Beuve s'il avait lu ce discours, et s'il avait eu connaissance d'une cérémonie si touchante dont les journaux du temps ne semblent pas avoir parlé ? Il aurait été contraint, ce me semble, d'avouer contrairement à son thème favori que l'esprit de Port-Royal était toujours le même, et que le Génois Dégola ne pensait pas autrement que Saint-Cyran, que Singlin, que le docteur Arnauld, que Pascal, Nicole et Duguet.

Grégoire publia la même année, et à l'occasion de ce même centenaire, une nouvelle édition de ses *Ruines de Port-Royal.* C'était l'ouvrage de 1801 considérablement augmenté, mais Grégoire ne l'avait pas amélioré. On ne peut après l'avoir lu que souscrire au jugement de Sainte-Beuve qui juge cette brochure « intéressante en somme, mais pleine de faits entassés pêle-mêle comme des cailloux[1] », et qui appelle son auteur un érudit sans critique et sans goût, qui ne fait pas autorité pour quiconque a un peu étudié aux sources. L'opuscule de Grégoire fut critiqué dans le *Journal de l'Empire* du 11 janvier 1810, et les *Mélanges de philosophie, d'histoire et de littérature,* feuille ultramontaine rédigée par Picot, l'attaquèrent avec violence. Napoléon le fit saisir par la police, peut-être à cause d'une petite phrase qui se trouvait déjà dans l'édition de 1801, où le fougueux démocrate parlait des gouvernements qui s'efforçent de river les fers des peuples, c'est-à-dire des souverains détrônés. Chose plus grave, la brochure de Grégoire fut jugée avec une extrême sévérité par des port-royalistes militants tels que Louis Silvy, celui qui plus tard acheta les ruines de Port-

____

(1) *Port-Royal,* 3ᵉ édit., tome III, p. 245.

Royal. Silvy avait rendu dans le temps quelques visites
à l'évêque de Blois; mais il cessa de le voir sous la
Restauration, parce qu'il avait toujours, disait-il,
abhorré ses principes de républicanisme et sa conduite
dans la Révolution. Voici ce qu'il écrivait à ce sujet
en 1837 [1], six ans après la mort de Grégoire : « Je n'ai
guère moins d'horreur pour son ouvrage des *Ruines
de Port-Royal*, qu'il déshonore lorsqu'il y travestit en
républicains des hommes si étrangers aux affaires de
ce monde. Il leur attribue les *Soupirs de la France
pour la liberté*, écrit du ministre Jurieu, fougueux protestant. Il manque gravement de sincérité lorsque au
sujet de Pascal sur les diverses formes de gouvernement, il retranche d'un texte de Mlle Périer, sa nièce [2],
qui a fait sa Vie, la fin d'un passage qui marque
toute l'horreur que Pascal avait pour les révolu-
tions et contre les attentats portés au gouvernement
des rois [3]. »

L'année suivante, c'est-à-dire en 1810, Dégola eut à
nouveau la grande joie de ramener au catholicisme une
dame protestante, et cette fois il s'agissait de la comtesse
Manzoni, femme du grand poète milanais. C'est un des
épisodes les plus intéressants de l'histoire posthume
de Port-Royal, mais ne pouvant entrer à ce sujet dans
de grands détails, je dois me borner à quelques lignes

(1) Bibliothèque nationale, Nouv. acq. franç. 1845, p. 116-117.
(2) *Sic*, il faut lire Mme Périer, sa sœur.
(3) Louis Silvy ne pardonnait pas à Grégoire son peu de respect
pour le diacre Paris, qu'il faisait passer pour un petit esprit. « Il
tourne et présente ridiculement tout ce qui concerne les convulsions,
et sa partialité est manifeste sur ce point par des réticences impar-
donnables. Il n'avait nulle foi aux miracles du saint diacre, qu'il
n'a jamais daigné éclaircir. Enfin, cet homme, qui parcourut des
livres de toute nature, ignorait jusqu'aux œuvres du grand évêque
de Montpellier, comme il m'en a fait l'aveu quand je lui en ai parlé
avec étonnement. »

de résumé, sauf à renvoyer le lecteur à l'article de la *Revue Bleue* du 14 mars 1908, qui est intitulé : *Manzoni à Port-Royal en 1810.* Henriette Blondel, calviniste rigide, fut amenée à Paris au début de 1810 par son mari, catholique de nom mais partisan déclaré des doctrines matérialistes de Volney et de Cabanis. Le hasard des relations mondaines fit connaître aux deux voyageurs un magistrat parisien, Pierre Agier, une des plus nobles figures de la société janséniste d'alors. Agier avait au suprême degré l'esprit de prosélytisme ; il engagea la discussion, il se fit écouter et l'on eut recours au convertisseur Eustache Dégola. Ce qui s'était produit en 1805 se produisit encore ; après de longues controverses, Henriette Manzoni se déclara pleinement convaincue ; elle abjura le 22 mai 1810, et les témoins de son abjuration furent comme en 1805 deux évêques démissionnaires, Constant et Debertier (Grégoire n'y figure pas), des prêtres du clergé de Saint-Séverin, des administrateurs de la caisse de secours dite vulgairement la Boîte à Perrette, et enfin quelques dames et quelques amis du dehors, tels que Sylvestre de Saci et Audran, professeurs au Collège de France. Henriette Manzoni et son mari furent à Saint-Lambert et à Milon-la-Chapelle les hôtes de Mmes Geymuller et Humery-Desprez, ils firent dévotement le pèlerinage du sanctuaire en ruines, et l'illustre poète devint dès lors ce qu'il n'a pas cessé d'être depuis, un catholique libéral et un fidèle disciple, un ami zélé des solitaires de Port-Royal.

Il faut signaler de même, pour être complet, un centenaire d'une tout autre nature qui fut non pas célébré, mais simplement commémoré le 7 septembre 1813, celui de la Bulle *Unigenitus.* Des fidèles en très petit nombre entendirent une messe basse à Notre-

Dame, et ensuite seize d'entre eux, pas un de plus, se réunirent à quelques pas de là chez Louis Silvy, ancien auditeur à la Chambre des Comptes. Un discours de circonstance fut prononcé, et il ne semble pas qu'on en ait gardé le souvenir ; il ne figure pas dans les œuvres imprimées de ce publiciste fécond, et l'on n'en connaît pas de copies manuscrites.

Consacrons enfin quelques mots à l'église janséniste d'Utrecht, qui se trouva faire partie du clergé français lorsque Napoléon, après avoir détrôné son frère Louis, annexa la Hollande à la France. Lors du séjour de l'empereur à Utrecht, en octobre 1811, on lui présenta successivement les catholiques romains, qu'il reçut assez mal, et les prêtres de la petite église dite janséniste. Il leur fit bon accueil, et il parut écouter le discours que lui adressa M. Van Os, grand vicaire qui administrait le diocèse pendant la vacance du siège. Les jansénistes arguaient de leur attachement inviolable aux quatre articles de 1682, et ils demandaient en grâce la permission d'élire un nouvel archevêque. L'empereur répondit que le moment n'était pas encore venu, et il se contenta de dire agréablement aux prêtres d'Utrecht qu'il voyait bien qu'ils voulaient mourir jansénistes. Il ne se souciait pas de compliquer encore sa situation vis-à-vis de la Cour de Rome. On sait qu'il ne parvenait même pas à donner un successeur au cardinal de Belloy.

Lorsque ce prélat mourut à l'âge de 99 ans, Napoléon nomma pour le remplacer le cardinal Fesch, archevêque de Lyon, son oncle maternel. Les ultramontains et les molinistes espéraient beaucoup de lui, car il était très ami des Jésuites et des Sulpiciens, et le célèbre M. Emery avait sur lui beaucoup d'empire. On appréhendait, dit un contemporain dont le journal

manuscrit est bien précieux [1], une persécution envers
(*sic*) les gens de bien et le clergé de Saint-Séverin. »
Le cardinal Fesch fut assez sage pour ne pas quitter
Lyon, et Napoléon, très embarrassé, finit par nommer,
le 14 octobre 1810, le cardinal Maury, titulaire du petit
évéché italien de Montefiascone. Maury « faillit se
trouver mal » en recevant sa nomination, mais il se
ressaisit aussitôt, car il avait l'habitude des métamor-
phoses, et il prêta serment le jour même. Craignant le
mécontentement du clergé jésuite et sulpicien, « qui
était en très grand nombre », il ne se pressait pourtant pas de venir habiter à l'archevêché, et il donnait
pour prétexte qu'il n'avait pas de meubles. L'empereur
lui fit allouer 3oo.ooo francs sur la caisse ecclésiastique ; il fut meublé dans les huit jours, et il put entrer
en fonctions, non pas comme archevêque, mais simplement comme administrateur du diocèse, en attendant des bulles qui ne devaient jamais venir. Maury
ne persécuta personne, et il suivit en cela les erre-
ments de J.-B. de Belloy ; mais comme lui il tâcha de
recourir à des échappatoires. C'est ainsi que recevant
au mois de janvier 1811 deux anciens évêques constitutionnels qui venaient lui parler en faveur du clergé
de Saint-Séverin qu'ils croyaient menacé, il leur donna
sans hésiter le titre de messeigneurs, mais il les adressa
à M. Emery, chez lequel ils durent se rendre le 17 janvier. Le supérieur de Saint-Sulpice, qui devait mourir
trois mois plus tard, ne leur dit pas un mot du jansénisme, mais il fit tous ses efforts pour amener les deux

---

(1) Journal ms. juillet 1809. J'aurai souvent recours à ces notes
manuscrites que Jean-Louis Rondeau, ancien oratorien, ancien curé
constitutionnel de Sarcelles et finalement vicaire à Saint-Sévérin,
a rédigées pendant plus de vingt ans, jusqu'en 1828. Rondeau est
mort en 1832.

prélats constitutionnels à rétracter leur serment de 1791 [1].

Un fait plus caractéristique encore, c'est la réponse que le cardinal Maury fit le 11 avril 1812 à la lettre que lui avait adressée un vieux canoniste janséniste, disciple des abbés Mey et Piales, qui se nommait Dalléas. Dénoncé commé hérétique, l'abbé Dalléas avait cru devoir se justifier longuement dans une épître en vingt-cinq pages qui contient des particularités curieuses et des détails historiques très intéressants. Il y établissait, comme tout bon janséniste, la distinction du fait et du droit, dont « la séparabilité, disait-il, est conforme à la doctrine de toute l'Église, alors que l'inséparabilité est une des plus extraordinaires chimères qui aient jamais été produites par l'esprit humain ». Aux yeux du savant canoniste, la question du jansénisme était on ne peut plus facile à régler, car il suffit d'avoir de bonnes oreilles, de bons yeux et de la bonne foi, « des oreilles pour écouter la profession de foi des accusés, des yeux pour s'assurer que ce qu'ils disent de leur foi est conforme à leurs écrits ; de la bonne foi pour avouer qu'ils sont innocents, si leurs discours et leurs écrits prouvent qu'en effet ils le sont. Ainsi tout se réduit aujourd'hui au simple examen de ce fait, sur lequel tout le monde est à portée de se prononcer : « Y a-t-il quelqu'un qui sou« tienne des erreurs ? N'y en a-t-il pas [2] ? » A cette longue et verbeuse épître, Maury répondit par un simple billet où se trouvent ces mots :

« J'ai lu votre lettre, mon cher abbé, avec le plus

----

(1) Dans l'intimité, Maury traitait M. Émery de *ganache*.
(2) Copie ms du temps. C'est à cela que se réduit encore maintenant la justification des prétendus jansénistes, et c'était celle de Pascal en 1657.

grand intérêt et la plus entière satisfaction. Vous n'aviez nullement besoin d'apologie auprès de moi, mais vous devez savoir gré à vos petits détracteurs qui vous ont fourni cette occasion de me faire connaître le tableau d'une vie si utilement et si honorablement remplie. Le bon temps des sobriquets théologiques est passé. Je n'écoute point les préventions et les clabauderies de l'esprit de parti, et je conserve toujours une oreille aux absents.... Je vous prie de venir dîner avec moi sans façon, aujourd'hui ou après-demain lundi. Ma confiance et ma considération très particulières égalent l'estime et l'attachement sans bornes dont je serai pénétré pour vous, mon cher abbé, jusqu'à mon dernier soupir.

> « Le cardinal Maury [1]. »

Il résulte de ces faits, et de beaucoup d'autres dont l'énumération serait fastidieuse, que les amis de Port-Royal ne furent pas inquiétés le moins du monde par l'autorité religieuse jusqu'à la chute de Napoléon. Ils n'étaient pas légion et leur nombre diminuait chaque année ; c'est ainsi qu'après la mort de Constant, ancien évêque d'Agen, qui mourut en 1811, appelant de la Bulle *Unigenitus*, on vit disparaître successivement en 1813 Molinier, ancien évêque de Tarbes, qui disait régulièrement sa messe à Saint-Séverin, Saurine, ancien évêque constitutionnel de Dax et évêque concordataire de Strasbourg, et le Père Lambert, ex-génovéfain qui avait été théologal de l'archevêque de Lyon Montazet.

Le Père Lambert venait de publier un ouvrage inti-

______

(1) L'abbé Dalléas est mort à Paris, à l'âge de 76 ans, au commencement de l'année 1818.

tulé : *La vérité et l'innocence vengées contre les erreurs et les impostures d'un livre anonyme intitulé : Mémoires pour servir à l'histoire ecclésiastique pendant le XVIIIe siècle* [Paris, Brajeux, 557 p. in-8]. C'est une réfutation très solide des calomnies de Picot et de ses collaborateurs. Certains chapitres sont très remarquables et dénotent une connaissance très approfondie de l'histoire du jansénisme. L'ouvrage serait plus utile s'il n'était pas déparé par des violences de langage regrettables et par un enthousiasme excessif pour l'œuvre de Saint-Médard. Il montre du moins que l'esprit jésuitique était toujours vivant et que la guerre au jansénisme était toujours sur le point de renaître.

Alors aussi mourut Mme Humery-Desprez, qui avait vendu Port-Royal en 1810, mais en s'en réservant l'usufruit. Les acquéreurs étaient M. et Mme de Talmours, sur lesquels je n'ai pu trouver aucune indication précise. Les amis de la Vérité déploraient en outre la défection de quelques-uns des leurs, et notamment celle de deux évêques constitutionnels, Charrier de la Roche, devenu évêque concordataire de Versailles, et Le Blanc de Beaulieu, promu au siège de Soissons. Charrier de la Roche avait donné dès 1792 sa démission d'évêque de Rouen; il avait ensuite vécu à l'écart, tout en correspondant très amicalement avec Grégoire, et finalement il offrit, avant de recevoir le titre d'évêque de Versailles, toutes les rétractations qui lui furent demandées. Evêque de Versailles, il ne songea même pas que Port-Royal était dans son diocèse; il réagit contre les tendances jansénistes d'Augustin Clément, son prédécesseur, et il traita avec rigueur les paroisses suspectes de Sarcelles, de Villiers-le-Bel et d'Ecouen.

Mais ce fut surtout l'évêque de Soissons, Le Blanc

de Beaulieu, qui affligea les jansénistes, et qui irrita
vivement quelques-uns d'entre eux par sa rétractation
de 1805 et par les actes qui en furent la conséquence.
Il avait joué un rôle important au début de la Révolution ; curé constitutionnel de Saint-André-des-Arcs,
il avait témoigné beaucoup de zèle et montré beaucoup
de courage. Il était curé de Saint-Étienne-du-Mont en
1795, quand on organisa dans cette paroisse une cultuelle qui est le chef-d'œuvre du genre[1]. En 1800, il
fut élu évêque de Rouen, et ses paroissiens désolés le
supplièrent de ne pas les abandonner. Il les quitta
néanmoins, et à l'époque du Concordat il fut nommé
par Bonaparte évêque de Soissons. Il était toujours
dans les mêmes sentiments et le janséniste Paul
Baillet, curé de Saint-Étienne du Mont, nommé par de
Belloy curé de Saint-Séverin[2], le considérait comme
un saint. Le Blanc de Beaulieu fit venir à Soissons
quelques ecclésiastiques ennemis déclarés du Formulaire et de la Bulle *Unigenitus*, notamment le très
janséniste Roullet, qu'il nomma chanoine en 1803 en
lui disant en propres termes dans l'acte de nomination
que j'ai sous les yeux : « *Te elegi ut pote qui doctrina
præcellis et moribus* ». Il resta enfin durant quelques
années en relations très affectueuses avec plusieurs
d'entre eux, et en particulier avec l'abbé Cady, ordonné prêtre en 1797, et vicaire à Saint-Séverin[3].
Mais en 1804, pour des raisons qui n'ont pas été connues et à la suite de négociations demeurées très

(1) Voyez le texte de ce très curieux document dans la *Revue*
bleue du 20 juillet 1907.

(2) La pièce originale, dont la signature n'est pas d'un nonagé-
naire, est datée du 25 floréal 1802 (15 mai).

(3) Les lettres qu'il lui écrivit alors ont été conservées ; elles sont
touchantes.

secrètes, l'évêque de Soissons changea de sentiments. Il condamna la Constitution civile du Clergé, qu'il reconnaissait avoir acceptée de la meilleure foi du monde, et non content de l'abandonner, il renonça entièrement à ce qu'il appelait « le système janséniste ». Il signa le formulaire d'Alexandre VII et il accepta sans réserve la Bulle *Unigenitus*; il finissait par adorer ce qu'il avait brûlé jusqu'alors. Il se détourna de ses anciens amis, qu'il n'avait ni consultés, ni prévenus, et il alla même jusqu'à interdire le chanoine Roullet, qui avait été son ami intime [1]. Une dévote parisienne, Mlle de la Roche, dont la famille lui avait sauvé la vie pendant la Terreur, lui fit un accueil glacial au cours d'une visite qu'il lui rendit en 1806; elle lui écrivit pour tâcher de le ramener dans les sentiers de la vérité et de la justice, et voici ce que je lis en propres termes dans la réponse très embarrassée qu'il lui adressa de Soissons le 15 février 1806; ses déclarations sont précieuses pour l'histoire du jansénisme.

« ... Puisque vous me mettez sur la voie, je vous le dirai avec plaisir, Mademoiselle, il est absolument faux que j'aie renoncé aux vérités dont je ne cesse de remercier le Seigneur d'avoir été instruit dès mon enfance. Je serais bien malheureux, si je ne croyais à la nécessité, à la gratuité et à l'efficacité de la grâce de Dieu sur le cœur, sans préjudice de la liberté de ce cœur, qui ne cesse d'exister sous l'empire même le

____

(1) La lettre autographe par laquelle il lui signifiait l'interdiction de confesser est du 3 novembre 1807. Roullet demeura chanoine titulaire jusqu'en 1814 ; Camet de la Bonnardière le fit alors nommer aumônier auxiliaire de l'Hôtel-Dieu de Paris, et l'évêque de Soissons lui délivra un *exeat* qui parle de ses *mœurs*, sans rien dire de sa *doctrine*. Roullet mourut à Paris au mois d'août 1824.

plus efficace de cette même grâce. A la vérité, je ne vois plus le Formulaire, la Bulle et la Constitution civile du Clergé du même œil que je les ai vus si longtemps ; mais ma soumission à ces deux premières pièces et au jugement que l'Église a porté de la troisième ne diminue en rien mon attachement aux vérités ci-dessus énoncées. Cet attachement, j'ose le dire, est même d'autant plus grand qu'il est affermi dans mon cœur par les témoignages que Clément XI, Benoît XIII, Clément XII et Benoît XIV, ont solennellement rendus à la doctrine de saint Augustin qui les a si solidement établies et si victorieusement défendues, quoique ces vénérables chefs de l'Église aient l'un donné, les autres maintenu la Bulle *Unigenitus*. Je crois donc de cœur, et je confesse de bouche, grâces à Dieu, mon respect profond, mon attachement à ces vérités, et je me soumets en même temps à des décrets que vous, Mademoiselle, et quelques personnes regardez comme y étant contraires, quoiqu'ils ne le soient pas effectivement... »

Le Blanc de Beaulieu terminait cette lettre en déclarant qu'il n'écrirait plus rien sur cette matière et autre semblable, et c'était le seul parti à prendre car, en vérité, il s'enlisait dans l'illogisme. Il invoquait l'exemple de son prédécesseur Fitzjames, et il ne voyait pas que la conduite de ce prélat avait été le contraire de la sienne. Fitzjames avait commencé par signer le Formulaire et par accepter la Bulle, et il avait fini par les combattre à outrance sans se rétracter officiellement. Le Blanc de Beaulieu prétendait demeurer augustinien tout en donnant son adhésion sans réserve aux plus grands ennemis de saint Augustin. Mais alors pourquoi cette rétractation spontanée, car personne sous l'Empire ne lui demandait

de s'humilier et de se dégrader à ce point? On ne voudrait pas souscrire au jugement par trop sévère que Grégoire a porté en 1809 dans ses *Ruines de Port-Royal* [1],
contre « le petit ambitieux qui jurait à sa paroisse,
sans y être invité, de ne jamais tergiverser »; mais
l'attitude de l'évêque de Soissons avant et après 1814
donne pourtant à réfléchir. Prélat courtisan sous le
règne du despote, il fut l'un des premiers à se rendre
à Compiègne pour « présenter au roi son hommage »;
ce sont les termes de sa lettre autographe du 2 mai
adressée au chanoine Roullet. Son zèle royaliste le fit
nommer archevêque d'Arles, mais sa lettre était d'un
vieillard déjà bien malade, et en effet Le Blanc de
Beaulieu mourut avant de prendre possession de son
archevêché. L'exemple qu'il avait donné par sa rétractation ne fut d'ailleurs suivi par personne, et la période
impériale s'acheva sans que le flot toujours montant
de l'ultramontanisme et du jésuitisme se déversât
ostensiblement sur l'Église de France; la situation ne
tardera pas à changer avec le retour du roi très chrétien, de Louis le Désiré.

(1) P. 77.

CHAPITRE XXVI

On sait que Pie VII, rendu à la liberté par la chute de Napoléon et devenu plus puissant que jamais, s'empressa de rétablir les Jésuites supprimés par Clément XIV. Il fit sans hésiter ce que ses prédécesseurs les plus hardis n'avaient pas osé faire ; il déclara nul et non avenu, un décret pontifical, celui de 1773. Le 7 mai 1801, il avait déjà rétabli les Jésuites en Russie ; il les rétablit de même dans le royaume des Deux-Siciles le 30 juillet 1804, et dès le mois d'août 1814 il rendit à la Compagnie de Jésus tous les droits, tous les privilèges que lui avait enlevés le fameux Bref *Dominus ac redemptor*. En agissant de la sorte, il exécutait, disait-il en propres termes « ce qu'il désirait le plus ardemment dès le commencement de son pontificat[1] ». Toutefois le souverain pontife n'était pas en mesure de procéder à une restauration comparable à celle qui replaçait Louis XVIII sur le trône de France ; il se contentait donc de recommander les Jésuites « aux très illustres princes et seigneurs temporels ; il conjurait ces derniers de ne pas souffrir que

(1) Texte du Bref *Sollici,udo*.

ces religieux fussent molestés en aucune manière, et
de veiller à ce qu'ils fussent traités avec bonté et charité, comme il convient [1] ». Pie VII ne vit pourtant pas
le retour triomphal de ses amis ; il eut beau faire agir
Talleyrand, le négociateur habile et retors entre tous ;
Louis XVIII refusa obstinément de les recevoir en
France. Il était en apparence le successeur immédiat
de son neveu Louis XVII ; il était devenu roi de
France et de Navarre en 1795. Ce fut même une des
habiletés de Talleyrand de lui faire dater ses premiers
actes de la dix-neuvième année de son règne. Mais nul
ne s'y était mépris, et lui moins que personne ; car le
monarque de droit divin s'était vu dans la nécessité
absolue d'octroyer une charte à ses sujets, et cette
charte, que les ultras disaient être une concession
faite par un bon père à ses enfants, les libéraux soutenaient que c'était simplement une restitution faite
au souverain légitime, c'est-à-dire à la nation. Toujours est-il que Louis XVIII était le prisonnier de la
Charte, et c'est parce qu'il s'est toujours considéré
comme tel qu'il a pu mourir aux Tuileries et être
enterré dans les caveaux de Saint-Denis. Il résista
donc constamment aux suggestions de Pie VII, et si
les Jésuites se propagèrent en France sous son règne,
ce fut d'une manière souterraine, sous des noms
empruntés, et en prenant de grandes précautions pour
n'être pas reconnus. Autrement ils auraient été chassés
à nouveau, comme ils furent alors même chassés de
Russie et d'Espagne.

Mais ce qui se propageait ouvertement sous le gouvernement de ce prince voltairien, c'était l'esprit
jésuitique, le mépris affecté pour les doctrines gallica-

(1) *Ibid.*

nes, la glorification des théories des Pères Berruyer et Pichon, la guerre ouverte à l'école de saint Augustin et de saint Thomas. *L'ami de la Religion et du Roi*, le *Mémorial*, le *Conservateur*, le *Défenseur* et quelques autres feuilles analogues, rédigées par des fanatiques, prirent la tête du mouvement ; des écrivains passionnés comme Joseph de Maistre, Bonald, Lamennais, Genoude, luttèrent avec âpreté en faveur de l'ultramontanisme, et d'autre part on publia pour repousser leurs attaques d'innombrables brochures. Parmi ces publications se distingue une sorte de revue, la *Chronique religieuse*, qui parut sans interruption de 1818 à 1821, et dont la collection complète comprend six volumes in-8° [1]. Elle comptait au nombre de ses rédacteurs des hommes de grande valeur, Lanjuinais, le président Agier, l'ex-oratorien Tabaraud, les anciens évêques constitutionnels Debertier et Grégoire, et quelques autres. La *Chronique* était par essence l'organe de l'Église de France contre les adversaires de la Déclaration de 1682 ; elle prit accessoirement la défense du clergé constitutionnel auquel l'autorité religieuse voulait imposer des rétractations, et finalement elle soutint avec énergie ceux que l'on accusait de jansénisme et que l'on persécutait sous ce prétexte en les privant de sacrements. C'est ce qui fait l'intérêt de cette publication, où se trouvent en grand nombre des articles remarquables. C'était une revue de combat ; mais le ton de la polémique était modéré ; Grégoire, qui en était l'âme, s'interdisait les violences de langage qui avaient déparé jadis les *Nouvelles*

(1) Paris, Baudoin frères. Ces mêmes éditeurs, dont les impressions étaient très soignées, publièrent à la même époque les *Constitutions de la nation française*, par le comte de Lanjuinais, un des rédacteurs de la Chronique religieuse.

ecclésiastiques et les *Annales de la Religion*, et si la *Chronique religieuse* disparut sans bruit au commencement de 1821, ce fut spontanément, et sans doute parce que les frais d'une semblable publication étaient trop considérables. C'est uniquement comme feuille janséniste que j'ai cru devoir étudier la *Chronique religieuse*, et considérée sous ce point de vue, elle est curieuse, mais elle n'a pas une très grande importance, parce que, fidèle aux traditions séculaires de Port-Royal, elle regarde le jansénisme comme un fantôme et comme une hérésie imaginaire. Ainsi on peut lire à la page 512 du premier volume un article intitulé : *Le Jansénisme dans tout son jour*, et voici la conclusion de cet article : « Le jansénisme, c'est la doctrine de la grâce efficace par elle-même, c'est-à-dire la nécessité, pour toute bonne œuvre, d'une grâce par laquelle Dieu produit en nous le vouloir et l'action. Or telle est la doctrine de l'Église ; donc ceux qui s'y sont attachés sont de bons et purs catholiques d'autant plus estimables que c'est par eux que la chaîne de la tradition s'est continuée, et que Dieu les a manifestement suscités pour sauver les précieuses vérités de la grâce du naufrage dont elles étaient menacées. Et ce sont de tels hommes que les fauteurs d'une nouvelle doctrine ont fait passer, parce qu'ils tenaient à l'ancienne, pour des gens formant une secte des plus dangereuses. Ce sont de tels hommes que l'on s'est efforcé de noircir, au point de publier qu'ils étaient ennemis déclarés de toute autorité, eux qui n'avaient rien de plus à cœur que de faire respecter celle de l'Église, et d'éclairer la religion surprise des papes et des souverains. Ce sont de tels hommes qu'on n'a pas craint d'abreuver d'amertume, de jeter dans la misère et de conduire à la mort. Qui le croirait ? Ce sont ces catholiques, si purs dans la foi, que l'on s'acharne encore aujourd'hui à poursuivre avec une aveugle fureur.... [1] ».

Cette aveugle fureur, elle s'est manifestée au temps de la Terreur blanche et durant les années qui suivirent; les historiens n'en ont rien dit, mais elle a fait dans beaucoup de régions, à Besançon, à Strasbourg, à Lyon, à Troyes [2] et à Paris même, de cruels ravages; on en pourra juger par quelques faits précis, et en premier lieu par ce que les feuilles ultra-royalistes ont appelé le scandale de Saint-Séverin. On avait eu à Paris, sous l'Empire et durant les premières années du règne de Louis XVIII, le curieux spectacle d'une paroisse réputée janséniste qui subsistait sans être inquiétée le moins du monde par l'autorité diocésaine. Le curé, les vicaires, les prêtres habitués, les marguilliers et les fidèles vivaient en très bonne intelligence; les écoles chrétiennes étaient tenues par des frères Tabourin et par des Sœurs de Sainte-Marthe; le service des pauvres et des malades était admirablement organisé, et des familles entières étaient venues habiter dans le quartier pour vivre à Saint-Séverin de la vie paroissiale. C'était l'archevêque de Belloy qui lui avait donné pour curé, le 25 floréal 1802. (*sic*, il faut lire 15 mai), un constitutionnel rallié mais non rétracté, nommé Paul Baillet, cousin germain de Mlle Poulain, le très distingué auteur d'une *Histoire abrégée de Port-*

----

(1) Au tome VI, p. 498, est un plaidoyer en faveur de Port-Royal contre Joseph de Maistre, qui venait de mourir. Les jansénistes et Bossuet, attaqués avec la même violence, sont justifiés ensemble et par les mêmes arguments ; on peut voir par là que la *Chronique religieuse* était plus gallicane que port-royaliste.

(2) Il y eut à Troyes, en 1825, un scandale qui donna lieu à des récriminations imprimées, le refus de sépulture infligé pour cause de jansénisme à un très bon chrétien, nommé Lalobe.

Royal qui avait paru en 1786 avec approbation et privilège du roi, ce qui ne s'était jamais vu jusqu'alors [1].
Paul Baillet fut pendant toute la Révolution un militant. Auteur d'écrits en faveur de la Constitution civile
du Clergé, secrétaire du presbytère de Paris en 1795,
« membre des deux conciles de 1797 et de 1801, il fut
élu curé de Saint-Étienne-du-Mont quand Le Blanc de
Beaulieu devint évêque de Rouen, et c'est de Saint-
Étienne-du-Mont que J.-B. de Belloy le fit passer à
Saint-Séverin sur la proposition du ministre des
cultes Portalis. La nomination était parfaitement régu-
lière, et l'année suivante Jean-Baptiste de Belloy
promu au cardinalat fit mieux encore.

Il alla en personne à Saint-Séverin le 18 septembre 1803, et il écouta un discours dans lequel
le curé Baillet lui disait en propres termes :
« .... Toute la France vous vit autrefois avec joie
placé sur le siège de l'Église de Marseille, elle applau-
dit alors à la prudence et à la douceur de votre
gouvernement. Vous entrâtes dans ce vaste diocèse
comme un ange de paix ; et la paix, cette fille du ciel,
fut la récompense et le fruit de vos travaux. Vous y
réunîtes tous les esprits, vous y gagnâtes tous les
cœurs. Quelle jouissance pour une âme sensible
comme la vôtre !... Dieu vous a conservé pour rendre
la paix à l'Église de Paris, et pour réparer les ruines

(1) Voici ce que Paul Baillet écrivait à ce propos à Mlle Poulain
le 4 novembre 1786 : « Jugez, ma chère cousine, avec quel empressement j'attends votre histoire de Port-Royal ; c'est pour moi un
cadeau doublement précieux ; il part de votre plume, et il contient
la vie de ces grands personnages que je respecte et que j'admire.
Animé par leur exemple, j'apprendrai à combattre sous les drapeaux
de Jésus-Christ pour la défense de la vérité, et à n'attendre la victoire que de Dieu seul, qui, en couronnant nos mérites, couronne
ses propres dons. » — Lettre autographe et inédite.

de son sanctuaire. Déjà vos efforts ont été couronnés d'heureux succès.... »

Dix-huit années s'écoulèrent, durant lesquelles Paul Baillet exerça paisiblement son ministère, et j'ai des lettres autographes du grand vicaire d'Astros d'où il ressort très nettement que le clergé de Saint-Séverin avait l'estime et la confiance de l'archevêché. Mais au mois d'octobre 1820, le cardinal de Talleyrand-Périgord, excité par les Jésuites et par les Sulpiciens, prétendit exiger du curé Baillet une acceptation sans réserve du Formulaire, de la Bulle *Unigenitus* et des Brefs de Pie VI contre la Constitution civile du Clergé. Baillet refusa absolument, et comme tous les jansénistes de tous les temps, il déclara qu'il condamnait sans arrière-pensée les cinq propositions dites de Jansénius. L'archevêché n'insistait pas outre mesure sur l'acceptation du Formulaire et de la Bulle, mais il lui fallait un désaveu formel du serment de 1791, et ne pouvant l'obtenir, il destitua le curé Baillet, qui fut immédiatement remplacé par un autre ecclésiastique. Mais il se produisit alors un fait qui ne s'explique pas ; les vicaires de Saint-Séverin étaient en parfait accord avec leur curé, et plusieurs d'entre eux étaient comme lui d'anciens constitutionnels, des jureurs. Or aucun d'eux ne fut en 1820, ni depuis l'objet d'une mise en demeure, et le nouveau curé, l'abbé Siret, obtint qu'il ne serait rien changé à la composition du clergé de sa paroisse, et les vicaires ne changèrent rien à leurs façons d'agir ; Saint-Séverin ne cessa pas d'être l'église préférée des catholiques qui n'aimaient pas les Jésuites.

Paul Baillet quitta Saint-Séverin entouré du respect universel, et il ne récrimina pas contre la sentence injuste qui le frappait. Il se retira rue Saint-Antoine sur la paroisse Saint-Gervais, et onze ans plus tard il

fut administré sans difficulté par le curé de cette
paroisse. Ses obsèques, célébrées le 11 novembre 1831,
ne donnèrent pas lieu, comme celles de Grégoire et
de Debertier, à des manifestations politiques et religieuses déplorables.

Si le parti ultra-clérical obtenait à Paris même des
résultats semblables, on juge de ce que put être la
persécution en province, dans les diocèses où les missions tapageuses se multipliaient, où l'administration
religieuse était entre les mains de grands vicaires
fanatiques, à Troyes, à Dijon, à Strasbourg, à Besançon,
à Lyon et ailleurs.. Il serait aisé de citer par centaines
des refus de sacrements et de sépulture qui rappelaient
les plus mauvais jours de Christophe de Beaumont ;
mais on risquerait de se perdre dans le détail et de
tomber dans des redites ; mieux vaut se restreindre et
faire connaître à grands traits la vie d'un saint prêtre
du diocèse de Lyon, de François Jacquemont, ancien
curé de Saint-Médard en Forez (1757-1835). Il est
question de lui beaucoup trop longuement dans les
Derniers Jansénistes de M. Léon Séché, ouvrage si
mal fait et si plein d'erreurs, et les cent pages qui lui
ont été consacrées ne le rendraient pas intéressant ;
mais par bonheur un arrière-neveu de Jacquemont a
publié en 1914 une partie de sa correspondance de
famille [1]. Il y a là 220 lettres fort belles à tous égards,
car Jacquemont était un homme de beaucoup de talent,
et l'éditeur, que son grand-oncle aurait appelé « un
jésuite de robe courte », a joint à ces lettres une notice

____

(1) *François Jacquemont, sa vie et sa correspondance, d'après des
documents inédits...* par M. Eugène Jacquemont (ouvrage orné de
huit gravures hors texte en phototypie) — Lyon, Lardanchet, un
vol. in-8°, 1914. — Cette publication faite avec un très grand
souci de l'orthodoxie, mais avec une loyauté parfaite, a dû être très

biographique très suffisante. On y voit à nu ce que M. Eugène Jacquemont appelle une âme janséniste, et qui plus est une très belle âme.

François Jacquemont, compatriote de Duguet, naquit près de Montbrison en 1757 ; il fut un des meilleurs étudiants en théologie du diocèse de Lyon, et l'archevêque Montazet lui donna publiquement des marques d'une très haute estime. Augustinien déterminé comme son archevêque, il aurait sans doute signé comme lui le Formulaire par amour de la paix ; mais il fut ordonné sans qu'on lui demandât cette signature. On n'avait pas non plus exigé de lui une acceptation de la Bulle *Unigenitus* ; mais il fut indigné en voyant avec quel mépris les défenseurs de cette Bulle traitaient saint Augustin. Il étudia sérieusement la question et il devint pour le reste de sa vie un partisan déclaré de la Grâce efficace par elle-même et de la Prédestination gratuite. Montazet, qui était dans les mêmes sentiments, voulait le nommer professeur de séminaire ; l'humilité de Jacquemont et son esprit de prosélytisme lui firent accepter une petite cure à portion congrue, celle de Saint-Médard en Forez (septembre 1784).

En 1791, il prêta sans enthousiasme le serment que l'on exigeait des ecclésiastiques, et trois ans plus tard, en pleine Terreur, il rétracta ce serment et devint ce qu'on appelait alors un prêtre réfractaire. Les grands vicaires qui administraient secrètement le diocèse de Lyon au nom de l'émigré Marbeuf voulurent alors lui

désagréable aux adversaires du jansénisme qui n'est, dit Jacquemont p. 461, qu'« un attachement sincère à la morale de l'Évangile et à l'ancienne et perpétuelle doctrine de l'Église sur la grâce et la prédestination ». Les Jésuites sont très malmenés dans cette correspondance, et Jacquemont va jusqu'à dire qu'ils ont mérité « l'exécration de l'univers », p. 438.

faire signer le formulaire d'Alexandre VII ; il s'y refusa
et finit par offrir de le signer en éludant la question de
fait d'une manière très originale, en reconnaissant que
les cinq propositions très justement condamnées se
trouvaient dans l'exemplaire de Jansénius soumis au
jugement du pape. C'était imputer aux Jésuites une
fourberie insigne, et l'on peut croire qu'une pareille
signature ne fut pas admise. Jacquemont alla plus loin,
car il écrivit aux mandataires de Marbeuf une lettre
dans laquelle il disait en propres termes : « Je prêche ce
que vous appelez jansénisme depuis que je suis honoré
du sacerdoce de Jésus-Christ, c'est-à-dire depuis trente
ans. Je n'ai pas cessé de prêcher au peuple la toute-
puissance de Dieu sur le cœur de l'homme, l'efficacité
de la grâce de Jésus-Christ, l'obligation de lire l'Ecriture sainte, la difficulté de la conversion, la nécessité
de s'instruire de la religion, en un mot toutes les
maximes de l'Evangile... Cette conduite était connue
et approuvée de M. de Montazet, de qui j'avais
l'honneur d'être connu moi-même très particulièrement. Vous pouvez juger par là que ce n'est pas
d'aujourd'hui que je prêche le jansénisme, et qu'en
vain vous prétendriez me faire changer de sentiments.
La foi ne change pas comme les évêques : ce qui était
vrai sous M. de Montazet l'est encore sous M. de
Marbeuf.... J'étais catholique sous M. de Montazet
sans avoir signé le Formulaire. Faut-il un nouvel
article de foi sous M. de Marbeuf pour être membre
de l'Église ? Si cela est, la foi changera donc comme
les pasteurs ! » C'est en 1795 que Jacquemont faisait
cette déclaration ; les grands vicaires n'insistèrent pas,
et le curé de Saint-Médard était encore à son poste en
1798 lorsque la persécution des fructidoriens lui fit
subir une incarcération de huit mois parce qu'il refu-

sait de prêter le serment de haine à la royauté.

Après le Concordat, Jacquemont fut sommé à nouveau par les mandataires du cardinal Fesch de recevoir le Formulaire et la Bulle ; il refusa, et l'on procéda contre lui de la façon la plus singulière. Il ne fut ni destitué, ni interdit ; il fut simplement remplacé durant un petit voyage qu'il avait fait à Lyon en octobre 1803. A son retour, il trouva son église occupée par un nouveau curé que l'archevêché venait d'y installer sans lui donner avis de ce changement. Jacquemont ne fit entendre aucune réclamation ; il quitta immédiatement son presbytère, et il alla loger dans la maison d'école qu'il avait fait construire à ses frais. Il disait la messe chez lui, comme il en avait le droit, et il assistait régulièrement aux offices, gardant un profond silence lorsque les desservants qui lui succédèrent le traitaient au prône d'écrivassier, de voleur, d'être infâme, d'impudique. C'est peut-être un fait unique dans l'histoire religieuse de la France que celui de ce curé redevenu après vingt ans simple paroissien, et cela durant trente-deux années consécutives. Il vivait dans la retraite, allant de temps à autre visiter sa famille, ses amis, et même ses pénitents comme M. Thiollière du Chossy et Mme de la Rivoire. Il priait, il lisait, il correspondait avec des personnes qui partageaient ses idées ; il publiait enfin sous le voile de l'anonyme un certain nombre d'ouvrages pour la défense de ses convictions. Son petit-neveu a dressé la liste de ses ouvrages ; 23 ont paru de 1788 à 1835 ; 23 autres sont encore inédits, et j'en possède qui ont échappé, ainsi que plusieurs de ses lettres autographes, aux recherches de l'éditeur de 1914. J'emprunte à l'un de ces écrits une déclaration très nette des sentiments de son auteur sur la question du Jansénisme; Jacquemont en parle en 1821 comme Pascal en 1656.

« On sonne le tocsin contre une prétendue secte de jansénistes qui n'exista jamais que dans des cerveaux malades ou fanatiques. Bien loin de reconnaître ou d'avoir jamais dit, comme on ose le débiter calomnieusement, que nous soyons Jansénistes par la grâce de Dieu, nous n'avons jamais cessé de nous plaindre des brouillons qui nous ont couverts de ce manteau d'ignominie.... On n'a jamais prouvé, et jamais on ne prouvera que nous ayons tenu ou enseigné quelqu'une des cinq propositions, Au contraire, nous les avons toujours condamnées, et nous les condamnons très sincèrement avec l'Église. Et afin qu'on ne soit pas tenté de nous imputer ces erreurs, nous déclarons en la présence de Dieu qui sonde les cœurs et les reins :

« 1° Qu'il n'y a point de commandements de Dieu qui soient impossibles.

« 2° Que la grâce ne manque point aux justes qui veulent les accomplir et qui s'efforcent d'être fidèles à leurs devoirs.

« 3° Qu'on ne résiste que trop à la grâce intérieure, et que lors même qu'on n'y résiste pas on a toujours le pouvoir d'y résister.

« 4° Que pour mériter ou démériter en cette vie, il faut être exempt non seulement de contrainte, mais encore de nécessité.

« 5° Que Jésus-Christ est mort pour tous les hommes.

« Après une déclaration si nette et si précise, ce serait une injustice criante et une désobéissance formelle aux ordres du Saint-Siège de nous donner encore l'odieuse dénomination de Jansénistes.... Que s'ils prétendent que nous devons attribuer ces propositions à Jansénius, nous leur répondrons que cette dispute ne

nous regarde pas, et que le pape et les évêques
n'ayant jamais exigé des simples fidèles la croyance de
ce fait, les pasteurs subalternes n'ont pas le droit de
le faire prescrire, parce qu'ils n'ont pas la puissance
législative dans l'Église [1]. »

En écrivant ces mots, l'ancien curé de Saint-Médard
prenait la défense des simples fidèles persécutés sous
prétexte de jansénisme, et ils étaient nombreux, car
dans une lettre du 8 août 1831 il pouvait dire : « Ici
seulement, depuis que j'ai été évincé de ma place,
voilà plus de soixante personnes qui ont été privées des
sacrements et de la sépulture ecclésiastique, et toutes,
sans exception, étaient les plus édifiantes de la paroisse... Tu entendras dire un jour que j'aurai été traité
de même. Cela ne me fait pas peur. » Et le digne prêtre se consolait par avance en s'appliquant les 97° et
98° propositions de Quesnel condamnées par la Bulle
Unigenitus.

Il avait prophétisé vrai ; quatre ans plus tard, au
mois de juillet 1835, le curé de Saint-Galmier refusa
de lui administrer les derniers sacrements, qui lui
furent donnés en secret par un ami intime, un de ses
camarades de séminaire. Quand on présenta son corps
à l'église, on constata que les portes étaient fermées
et que le curé avait disparu. « Le cercueil fut déposé
sur le seuil de la porte, dit M. Eugène Jacquemont, et
après la récitation de quelques psaumes, il fut conduit
au cimetière où reposaient déjà près de quatre-vingts
jansénistes [2]. » Son neveu Camille, affilié à la fameuse
Congrégation, empêcha le maire de faire enfoncer les
portes de l'église, et c'est lui, un ami des Jésuites, qui

---

(1) *Réclamation contre les calomnies et diffamations publiques...*
— Copie ms. du temps, 28 pages.

(2) Biographie de Fr. Jacquemont, p. 36.

présida aux funérailles civiles d'un prêtre que l'on considérait dans le pays comme un saint.

Le curé Jacquemont n'était évidemment pas un personnage vulgaire, et l'on comprend qu'il ait attiré l'attention des contemporains. Il est le type de ces prêtres tout imprégnés de l'esprit de Port-Royal comme nous en avons rencontré en étudiant le xviiie siècle et la Révolution, Nivelle, d'Etemare, Fourquevaux, le Père Massillon, Paul Collard, Herluison, Juglar et beaucoup d'autres. Son robuste bon sens et l'étendue de ses connaissances théologiques l'ont mis en garde contre les séductions qui l'auraient jeté hors de la voie droite. Jamais il n'a donné dans les excès des convulsionnaires lyonnais, farcinistes ou autres, et lorsque les anticoncordatistes, parmi lesquels se trouvaient quelques-uns de ses plus chers amis, sont tombés dans le schisme dont Port-Royal a toujours eu horreur, il s'est séparé d'eux, et il les a combattus avec toute l'énergie dont il était capable. Ses livres pour la défense des libertés gallicanes et pour la justification des prétendus jansénistes sont très bien faits, et s'il fallait donner à l'un d'eux la préférence sur tous les autres, je choisirais les *Lettres villageoises sur une secte imaginaire*, qui eurent deux éditions en 1821 [1]. Elles sont dans la bonne tradition de Port-Royal et me paraissent démontrer avec la dernière évidence que le jansénisme n'a jamais été qu'un fantôme.

Il faudrait ici, semble-t-il, faire connaître à grands

____

(1) Paris, Méquignon, 173 p., in-12. On a joint à la deuxième édition une réfutation des « calomnies » toutes récentes de Joseph de Maistre. Il y a de fort jolies choses dans les *Lettres villageoises*, notamment le passage sur les Jésuites, qui, plus heureux que saint Pierre, avaient reçu de Jésus-Christ les clefs de l'Enfer, d'où ils tiraient les païens et les hérétiques pour n'y précipiter que les jansénistes, p. 53.

traits la petite Église anticoncordatiste qui subsiste encore à Lyon, dans l'Isère, dans la Vendée et dans quelques régions, et qu'on désigne parfois sous le nom de petite Église janséniste. Mais ce nom ne saurait lui convenir, attendu que l'on vient de voir des jansénistes avérés la combattre avec une grande vivacité et la condamner sévèrement. L'Église de Lyon n'est pas plus janséniste que ne l'était en 1790 le clergé constitutionnel. Elle est née de l'indignation et du soulèvement que produisit sur des catholiques français le coup d'État de Pie VII qui, en 1802, demanda à tous les évêques de France leur démission, afin de faire table rase et de procéder à une réorganisation nouvelle. Trente-huit prélats de l'ancien régime refusèrent la démission demandée, et c'était leur droit car les évêques sont inamovibles ; ils furent déposés et remplacés ; mais ils rédigèrent des Réclamations canoniques dont Pie VII ne tint aucun compte. Ces trente-huit évêques n'avaient garde de parler au nom des principes de Port-Royal, car ils avaient tous signé et fait signer le Formulaire, accepté et fait accepter la Bulle *Unigenitus* ; les dissidents qui s'enrôlaient sous leur bannière ne pouvaient pas, en bonne justice, être accusés de jansénisme. Le dernier survivant des évêques anticoncordataires, Thémines, finit même par rompre définitivement avec eux en 1822, parce qu'il ne voulait pas, disait-il, voir le gallicanisme « enseveli dans le cimetière de Saint-Médard [1]».

Imputer au jansénisme le schisme lyonnais, c'est donc une erreur manifeste ; les anticoncordatistes ne peuvent se réclamer ni de Saint-Cyran, ni des écrivains de Port-Royal, ni de Quesnel, ni des Appelants,

____

(1) Latreille, La petite Église de Lyon, p. 178.

qui les auraient désavoués avec la même énergie que
l'auteur du sermon sur l'Unité de l'Église. Les port-
royalistes purs n'ont jamais cessé de les combattre,
et l'Église de Hollande n'a jamais voulu leur donner
son approbation. Rejetons donc absolument ce
qu'on appelle les origines jansénistes du schisme
lyonnais. Mais ce qui est vrai, c'est que ces chrétiens
des premiers siècles, si dignes de commisération,
de respect et même de vénération, ces malheureux
qui souffrent cruellement de ne jamais assister à la
messe et de ne jamais communier alors qu'ils disent
tous les jours leur office et qu'ils font le grand carême
avec six semaines de jeûne et d'abstinence, c'est que
ces catholiques fervents ont cru trouver des consola-
tions et des encouragements dans ce qu'ils appellent
eux-mêmes l'œuvre par excellence, c'est-à-dire l'œuvre
des Convulsions, et le culte du Bienheureux, c'est-à-
dire du diacre Paris. Ils font leurs délices des discours
du Frère Pierre et de la Sœur Holda, et ils attendent
que le prophète Élie revienne sur la terre pour rétablir toutes choses. C'est pour toutes ces raisons que je
ne crois pas pouvoir pousser plus loin cette histoire de la petite Église de Lyon, dont il sera encore
parlé incidemment dans la suite. Ceux qu'elle intéres-
serait liront avec fruit, sous les réserves qui viennent
d'être faites, le bel ouvrage de M. Latreille intitulé :
La petite Église de Lyon [1].

Jacquemont s'entendait pour faire paraître ses ouvrages avec quelques-uns de ses amis de Lyon, de
Saint-Galmier et de Paris. Parmi ces derniers figure
un personnage qui a joué un rôle important dans l'histoire posthume de Port-Royal ; je veux parler de Louis

____

(1) Lyon, Lardanchet, un volume in-12 (1911).

Silvy, ancien auditeur à la Chambre des Comptes (1760-1847). Il mérite à tous égards une mention particulière, d'autant plus que c'est lui qui a fait imprimer, probablement à ses frais, tous les ouvrages de Jacquemont publiés à Paris. Louis Silvy était Parisien, fils d'un conseiller du roi, et jusqu'à la Révolution il appartint à la magistrature avec le titre modeste d'auditeur à la Chambre des comptes ; il n'avait pas trente ans en 1789. Janséniste dans toute la force du terme, il avait horreur de tout ce qui ressemble à un schisme, et c'est pourquoi il réprouva comme Jabineau et Maultrot la Constitution civile du Clergé, et jamais il ne s'associa aux assermentés. On a pu voir ici-même avec quelle sévérité il traita en 1801 et en 1809, Grégoire historien et panégyriste de Port-Royal. Il ne fut pas inquiété pendant la Terreur, même quand son beau-père Boudet fut incarcéré, et sous l'Empire il vécut dans une sorte d'isolement. Il ne s'est pas associé à MM. Laideguive, Camet de la Bonnardière, Colette de Baudicourt, Rendu, qui réorganisèrent la communauté des frères Tabourin, la congrégation des sœurs de Sainte-Marthe et la caisse de secours connue sous le nom de Boîte à Perrette. On célébra pourtant chez lui, en très petit comité, le centenaire de la Bulle *Unigenitus* (8 septembre 1813) ; mais c'est à dater de la Restauration que commence son rôle de port-royaliste et plus encore de gallican toujours sur la brèche.

En 1814, il eut la bonne fortune de pouvoir faire des recherches historiques dans les archives du Vatican, que Napoléon avait fait transporter à Paris. Secondé par un instituteur et par un curé de la banlieue parisienne, il transcrivit une foule de documents, et en particulier ceux qui étaient relatifs à la Bulle *Unigenitus* et aux missions de l'Extrême-Orient. Quelques-

uns de ces documents ont été utilisés par Silvy lui-
même dans ses ouvrages de polémique : *Henri IV et
les Jésuites, Dissertation sur Pascal, La Vérité de
l'histoire eccclésiastique*, etc., mais il n'a pas donné
les plus importants, et surtout il ne les a pas mis en
valeur, parce qu'il n'a jamais eu l'art de composer et
l'art d'écrire ; sa prose ne vaut pas beaucoup mieux
que ses vers sur Port-Royal, lesquels ne valent rien
du tout. Les documents copiés en 1814 ont servi depuis à faire connaître l'histoire secrète de la Bulle
Unigenitus et le triste rôle joué par Fénelon en cette
circonstance. Le plus important de tous, le jugement
doctrinal de Clément XI en personne sur 153 propositions de Quesnel, soumises à son examen, n'a pas été
publié par l'abbé Guettée comme il aurait dû l'être [1].

En 1817, Louis Silvy, qui avait une tendance au
mysticisme, s'engagea imprudemment dans ce qu'on
appelle l'affaire Martin de Gallardon. Il s'agissait d'un
laboureur de la Beauce qui disait avoir vu de ses propres yeux l'ange Raphaël qui lui était apparu dans
un champ, vêtu d'une redingote et coiffé d'un chapeau
haut de forme. Cette affaire eut un certain retentissement ; Martin, que l'on voulait incarcérer comme fou,
fut laissé en liberté après un examen médical fait par
le propre frère de Royer-Collard ; il eut même une
entrevue secrète avec Louis XVIII, et il lui révéla,
paraît-il, des choses terribles qui le firent pleurer [2].

Silvy publia encore, en 1822, cinq volumes intitulés :

(1) V. à l'appendice, à la suite du texte de la Bulle elle-même.
(2) Cette fâcheuse affaire amena Silvy sur les bancs de la police
correctionnelle et il faillit encourir la prison. Il s'occupa de même
d'une visionnaire, appelée la sœur Emmerich, et il voulait étudier
à fond la vie d'un personnage étrange, l'ermite Bertrand. Il dut
s'arrêter aussitôt, parce qu'il apprit que le prétendu saint avait
séduit une fille dont il avait eu un enfant.

Extraits d'un recueil de discours de piété sur nos derniers temps. La plupart de ces discours sont des improvisations d'une célèbre convulsionnaire du xviiiᵉ siècle, la demoiselle Fronteau, dite Sœur Holda. J'en ai parlé dans le chapitre consacré aux Convulsions ; il faut redire ici que c'est un recueil très édifiant, qu'on n'y trouve pas la moindre extravagance, et qu'il s'y rencontre des pages d'une grande beauté. L'étude de ces extraits, qui étaient l'ouvrage préféré de Louis Silvy, devrait être faite avec soin si l'on voulait pousser à fond l'histoire si troublante des Convulsions de Saint-Médard [1].

Convulsionniste modéré, Louis Silvy se joignit à son ami Jacquemont pour tâcher de ramener les anticoncordatistes lyonnais qu'il considérait comme des schismatiques ; mais il ne put y parvenir. La polémique prit de part et d'autre un ton d'aigreur qui affligea les amis de la paix, et qui rendit impossible toute conciliation. Les factums rédigés à cette occasion n'ont pas été imprimés ; mieux vaut sans doute qu'ils ne le soient jamais. — Aussi bien ce n'est pas là qu'il faut chercher ce qui assure à Louis Silvy une place très honorable dans l'histoire du mouvement janséniste. S'il est aujourd'hui si connu, c'est en raison des opérations qu'il fit depuis 1824 jusqu'à sa mort ; il est surtout célèbre comme acquéreur et conservateur des ruines de Port-Royal, comme fondateur des écoles de Saint Lambert.

Le domaine de Port-Royal des Champs, acheté par Mᵐᵉ Desprez en 1791, appartenait encore à cette dame quand on y célébra le premier centenaire de la des-

---

[1] Cette publication avait coûté à Silvy plus de 5.000 francs ; c'était son œuvre de prédilection.

truction de 1709, mais en 1810 il fut vendu pour le
prix de 143.000 francs à Joseph-Salomon-Charles de
Talmours et à sa femme, née Grullé. Mme Desprez
vendait seulement la nue propriété des domaines de
Port-Royal et de Saint-Lambert ; elle s'en réservait
l'usufruit, et elle mourut à Saint-Lambert le 13 juin
1813. Il devait y avoir entre elle et les Talmours des
liens de parenté ou d'affection dont je n'ai pu déterminer la nature, attendu que la vente est du 21 février
1810, et que le 28 juin de la même année un testament
authentique instituait M. de Talmours légataire universel de Mme Desprez. En 1813, Joseph de Talmours n'accepta que sous bénéfice d'inventaire la succession de
Mme Desprez, qui avait des neveux avantagés par son
mari. Les affaires s'arrangèrent à l'amiable, et lorsque
M. de Talmours mourut jeune encore, car il laissait
deux enfants mineurs [1], sa veuve et ses héritiers
étaient sans contestation possible propriétaires de
Port-Royal et de Saint-Lambert. En septembre 1823,
Louis Silvy entra en relations, — je ne saurais dire
dans quelles conditions, son premier biographe a
parlé de « circonstances providentielles [2] » — avec la
famille de Talmours ; il commença par louer pour neuf
ans la ferme de l'abbaye ; le 27 octobre 1824, à sept
heures du soir, il signait un contrat par lequel il devenait propriétaire de la maison de Saint-Lambert de
l'enclos de Port-Royal, et de biens ruraux assez considérables, le tout moyennant 210.000 francs. Quelques
jours plus tard, à l'instigation de l'évêque d'Orléans

(1) Jules-César Salomon de Talmours, caissier négociant, demeurant 89, rue de Richelieu, est devenu majeur en 1826, et sa sœur
Adélaïde, en 1828. Alors seulement, ces deux jeunes gens purent
traiter avec les acquéreurs de Port-Royal et de Saint-Lambert.

(2) *Revue ecclésiastique*, tome X, page 63.

qui agissait au nom des Jésuites, un notaire offrit à Mme de Talmours 250.000 francs, qui furent refusés [1].

Cette acquisition ne fut d'ailleurs pas le fait de Louis Silvy seul, il avait des associés, et il y eut en réalité trois ventes successives, en 1824, en 1826 et en 1828. La première fois, d'après les termes du contrat, Mme de Talmours vendait seulement, moyennant 93.000 francs, « la moitié indivise des domaines de Port-Royal et de Saint-Lambert », et les acquéreurs étaient MM. Louis Silvy, ancien conseiller-auditeur à la chambre des Comptes, demeurant à Paris, rue des Mathurins Saint-Jacques, 15 ; Jean-Jacques Gravier, docteur en droit, demeurant à Paris, rue de la Harpe, n° 13 ; Nicolas Bourgouin, négociant, demeurant à Paris, rue Saint-Denis, n° 228, et Garilland propriétaire, demeurant à Paris, rue Honoré Chevalier, n° 7. Les deux actes suivants relatifs aux ventes faites par les enfants de Talmours devenus majeurs, donnent en outre le nom d'un nouvel acheteur, M. Lacoupelle, qui mourut en 1828. Louis Silvy était acquéreur pour les trois cinquièmes ; les quatre autres réunis, « conjointement et à titre d'association tontinière » devenaient propriétaires pour les deux autres cinquièmes. Enfin, dans un acte complémentaire figurent MM. Roch et Amable Paris, propriétaires demeurant ensemble à Paris, rue des Fossés Saint-Victor, n° 30. A l'exception de Louis Silvy, tous ces messieurs étaient des adminis-

---

(1) Journal ms. de Rondeau, année 1824. *Le Constitutionnel* faisait mention de cette vente, mais en disant que l'acte avait été signé à Saint-Germain. Le fait de la surenchère offerte par l'évêque d'Orléans, qui voulait empêcher Port-Royal de tomber entre les mains des jansénistes, est également relaté dans une lettre autographe de Louis Silvy à Thiollière du Chassy (10 décembre 1840). V. Bibliothèque nationale, ms., nouvelles acquisitions françaises, n° 1345, f° 179.

trateurs de la caisse de secours, de la Boîte à Perrette, dont Grégoire avait très indiscrètement dévoilé l'existence en 1809. Les Jésuites et l'évêque d'Orléans leur ami avaient le chagrin de voir aux mains des jansénistes les ruines qu'ils auraient voulu anéantir, et les amis de Port-Royal exultaient; l'un d'entre eux, qui ne voulut pas être connu, versa 45.000 francs moyennant une rente viagère à raison de cinq pour cent.

Silvy prit aussitôt possession de son nouveau domaine, dont il se considérait comme le châtelain. Il entreprit à Port-Royal de grands travaux; il se fit construire, sur l'emplacement du moulin, la maison dans laquelle il est mort, et qui est habitée aujourd'hui par le gardien. Il dessécha l'étang, jugé par trop malsain ; il fit donner la forme d'une croix latine au grand canal ; il reconstitua tant bien que mal l'ancienne Solitude et les tours de la Fronde ; il fit dresser une croix de fer au milieu du cimetière des religieuses, et il éleva sur l'emplacement du sanctuaire un oratoire destiné à recevoir les tableaux, gravures, manuscrits, et objets divers dont il voulait former un petit musée. Ce n'est pourtant pas lui qui a déblayé l'église et mis à jour la base de ses colonnes; il a laissé ce soin au savant duc de Luynes, à une époque où lui-même n'était plus propriétaire de Port-Royal (1854).

L'ardeur de son zèle le porta dès 1829 à utiliser la belle maison de Mme Desprez à Saint-Lambert, et il résolut d'y fonder des écoles chrétiennes élémentaires qui rappelleraient, sans toutefois prétendre rivaliser avec elles, les célèbres Petites Écoles. Il se mit en relations avec les frères Tabourin, ou Frères des écoles chrétiennes du faubourg Saint-Antoine, congrégation réputée janséniste que Louis XVIII avait autorisée sans difficulté en juin 1820, et, en 1829, il fit don à cette société du beau domaine de Saint-Lambert et de ses dépendances. Mais il sut prévoir le cas où cette congrégation autorisée viendrait à disparaître, et il stipula que si ce malheur arrivait, les administrateurs chargés de surveiller à perpétuité sa gestion financière pourraient lui être substitués comme propriétaires. C'est grâce à cet article de l'acte de fondation qu'une déclaration des ministres de l'Instruction publique et des Finances, datée de 1890, a permis aux administrateurs actuels de la fondation Silvy de continuer l'œuvre jusqu'à nos jours, et de mettre au service de l'État deux écoles libres tenant lieu d'écoles communales.

Silvy ne s'en tint pas là ; devenu seul propriétaire de tous les biens achetés à la famille de Talmours, il donna aux frères de la Société Saint-Antoine en la personne de MM. Hureau, Gilquin et Sigault, le domaine de Port-Royal lui-même, et cette donation pure et simple, faite en 1832, fut présentée sous forme de vente avec réserve de l'usufruit. Ce fut pour le bon vieillard une source de difficultés et de chagrins, car il eut affaire à des ingrats. J'ai fait connaître autrefois le supérieur de la Société Saint-Antoine, le frère Bonaventure Hureau, [1] et je ne crois pas nécessaire de parler à nouveau de ce personnage. On peut voir à la Bibliothèque nationale (Ms. Nouvelles acquisitions françaises, 1325) des lettres autographes de Silvy qui se plaignait avec amertume de ses procédés peu délicats ; voici en quels termes il lui écrivit un jour à lui-même le 12 février 1844, lorsque Hureau lui fit défendre de faire quelques travaux dans les jardins de Port-Royal : « Monsieur, Rien ne m'a plus

____

(1) Cf. *Les Écoles de Charité du faubourg Saint-Antoine.* Revue internationale de l'Enseignement (1906).

surpris que la lecture de votre lettre, datée du 10 février 1844. J'avais bien compté que toute difficulté
était pour l'avenir terminée entre nous d'après notre
dernier accord et arrangement, suivant lequel vous
reconnaissez mon droit de faire à Port-Royal tous les
changements qui me conviendront, sous la seule restriction de ne pas en faire aux bâtiments de la ferme
de Port-Royal. Car qui ne voit que cette restriction
unique ne fait que confirmer mon droit de faire tout
autre changement que je jugerai à propos dans les
jardins comme partout ailleurs? C'est à quoi je m'en
tiens en vous attendant, n'étant pas ici l'agresseur.
Car j'aurais trop à dire sur vos procédés comparés
aux donations que je vous ai faites bien gratuitement,
et je puis dire coup sur coup, tant pour vous, Monsieur,
que pour MM. vos deux associés. J'aime à croire,
quant à eux, qu'ils ne partagent point les sentiments
contenus dans votre dernière lettre, puisqu'ils ne l'ont
point confirmée ni revêtue d'aucune marque de leur
approbation. Et du reste, à l'exemple et par la grâce
même du divin Sauveur, je suis bien résolu de m'en
remettre à sa justice, quel que soit le parti que vous
m'obligerez de prendre par une injuste agression de
votre part, sans vouloir en rien manquer au grand précepte de la charité que notre divin maître nous prescrit
en toute occasion et par-dessus toutes choses, *In omnibus caritas.*

« Agréez, Monsieur, l'assurance des sentiments res-
pectueux de votre très humble serviteur, Silvy [1]. »

Louis Silvy séjournait ordinairement à Port-Royal,
et ce janséniste militant était en très bons termes

____

(1) Lettre autographe provenant des archives de la Société
Saint-Antoine.

avec l'évêque de Versailles, qui lui accorda quelques
faveurs et qui mit à la raison un curé de Saint-Lambert par trop fanatique. Les ruines qu'il entretenait
avec un zèle ardent reçurent en octobre 1838 et en
juillet 1839 la visite de la reine Marie-Amélie accom-
pagnée des princes ses enfants ainsi que du roi et de
la reine des Belges. A la suite de sa seconde visite, la
reine offrit à Louis Silvy un bon portrait de Pascal
que l'on peut contempler aujourd'hui dans une des
vitrines du musée. Silvy mourut à Port-Royal le
12 juin 1847, à l'âge de quatre-vingt-six ans, et il voulut être enterré dans le cimetière de Saint-Lambert,
tout près de ce qu'on nommait alors le carré de Port-
Royal, de la grande fosse où furent entassés pêle-mêle
les corps exhumés d'une manière si odieuse en 1711.

C'est en 1828 que Silvy et les administrateurs de la
Boîte à Perrette avaient acquis définitivement Port-
Royal; la même année leurs noms furent prononcés
publiquement au cours d'un grand procès qui leur fut
intenté. Un ami de Port-Royal, nommé Jacquinot, avait
fait un testament qui instituait légataires universels
MM. Gravier, Chabaud et Garilland. Ce testament fut
attaqué par les héritiers du testateur comme l'avaient
été en 1695 celui de Nicole, et en 1781 celui de Rouillé
des Filetières [1]. Un avocat en renom, Mᵉ Liouville,
prit en mains la cause des héritiers Jacquinot, et
dans un plaidoyer qui est imprimé, il ne craignit
pas de dire que l'association charitable dont faisaient
partie les trois légataires universels « était réprouvée
par la morale comme elle le serait par les lois si elle
osait se montrer [2] ». Déboutés de leurs prétentions

____

(1) V. ci-dessus, p. 134.
(2) Pages 39, 40, 41 du plaidoyer imprimé de Liouville.

par le tribunal de première instance, les héritiers Jacquinot firent appel de ce jugement, et l'affaire fut plaidée à nouveau, le 24 juin 1828, devant la Cour royale, que présidait le premier président Séguier. Ce fut l'avocat général Jaubert qui porta la parole au nom du ministère public. Il crut devoir faire justice de ce qu'il appelait le ridicule des accusations injurieuses et des reproches diffamants sur lesquels s'appuyait le défenseur. « Accusation étrange, disait-il en finissant, on reproche au testateur sa bienfaisance. Mais ne pourrait-on pas reprocher à ceux qui attaquent sa mémoire autre chose que des vertus, de l'ingratitude par exemple ? Le testateur appartenait, dit-on, ainsi que les légataires, à une association pieuse et chrétienne qui s'occupe de l'entretien, de l'éducation des enfants pauvres, de la formation d'instituteurs pour les écoles chrétiennes. Cette association est réprouvée par la morale.... Ces paroles, il faut l'avouer, nous ont singulièrement surpris. Oui, le législateur réprouve les associations secrètes dont les maximes seraient contraires aux lois, les associations où l'ambition serait plus en honneur que l'humilité, ou l'intolérance serait hautement prêchée. Mais une association modeste, pieuse et chrétienne qui aurait pour objet l'éducation des enfants pauvres, et pour règle la bienfaisance, l'humilité, le pardon des injures, une telle association ne saurait être réprouvée ni par la morale, ni par les lois protectrices des mœurs ; et certes elle aurait toute capacité pour recueillir un legs. Que reproche-t-on à cette association dont le testateur aurait été membre, dit-on ? Son ambition ? — Non, elle n'a ni chef ni lieu. — Son intolérance ? — Non, le testament en fait foi. — Ses intrigues ? — Non, elle ne demande rien, elle donne. »

Ici l'orateur faisait assaut d'éloquence avec l'avocat ; il parlait en théologien de la Charité, « vierge immortelle comparée à l'échelle de Jacob, car c'est aussi par son aide qu'on monte vers les cieux ». Après avoir invoqué l'exemple de Vincent de Paul, du cardinal Fleury qui n'a laissé que 3o.ooo francs, de Fénelon et du vertueux Monthyon, l'avocat général Jaubert demandait que l'appellation fût « réduite au néant ». Et la cour lui donnant satisfaction mettait l'appellation au néant ; elle condamnait les appelants à l'amende et aux dépens. Elle exigeait seulement que Gravier, Chabaud et Garilland affirmassent en personne à l'audience « qu'ils n'étaient pas chargés par le testateur de transmettre tout ou partie du legs à personnes incapables ».

Ainsi se termina ce procès qui pour la troisième fois proclamait la légitimité des fidéicommis. Cette affaire ne paraît pas avoir passionné le public de 1828, pas plus d'ailleurs que l'acquisition de Port-Royal, dont les historiens ont ignoré longtemps la date exacte. La raison de cette indifférence. c'est que sous Charles X, comme sous Louis XVIII, les Jésuites ne parvenaient pas à se faire une place au grand jour. Le célèbre comte de Montlosier, qui mourut privé de sacrements en 1838, n'était nullement janséniste, pas plus que Molé, Pasquier, de Barante, et que Royer Collard lui-même ; c'est comme catholiques francais qu'ils attaquaient et qu'ils dénonçaient les Jésuites, et qu'ils leur ôtaient l'espoir de reconquérir celui de leurs anciens privilèges qu'ils regrettaient le plus, l'instruction de la jeunesse. Sous Charles X, ils n'étaient toujours pas reconnus, et le jour où ce prince, qui leur était secrètement dévoué. voulut les favoriser ouvertement en substituant Polignac à Martignac, on sait ce qui advint.

Le roi se parjura en violant la Charte, et la révolution
de Juillet, la seule que ne désapprouvèrent pas les disciples de Pascal et de Port-Royal, attendu que le véritable révolté c'était le roi, fit disparaître de la scène
politique la dynastie des Bourbons.

CHAPITRE XXVII

L'histoire du mouvement janséniste sous le gouvernement de Juillet se réduit à peu de chose ; elle ne touche pas à l'histoire générale, elle fait simplement partie de ce que Voltaire, auteur du *Siècle de Louis XIV*, appelait le chapitre des anecdotes. Le règne de Louis-Philippe n'avait pas bien commencé ; il s'était produit une réaction anticléricale violente ; le pillage de Saint-Germain-l'Auxerrois et la mise à sac de l'Archevêché en sont la preuve. Mais d'autre part le fanatisme de l'archevêque de Quélen, qui marchait en aveugle sur les traces de son prédécesseur Christophe de Beaumont n'était pas de nature à ramener la paix. Il priva de sacrements et de sépulture ecclésiastique deux anciens évêques constitutionnels, Grégoire et Debertier, qui avaient adhéré au Concordat et qui depuis trente ans exerçaient paisiblement leur ministère dans les églises de Paris. Grégoire mourant fut sommé de rétracter son serment de 1791, et on exigea en outre de Debertier l'acceptation du Formulaire et de la Bulle *Unigenitus*. C'étaient des exigences intolérables, le pape Grégoire XVI l'a reconnu lui-même, et il a blâmé l'archevêque ; il ne fallait pas donner au monde le triste spectacle de funérailles religieuses célébrées avec le concours de la force armée dans des églises dont on avait fracturé les portes. Je ne dirai rien des obsèques de Grégoire à l'Abbaye-aux-Bois et au cimetière Montparnasse ; ce fut une affaire politique, et le légitimiste de Quélen s'attaquait surtout au conventionnel accusé faussement de régicide. Mais Debertier, qui n'avait jamais fait de politique, n'était pas dans le même cas, et la persécution dont il fut l'objet sur son lit de mort avait un tout autre caractère. L'archevêque voulait amener à composition un homme qu'il considérait comme le coryphée du jansénisme. Claude Debertier, compatriote de Pascal, car il est né à Clermont-Ferrand en 1750, avait été élu malgré lui évêque constitutionnel de l'Aveyron, et comme tous ses confrères il avait donné spontanément sa démission en 1801. Il vivait à Paris, touchant comme tous les anciens évêques une pension de retraite de 3.333 francs 33 centimes ; il faisait des cours d'instruction religieuse dans quelques institutions de jeunes filles, et il s'adonnait à des travaux d'histoire religieuse et de controverse. Il a laissé une collection de pièces imprimées et manuscrites, avec des autographes précieux, qui comprend près de cent volumes dont on a rédigé le catalogue. Là se trouve, entre autres curiosités, un manuscrit singulier, mélange de science et de naïveté, qui pourrait être très utile pour l'histoire de Jansénius. Il est intitulé : *Le Pascal de l'Augustinus de Jansénius, ou Lettres sur des conversations tenues entre un jésuite, un prêtre, etc., qui firent ensemble dans ce livre la recherche des cinq propositions condamnées.* Ce petit ouvrage, composé de cinq lettres à un ami, a été fait sous l'Empire, au lendemain d'Austerlitz ; c'est le

récit de conférences entre un vieux prêtre très instruit
et un jésuite très loyoliste, mais profondément honnête
chez un laïc possesseur de l'*Augustinus*, et en présence d'une dame qui sait le latin. La discussion s'engage sur ce qu'on appelle la question de fait, les propositions sont-elles dans l'*Augustinus ?* Est-ce le sens
de Jansénius qui a été condamné par le pape ? Elles
n'y sont pas, dit le prêtre et la doctrine de l'évêque
d'Ypres est celle de saint Augustin et celle de l'Église.
La discussion s'engage, elle est très serrée, et finalement le jésuite désemparé mais tenace, reconnaît que
s'il ne consultait que ses yeux, sa raison et les lumières de son contradicteur il serait convaincu. « Mais
que faites-vous, ajoute-t-il, de l'autorité des papes, que
faites-vous de l'autorité d'un grand nombre d'évêques,
de celle de M. Bossuet surtout, qui dans une de ses
lettres au maréchal de Bellefonds dit que ces propositions sont l'âme et la base de la doctrine de Jansénius ?
— Monsieur, répondit le prêtre, quand je vois qu'il
fait jour, qui est-ce qui a droit de m'imposer l'obligation de croire qu'il fait nuit ? [1] » Finalement le
jésuite à bout d'arguments accuse les jansénistes
d'avoir troublé la France au temps de la Bulle *Unigenitus ;* il les accuse surtout d'avoir inventé l'infâme
Constitution du Clergé, de l'avoir acceptée avec serment, et d'avoir été la cause fatale des déchirements
de la France. La conférence est remise à quinzaine
pour discuter ces deux questions nouvelles, et ainsi se

---

(1) Ici se place l'anecdote du faux *Augustinus* présenté au pape
Alexandre VII, et la jolie histoire de l'*Augustinus* vendu sur les quais
Le bouquiniste en voulait 20 francs. « Un louis d'or, s'écria l'inconnu;
encore si les cinq propositions y étaient ! — Oh ! Monsieur, repartit
le libraire, si elles y étaient, je ne vous le donnerais pas pour 100
francs. »

termine l'ouvrage de Debertier, dont le plus grand tort est d'avoir voulu rivaliser avec les *Provinciales*.

L'auteur de cet opuscule était donc bien ce qu'on appelle vulgairement un janséniste ; aussi, quand il fit demander les sacrements à Saint-Louis-en-l'Ile, sa paroisse, le curé crut devoir en référer à son archevêque. Le conseil fut assemblé, on délibéra, et on fit savoir à Debertier qu'il devrait, avant d'être administré par son curé, rétracter son serment de 1791, souscrire le Formulaire d'Alexandre VII, accepter la Bulle *Unigenitus*, adhérer à tous les brefs, rescrits et décisions du Saint-Siège contre le synode de Pistoie et contre la Constitution civile du Clergé. Cela se passait en 1829, sous le règne de Charles X. Debertier refusa, et il revint à la santé. Mais deux ans plus tard, au mois d'août 1831, après le sac de l'archevêché, l'ancien évêque de Rodez retomba malade, et il se fit administrer secrètement par un prêtre qui partageait sa manière de voir. Les mandataires de l'archevêque reparurent au chevet du malade, et il en résulta un colloque pénible et absolument inutile. Debertier mourut le 19 octobre, et quelques prêtres étrangers présidèrent à ses obsèques dans la paroisse que l'autorité civile avait mise à leur disposition au nom de la loi. L'année suivante on fit paraître une brochure intitulée : *Examen de la conduite schismatique de M. l'archevêque de Paris envers M. Debertier, ancien évêque de Rodez...* [1].

(1) Paris, Vendrin et Jérôme, 95 p. in-8°. Cette brochure contient une foule de détails historiques intéressants. — Debertier repose au Père Lachaise dans un caveau appartenant à la Société des amis de Port-Royal, avec Paul Baillet, avec le prédicateur Zacharie Caffort, prêtre réfractaire et émigré pendant la Révolution, et avec un laïque, professeur libre, nommé Emery Poulain.

Le calme revint peu à peu et, si l'on en croit Lacordaire, il était général er. 1844. « Il n'y a pas quinze années encore, écrivait-il à Mme Schwetchine, il y avait des gallicans et des ultramontains, des cartésiens et des menaisiens, des Jésuites et des gens qui ne l'étaient pas, des royalistes et des libéraux, des coteries, des nuances, des rivalités, des misères sans fond ni rive ; aujourd'hui, tout le monde s'embrasse ; les évêques parlent de liberté et de droit commun, on accepte la presse, la charte, le temps présent. M. de Montalembert est serré dans les bras des Jésuites ; les Jésuites dînent chez les Dominicains ; il n'y a plus de cartésiens, de menaisiens, de gallicans, d'ultramontains ; tout est fondu et mêlé ensemble.... Je ne crois pas que l'histoire ecclésiastique présente nulle part une aussi surprenante péripétie [1] ». Lacordaire était essentiellement candide et naïf, et il se repaissait d'illusions. S'il a pu voir les Jésuites dîner chez les Dominicains, c'est parce que lui-même, en 1827, alors que Saint-Sulpice retardait obstinément son ordination, avait voulu se faire jésuite, et parce que dix ans plus tard, dans sa Lettre sur le Saint-Siège, il avait dit en propres termes : « Le seul crime de l'institut des Jésuites supprimés par le pape Clément XIV était d'avoir versé son sang et ses sueurs par tout l'univers pour la gloire de Dieu, et de s'être montré le serviteur intrépide des clefs apostoliques [2]. » Lacordaire se tenait en dehors des discussions religieuses, et il ne

____

(1) Lettre du 16 juin 1844.

(2) Lettre sur le Saint-Siège, p. 34. C'est dans la bouche d'un interlocuteur que Lacordaire a placé ce propos paradoxal qui fut relevé immédiatement dans un journal du temps. *Revue ecclésiastique*, tome I, p. 326. Il y a longtemps que les Jésuites et les Dominicains ne dînent plus les uns chez les autres.

sera plus question de lui dans cette histoire du jansénisme. C'est même un fait étrange et inexplicable que
ce grand orateur n'ait jamais eu à parler de la Grâce
et de la Prédestination, que cet apologiste ait ignoré
Pascal, Bossuet, Arnauld et Nicole. Aussi a-t-on pu
dire que ce Lamartine de la chaire avait charmé ses
auditeurs de Notre-Dame, mais qu'il ne les avait à
vrai dire ni catéchisés ni remués, et aujourd'hui ses
Conférences imprimées supportent difficilement la
lecture [1].

A côté de Lacordaire se trouvèrent deux hommes
qui ne furent pas aussi indifférents ou aussi réservés
que lui, le P. de Ravignan, (1795-1858) un magistrat
qui se fit jésuite, et le fougueux bénédictin dom Guéranger, abbé de Solesmes. L'un et l'autre attaquèrent
vivement Port-Royal et le jansénisme ; les rédacteurs
de *l'Ami de la religion*, de *l'Univers*, de la *Gazette de
France* firent chorus, et on leur répondit comme on
l'avait fait en 1818, au temps de la *Chronique religieuse*. « Les Tabaraud, les Agier, les Grégoire ne
sont pas tous morts apparemment, disait *L'Ami de la
religion* dans son numéro du 5 janvier 1839, ou ils
ont laissé des héritiers de leurs petites préventions et
de leur humeur guerroyante.

La *Chronique religieuse*, qui relevait si sévèrement
il y a vingt-cinq ans tout ce qui se faisait et se disait
dans l'Église, la *Chronique* ressuscite sous un autre
nom ; un recueil rédigé dans le même esprit paraît

(1) Lacordaire conférencier a été jugé de la manière suivante
par un contemporain : « Les conférences contiennent de belles pages
à côté d'autres très mauvaises. La théologie surtout en est faible. Le
brillant prédicateur ne connaissait ni l'Ecriture sainte, ni les Pères
de l'Église, ni l'histoire ecclésiastique, ces sources de l'éloquence
chrétienne. Des phrases brillantes ne remplacent pas ces choses-là. »
L'Observateur cathol'que, tome 17, p. 332.

depuis le mois de juin. Il porte le titre de *Revue ecclésiastique*, journal mensuel.... » Grâce aux dix volumes de cette revue (1838-1848), nous allons pouvoir suivre l'histoire posthume de Port-Royal au temps de Lacretelle, de Sainte-Beuve, de Cousin, de Faugère, de Bordas-Demoulin et de quelques autres encore, et cette histoire n'est pas dépourvue d'intérêt.

C'est à Lacretelle jeune (1766-1855) que revient l'honneur d'avoir le premier parlé en Sorbonne du rôle de Port-Royal, et voici ce qu'on lisait dans le *Journal des Débats* du 8 décembre 1836, plus de deux ans avant l'apparition de la *Revue ecclésiastique*. Esquissant l'histoire du Clergé sous Louis XIV, le professeur présenta un tableau de la vie intérieure de Port-Royal, « établissement encyclopédique qui a donné à la France des grammairiens, des philosophes, des mathématiciens, des poètes et des orateurs, en même temps qu'à la religion des apôtres et des martyrs. Car, a-t-il ajouté, Port-Royal fut martyr de sa foi, et c'est la main de Louis XIV, du roi très chrétien, qui renversa cette maison d'où est sortie la gloire de son règne presque tout entière. »

Un peu plus tard, en 1838, dans un grand ouvrage de vulgarisation intitulé *Dictionnaire de la conversation et de la lecture*, paraissait un article de Charles Durozoir consacré à l'histoire du monastère de Port-Royal et à la description de ses ruines. La *Revue ecclésiatique* s'empressa d'en donner un extrait, elle l'accompagna de quelques observations sur le ton d'incrédulité qui déparait cet article, dont on vantait d'ailleurs le style, l'érudition et l'exactitude relative. Détail intéressant : Durozoir annonçait en ces termes le *Port-Royal* de Sainte-Beuve : « On dit que M. de

Sainte-Beuve prépare sur ce sujet un travail sérieux [1]. »

La Revue ecclésiastique est une publication très curieuse, entreprise par la petite société janséniste de Paris, qui paraît avoir eu à cette époque quelques velléités d'organisation. Les administrateurs de la caisse de secours connue sous le nom de Boîte à Perrette constituèrent ce qu'ils appelaient la *Réunion catholique*, laquelle avait pour unique objet, dit l'article premier de son règlement intérieur, de conserver et de ranimer les vrais principes de l'Ecriture et de la Tradition, et principalement ceux de Bossuet et de l'Eglise gallicane. Elle se composait de membres « connus pour leur attachement à la vérité ». On les divisait en trois classes, les membres titulaires, les honoraires, et les correspondants de province. Une commission centrale, composée de sept membres élus par l'assemblée générale, était chargée de la gestion financière ; elle réglait l'emploi des fonds constitués par les cotisations mensuelles et par les dons volontaires. Tous les membres de la réunion avaient le droit d'entrer à la Bibliothèque pour y lire des livres, brochures et journaux religieux ; le prêt des livres était autorisé pour un mois. La Bibliothèque, la fameuse bibliothèque janséniste dont on a tant parlé dans la presse sans jamais parvenir à l'identifier, était déjà très riche en livres et en manuscrits provenant surtout des fonds Le Paige, Grégoire, Debertier et Girard ; elle se trouvait en 1838 rue de la Parcheminerie, n° 10, chez le président de la réunion, qui était alors l'abbé Girard, ancien génovéfain, premier vicaire de la paroisse Saint-Séverin [2]. On s'était assuré, pour la

(1) *Revue ecclésiastique*, tome 1er, p. 79.
(2) Il mourut le 12 juin 1840, sans avoir jamais été inquiété par l'autorité religieuse, bien qu'il eût son franc-parler.

publication de la *Revue*, le concours de deux libraires, héritiers des sentiments professés jadis par les libraires Desprez, Pralart, Vincent, Savoye et Méquignon ; ces libraires néo-jansénistes se nommaient Jacques Vendrin et Jérôme, et durant dix ans ils firent preuve du plus beau zèle et du plus grand désintéressement. C'est dans ces conditions que la *Revue ecclésiastique* parut pour la première fois en juin 1838. Le prospectus était d'une grande simplicité ; en voici le passage essentiel : « Proclamer la saine doctrine de l'Eglise catholique, favoriser l'élan de la jeunesse vers la vérité généralement méconnue, publier les faits et nouvelles de nature à intéresser les hommes sincèrement religieux, rappeler aux jeunes lévites les vérités traditionnelles contre lesquelles ils sont trop souvent prévenus, réclamer la suppression d'abus ou de superfétations qui défigurent notre belle religion, tel est en résumé le but vers lequel nous tendons, et rien ne sera négligé de notre part pour nous concilier la confiance d'abonnés instruits et religieux, les seuls que puisse ambitionner une entreprise conçue dans des vues de paix et de charité. »

Ces engagements de la première heure, la *Revue ecclésiastique* n'a jamais cessé de les tenir ; elle fut quelquefois sévère et acerbe ; elle ne connut jamais ces violences et ces brutalités de langage qui déconsidèrent leurs auteurs et que la presse ultra-catholique mit alors à la mode. L'organisation de la *Revue* était mystérieuse, et jamais ses adversaires n'ont percé l'incognito de ses rédacteurs anonymes. C'est avec bien du travail, en étudiant de très près son dossier et sa correspondance qui ont été conservés, que je suis parvenu à soulever quelques coins du voile. A la tête du Comité de rédaction se trouvait en 1838 l'abbé

Girard, et après lui, en 1840, l'abbé Constantin Grégoire, ancien curé de Montliard, au diocèse d'Orléans.
J'y rencontre également Noël Ravisé, receveur de
rentes et secrétaire de la caisse de secours durant de
longues années, le docteur Videcoq, son beau-frère,
Victor Gilquin, maître des novices de la Société des
frères Saint-Antoine, un homme très distingué celui-là,
et profondément honnête, Ambroise Guélon, employé
des postes, et un avocat parisien nommé Jarry. Il n'y
avait pas de rédacteurs attitrés ; on recevait de toutes
mains des articles, sauf à les contrôler avec soin ; on
faisait appel avec beaucoup d'insistance, à des collaborateurs de province, parmi lesquels je relève quelques
noms, ceux de Jules Recoing, fils d'un employé des
finances au Mans, de Raymond Moutardeau, agronome
à Angers, de l'abbé Noël, ancien principal du collège
du Mans, de Cordier, inspecteur primaire à Amiens,
sans compter les collaborateurs de Paris, Videcoq,
Gilquin, Silvy, l'abbé Caffort, et des Hollandais comme
Buys et Karsten, qui ont donné sur l'Église d'Utrecht
des articles d'un très réel intérêt. La *Revue*, qui tirait
à 300 exemplaires, a compté au maximum 190 abonnés
payants. Elle faisait le service gratuitement aux
grandes bibliothèques de Paris, à M. Latour, précepteur
du comte de Montpensier, au ministre des cultes et à
M. Prosper Faugère ; elle n'a jamais été en relations
directes avec Sainte Beuve et avec Victor Cousin, bien
que ce dernier ait utilisé quelques documents provenant de la Bibliothèque de la rue de la Parcheminerie. La comptabilité était parfaitement en règle, et le
jour de la liquidation définitive, en mars 1851, il
restait en caisse, tous frais payés, une somme de
95 francs. Si l'on transcrivait la liste des abonnés
d'après les registres de 1838 et de 1844, il serait aisé

de reconstituer ce que dans ma jeunesse on appelait
plaisamment toute la chrétienté. Mais il s'y trouve des
personnes appartenant à des familles très honorables
qui depuis ont complètement changé d'opinions ; les
citer, ce serait sortir de la réserve qu'on doit toujours
s'imposer quand on écrit un chapitre d'histoire contemporaine.

Ainsi organisée et sûre du lendemain, la *Revue
ecclésiastique* attaqua dès son premier numéro le Père
de Ravignan, qui prêchait ouvertement le molinisme,
et elle censura ce qu'elle appelait les cinq propositions
du célèbre jésuite. Ce n'était pas, comme on serait
tenté de le croire, une espièglerie des rédacteurs
jansénistes ; la preuve en est que dans cinq livraisons
successives ils ont réfuté très solidement, sans aigreur
et sans animosité, une doctrine qu'ils jugeaient erronée.
Aux tomes III et IV, dans une série d'articles très
bien faits, le Père de Ravignan était encore pris à
partie. La *Revue* reconnaissait que dans ses conférences
d'excellentes choses avaient été dites avec une puissance
de talent remarquable. « Mais trop souvent aussi,
ajoutait le rédacteur, quel déplorable mélange du
douteux et du faux avec le vrai ! » On reprochait au
jésuite d'avoir proclamé l'infaillibilité des papes, et
d'avoir soutenu, contrairement au principe célèbre :
Hors de l'Eglise point de salut, que les hérétiques et
les infidèles de bonne foi pouvaient aller tout droit au
ciel [1]. Au reste la *Revue* se faisait un plaisir, en mai
1842 (tome IV, p. 372), de rendre hommage au Père
de Ravignan devenu plus orthodoxe, et elle émettait

---

(1) C'est aujourd'hui la théorie courante, ce qui peut rassurer les
jansénistes de bonne foi, et je me souviens d'avoir mis un archevêque
dans un grand embarras à propos des Juifs. Plus ils aiment leur
religion, plus ils doivent maudire le prétendu Messie qui les a rendus

le vœu que ce grand orateur ne distribuât plus à ses auditeurs du pain mélangé, et qu'il se rendît constamment digne, quoiquejésuite de robe et non de cœur, des éloges et des sympathies de tous les amis sincères de la religion.

Quelques mois plus tard, le Père de Ravignan était à nouveau sur la sellette (t. V, p. 1, 40, 65) parce qu'il était revenu à la charge, non plus à Notre-Dame, mais à Saint-Séverin, la paroisse janséniste par excellence. On lui reprochait de s'être livré à des plaisanteries fades et inconvenantes, ou même à des déclamations violentes, et on se proposait « de ne pas laisser le champ libre à ce Père Jésuite ». Ces conférences de Saint-Séverin avaient indigné les paroissiens[1], et l'un d'entre eux, mon propre père, m'a dit l'avoir entendu s'écrier que le Nouveau Testament était un livre inutile et dangereux, et, à l'appui de cette affirmation, le prédicateur citait l'exemple d'une malheureuse jeune fille que cette lecture avait fait mourir. La *Revue ecclésiastique* réfuta donc le Père de Ravignan, qui lui paraissait « résumer et personnifier en soi la Société jésuitique tout entière » (t. V, p. 65). La lutte contre Ravignan, interrompue un moment en 1843, recommença l'année suivante, lorsque parut la célèbre brochure sur l'existence et l'institut des Jésuites ; mais cette lutte ne cessa jamais d'être calme, digne, et rela-

odieux au genre humain. Plus ils le maudissent, plus ils augmentent leur chance de salut. Il en est de même des protestants qui s'attaquent à l'Église de Rome, à la « grande prostituée. » On pourrait aller très loin dans cette voie.

(1) Un auditeur du P. Ravignan fit imprimer alors même trois lettres au sujet de ces conférences ; il disait dans la seconde (p. 9) : « Laissez à d'autres, mon Père, le soin de la réclame pour l'ouvrage un peu audacieux peut-être que vient de publier M. de Sainte-Beuve sur l'histoire de Port-Royal. »

tivement courtoise, parce que les accusateurs plaidaient pour ainsi dire eux-mêmes les circonstances atténuantes, et se disaient tout bas ce que Royer-Collard, avant de féliciter Ravignan sur sa brochure, dit à Sainte-Beuve lui-même : « Voilà un homme qui se croit Jésuite [1] ». Au tome X, en 1848, l'autorité du Père de Ravignan est invoquée par la *Revue ecclésiastique* pour soutenir par une citation de deux pages le dogme de l'éternité des peines de l'enfer.

Un autre ennemi des jansénistes, dom Guéranger, l'auteur si passionné et si injuste des *Institutions liturgiques* et de leur *Défense*, a été réfuté lui aussi à plusieurs reprises par la *Revue*, mais il l'était alors même avec beaucoup plus d'âpreté, avec une véritable violence, par des prêtres, par des évêques et notamment par l'archevêque de Toulouse [2]; il ne pouvait pas espérer en 1843 le triomphe éclatant que lui ont assuré depuis son ultramontanisme et son alliance avec les Jésuites.

Ce que les rédacteurs de la *Revue ecclésiastique* avaient le plus à cœur, c'était la défense de Port-Royal, et ils ont consacré à cette défense une trentaine d'articles très remarquables qui dénotent une parfaite connaissance de la question. Je ne suis pas arrivé à connaître l'auteur de ces articles, et je le regrette vivement, car j'aurais voulu lui rendre hommage ; je soupçonne que ce pourrait être Victor Gilquin. C'est au tome VI, à la date de 1843, que commence la série de

____

(1) Port-Royal, III, p. 144.
(2) Dans une lettre pastorale de l'évêque de Chartres, datée de 1850, il est traité de réformateur présomptueux, de moine atrabilaire, etc. Ces aménités font songer au joli mot que l'on prête à un archevêque : *Homo homini lupus, — presbyter presbytero lupior, — monachus monacho lupissimus.*

ces apologies. Dans ce numéro il est fait mention pour la première fois du *Port-Royal* de Sainte-Beuve, dont il avait paru deux volumes en 1840 et en 1842. A propos de cette publication furent composés divers comptes rendus qui déplurent au rédacteur de la *Revue*. Laissant de côté ceux des *Débats* et du Journal de l'Instruction publique, il prit à partie et très vivement Théodore Foisset, un magistrat dijonnais qui composa plus tard une vie de Lacordaire, et qui dans le premier numéro du *Correspondant* avait attaqué Saint-Cyran et Antoine Arnauld [1]. Le rédacteur de la *Revue* relevait une à une ce qu'il appelait les calomnies de Foisset, et à ce premier détracteur il en associait un autre, l'inconnu qui signait H. D. dans la *Gazette de France* du 26 novembre et du 29 décembre 1842 [2]. Ce dernier, beaucoup plus violent que Foisset, disait en propres termes que les théologiens et les solitaires de Port-Royal étaient : 1º d'orgueilleux sectaires qui, mal guéris des vanités de la terre ont usé leur vie à défendre et à propager dans le grand monde une hérésie vingt fois anathématisée ; 2º des sujets possédés d'un esprit d'indépendance toujours hostile à la royauté, et dont le cloître a servi de refuge à toutes les rébellions ; 3º des rigoristes qui, par une morale outrée, ont poussé les âmes dans l'abîme du doute et du désespoir ; 4º des écrivains qui ne se sont donné de l'importance que par les maximes fatales qu'ils ont défendues. Le rédacteur s'attachait à réfuter ces deux libellistes, et surtout à réfréner ce qu'il appelait l'audace mensongère de H. D.. et dans un neuvième et dernier

---

(1) Il disait (p. 44) que le jansénisme était vivace encore, et même provocant dans les tribunaux. Page 27, un autre rédacteur affirmait que le jansénisme se mourait dans l'ombre.

(2) *Revue ecclésiastique,* tome VI, p. 382.

article, il voulait espérer que ce malheureux « aurait peine à se défendre d'un sentiment de honte et de regret d'avoir si indignement calomnié Port-Royal, une si sainte maison » !

Le *Port-Royal* de Sainte-Beuve, dont la première partie, composée à Lausanne en 1837, fut publiée à Paris chez l'éditeur de Lamennais en 1840, ne pouvait manquer d'attirer tout particulièrement l'attention d'une revue consacrée à la défense et à la glorification de la sainte maison. C'est néanmoins en décembre 1843 [1] que la *Revue ecclésiastique* a rendu compte de cet ouvrage, et voici le début de l'article très court qu'elle lui a consacré :

« Deux raisons nous ont empêché jusqu'ici de parler de l'ouvrage de M. Sainte-Beuve, 1º le peu de valeur réelle d'un livre où l'auteur se pose en homme du monde et en philosophe pour juger des actes, des doctrines et des sentiments d'hommes essentiellement et avant tout chrétiens ; 2º l'étendue et la difficulté du travail à faire pour relever toutes les erreurs et les bévues où M. Sainte-Beuve devait nécessairement tomber en se plaçant au point de vue qu'il a choisi. »

Une fois montée à ce diapason, la critique ne pouvait pas être bien longue, l'auteur de l'article se proposait de venger Port-Royal de *l'injure* qu'il avait reçue, de la *profanation* que lui avait fait subir « l'auteur de *Volupté* ». Quelques citations très brèves suffiront à montrer comment il comprenait son rôle :

« M. Sainte-Beuve ne manifeste pas seulement des préventions contre de saints personnages et des doctrines irréprochables. C'est la religion tout entière qui

_____
(1) Tome VI, p. 208.

est attaquée. Quand M. Sainte-Beuve *presse* ce qu'il appelle *le dogme de Saint-Cyran, le dogme de saint François de Sales* (expressions qui pour le dire en passant sont quelque peu ténébreuses), ne fait-il pas preuve d'une ignorance complète? Y a-t-il jamais eu un dogme de Saint-Cyran, un dogme de saint François de Sales? Et ces saints illustres ont-ils été autre chose que d'humbles disciples de Jésus-Christ, des enfants soumis de l'Église, inspirés par celui qui est vérité et charité? Quel chrétien ne serait affligé jusqu'au fond de l'âme en lisant de pareilles lignes? (p. 210). — Non, encore une fois, que les profanes ne touchent point aux choses saintes; la piété est pour eux une terre inconnue; ils en parlent comme les aveugles des couleurs. Je reconnais la compétence de M. Sainte-Beuve quand il trace un portrait de Balzac ou de Montaigne, de Corneille ou de Rotrou; j'admire dans ces morceaux l'expression ingénieuse et piquante de vues neuves et élevées; mais quand il veut jeter un regard *d'approfondissement* dans le sanctuaire de la *piété*, saisi d'indignation et de douleur, je ne puis m'empêcher de m'écrier : *Sancta sanctis;* les choses saintes pour les saints, ou au moins pour ceux qui travaillent avec humilité et componction à le devenir. » (P. 213.)

Le dernier reproche adressé à l'auteur de *Port-Royal* c'est d'avoir permis à sa plume des insinuations plus qu'indécentes, des insinuations perfides et calomnieuses. Après avoir cité malgré sa répugnance quelques lignes relatives à Louis XIII, qui ne se sentait jamais plus près d'aimer Dieu que quand il aimait Mlle de La Fayette, le critique ajoutait : « Qui ne s'affligerait de voir un historien de Port-Royal jeter dans des récits de vies saintes et pures des lignes entachées d'un pareil dévergondage de plume ? Il me semble au

surplus que ces phrases indécentes et impies ne gâtent
pas moins l'ouvrage de M. Sainte-Beuve au point de
vue littéraire qu'au point de vue religieux et moral.
La critique la plus indulgente et la moins chrétienne
les trouverait au moins de mauvais goût. Espérons
que Port-Royal trouvera enfin un digne historien....
un homme à la fois savant, habile et chrétien. Espérons que la Providence le suscitera, et que le respect
pour Port-Royal refleurira avec l'amour des saines
doctrines. *Fiat! fiat!* »

Que dut penser le très irascible Sainte-Beuve en
lisant cet article, qui ne peut pas lui avoir échappé ?
On sait comment il a traité Honoré de Balzac, qui
s'était permis de le critiquer très vivement avec l'intention bien marquée « de lui passer sa plume au tra-
vers du corps ». Il a traîné dans la boue cet homme
qu'il jugeait indigne de parler de Port-Royal; mais il
ne pouvait le prendre sur ce ton avec des port-royalistes dont la sincérité et la loyauté étaient manifestes. Il
me semble que le silence de Conrart lui a paru être de
mise en cette circonstance, d'autant plus qu'il devait
dire plus tard, dans sa diatribe contre Balzac, que « la
première qualité et condition pour juger de Port-Royal
est, sinon de pratiquer, du moins de comprendre l'esprit
chrétien en ce qu'il a d'essentiel. Et quels esprits moins
intimement chrétiens, et par conséquent moins port-
royalistes que nos grands littérateurs modernes 1 ? »
C'était précisément ce que disait la *Revue ecclésiastique*, mais Sainte-Beuve n'aurait pas avoué alors, comme
il l'a fait plus tard avec un véritable cynisme, « qu'il
était l'esprit le plus brisé et le plus rompu aux méta-
morphoses ; qu'il s'efforçait d'intéresser les gens aux-

____

(1) Port-Royal, I, p. 550.

quels il avait affaire, de façon à donner les plus grandes espérances à ceux qui voulaient le convertir. Il ne
voyait dans tout cela qu'un long cours de physiologie
morale [1]. »

Il est résulté de là que Sainte-Beuve n'a pas connu
en 1843 les « Messieurs » de la Réunion catholique ; il
n'a pas travaillé comme les initiés dans leur bibliothèque de la rue de la Parcheminerie, dans laquelle il
aurait trouvé dix fois plus de trésors qu'il n'en trouva
en 1848-1849, lors de ses deux voyages en Hollande, à
Utrecht et à Amersfoort. Il alla, comme l'on sait, faire
visite à ceux qui s'intitulaient les anciens catholiques
romains, et il fut très bien accueilli par M. Karsten,
collaborateur assidu de la *Revue ecclésiastique*. Il sut
gagner la confiance de ceux qu'il a appelés les amis de
Hollande, et non contents de lui ouvrir leurs archives,
il lui prêtèrent, ils lui donnèrent même en toute propriété beaucoup de documents précieux. Il put ainsi
vivifier la suite de son *Port-Royal*, interrompu en 1842,
et repris six ans plus tard dans des conditions toutes
différentes, alors que Pascal et Port-Royal venaient
d'être « mis à la mode » par la brillante campagne littéraire de Victor Cousin et par les beaux travaux de
Prosper Faugère. Puis il s'arrêta de nouveau, et il termina *Port-Royal* en 1858, sans enthousiasme, et plutôt
pour soutenir une gageure que pour avoir la gloire d'é-
lever un beau monument. La *Revue ecclésiastique* avait
alors cessé de paraître, et elle était remplacée, moins
heureusement peut être comme nous le verrons dans
le prochain chapitre, par *L'Observateur catholique*.
Dans l'intervalle, il s'était produit au sujet du livre
de Sainte-Beuve une sorte de revirement d'opinion.

(1) *Ibid.* II, p. 513.

Les jansénistes étaient moins sévères pour lui en raison des pages admirables qui se rencontrent en si grand nombre dans son ouvrage. « Je raconte Port-Royal, disait-il, je ne le plaide pas »; mais il y a des façons de raconter qui sont, qu'on le veuille ou non, des plaidoyers, et Sainte-Beuve, malgré lui peut-être, a travaillé plus que personne au monde à la glorification de Port-Royal. Plusieurs de ses lecteurs, indifférents ou même hostiles jusqu'alors, ont été désireux de mieux connaître les hommes et les choses dont il parlait si bien; ils sont allés aux sources, ils ont été ravis d'admiration, et je pourrais citer des port-royalistes très fervents qui gardent à leur initiateur une profonde reconnaissance. L'ouvrage de Sainte-Beuve avait été banni systématiquement du musée de Port-Royal des Champs; offert par M. André Hallays, il a été finalement reçu avec reconnaissance, et il figure avec honneur dans une de ses vitrines.

Le 23 février 1845, il fut longuement question de *Port-Royal* à l'Académie française, où Sainte-Beuve prenait place pour la première fois. Le protocole lui défendait de parler de ses ouvrages dans son discours de réception, mais le directeur, c'est-à-dire Victor Hugo lui-même, avait le devoir de lui en parler avec éloges. La haine mal déguisée inspira le grand poète, et pour être désagréable à son nouveau confrère il mit le doigt sur ce qui est encore aujourd'hui le défaut capital du chef-d'œuvre de Sainte-Beuve. Hugo se complut à représenter les Messieurs comme des chrétiens admirables qui songeaient uniquement au triomphe de la religion catholique, qui voulaient « réformer Rome en lui obéissant, faire à l'intérieur et avec amour ce que Luther avait tenté au dehors et avec colère..., qui avaient puisé tout ensemble de saint François de Sales l'ex-

trême douceur et de Saint-Cyran l'extrême sévérité...
Et pour fonder la société selon la foi, entre les vérités
nécessaires, la plus nécessaire à leurs yeux, la plus
lumineuse, la plus efficace, celle que leur démontraient
le plus invinciblement leur croyance et leur raison,
c'était l'infirmité de l'homme prouvée par la tache ori-
ginelle, la nécessité d'un Dieu rédempteur, la divinité
du Christ. Tous leurs efforts se tournaient de ce côté,
comme s'ils devinaient que là était le péril. » Victor
Hugo s'attachait à représenter les hommes de Port-
Royal comme des apôtres du catholicisme et comme
des martyrs, et après quelques développements qui
déplurent fort au nouvel académicien forcé de les
écouter, il termina son panégyrique des saints de Port-
Royal par ces belles paroles : « Leur passage n'a pas
été inutile. Vous l'avez dit, Monsieur, dans le livre
remarquable qu'ils vous ont inspiré. Ils ont laissé leur
trace dans la théologie, dans la philosophie, dans la
langue, dans la littérature, et aujourd'hui encore Port-
Royal est pour ainsi dire la lumière intérieure et
secrète de quelques grands esprits. Leur maison a été
démolie, leur champ a été ravagé, leurs tombes ont été
violées ; mais leur mémoire est sainte ; mais leurs
idées sont debout ; mais des choses qu'ils ont semées,
beaucoup ont germé dans les âmes, quelques-unes ont
germé dans les cœurs. Pourquoi cette victoire à tra-
vers ces calamités ? Pourquoi ce triomphe malgré cette
persécution ? Ce n'est pas seulement parce qu'ils étaient
supérieurs ; c'est aussi, c'est surtout parce qu'ils étaient
sincères. C'est qu'ils croyaient, c'est qu'ils étaient convaincus, c'est qu'ils allaient droit à leur but pleins
d'une volonté unique et d'une foi profonde. »

Ce que Victor Hugo disait si haut, c'est précisément
ce que Sainte-Beuve n'a jamais voulu reconnaître, parce

qu'il n'avait pas la moindre étincelle de cette foi profonde. Il a fait allusion au discours du poète dans la dernière édition de son *Port-Royal*, et il a osé dire, du vivant de Victor Hugo qu'il avait parlé « sans justesse, et à contresens » (t. I, p. 551). C'est le contraire qui est vrai, et il faut convenir que Victor Hugo fut bien inspiré quand il donna les raisons secrètes de l'influence que Port Royal exerce toujours sur les esprits et sur les cœurs.

A côté de Sainte-Beuve s'est trouvé, dans les comptes rendus critiques de la *Revue ecclésiastique*, l'auteur du Rapport à l'Académie française sur les *Pensées* de Pascal, Victor Cousin, et tout en lui rendant justice les rédacteurs de cette Revue ne l'ont pas ménagé. Ils avaient cité avec éloge (t. V, p. 383) les jugements sévères portés contre « le chef de l'École éclectique » par l'évêque de Chartres et par *Le Correspondant*; en février 1844 (t. VI, p. 257 et suiv.) ils lui consacrèrent un article spécial pour défendre Pascal contre l'accusation de pyrrhonisme dont Cousin l'avait chargé. Ils invoquaient le témoignage de Libri et celui de Th. Foisset, lequel avait publié dans *Le Correspondant* « trois bons articles », c'est-à-dire des articles très sévères. Quelques mois plus tard, à propos de l'édition Faugère, ce sont de nouvelles attaques contre Cousin qui trouvait chez Pascal « un scepticisme désolant, une dévotion ridicule et convulsive » (t. VII, p. 112); et cette fois c'était Sainte-Beuve auteur d'un article de la *Revue des Deux-Mondes* qui était appelé à la rescousse et cité avec éloge.

Victor Cousin fut encore tancé vertement pour avoir dit en propres termes à Pierre Leroux : « Je crois que le catholicisme en a encore pour trois cents ans dans le ventre. En conséquence, je tire humblement mon

chapeau au catholicisme, et je continue la philosophie. »
(T. VII, p. 225, livraison de janvier 1845) Mais le
plus grand crime de Cousin, c'était d'avoir dit dans la
Revue des Deux Mondes, le 15 janvier 1845 : « Le jansénisme est un christianisme immodéré et intempé-
rant.... Sans le vouloir ni le savoir, il incline au calvinisme.... Il exagère et il fausse, dans la théorie et dans
la pratique, les dogmes du péché originel et de la
grâce.... il est dans l'erreur sur la grâce.... En outrant
la puissance du péché originel, il s'est condamné lui-
même à outrer celle de la grâce réparatrice.... Port-
Royal est un grand parti dans l'Église, mais après tout
ce n'est qu'un parti ; ce n'est point l'Église elle-même,
car l'Église l'a condamné. » (T. VII, p. 304). Le
Père de Ravignan n'aurait pas mieux parlé ; aussi le
rédacteur de la *Revue ecclésiastique* accuse-t-il Cousin d'incliner lui-même « sans le vouloir ni le savoir
peut-être, au molinisme et au jésuitisme » ; et il prévoit
« un rapprochement et un faux accord entre les jésuites et les éclectiques ».

Prosper Faugère, le grand ennemi de Cousin, fut au
contraire jugé favorablement par la *Revue ecclésiastique*, et il mit cette bienveillance à profit pour se faire
prêter quelques-uns des livres de la Bibliothèque,
notamment un très précieux recueil de pièces sur
Pascal, et une excellente copie des Mémoires inédits
de Godefroi Hermant ; il les garda chez lui plus de
vingt ans, et il fallut se fâcher en 1872 pour le contraindre à les rendre. C'était un habile homme que
Faugère ; il avait l'art de se faire ouvrir les portes qui
se tenaient obstinément fermées, et il trouva moyen de
se faire communiquer par M. Bellaigne de Rabanesse
les célèbres manuscrits Guerrier, que ce bon vieillard
ne laissait voir à personne, pas même à ses plus pro-

ches parents. Faugère a du moins payé sa dette de reconnaissance à Bellaigne de Rabanesse, et il a dit de lui : « Il me semblait voir et entendre un solitaire de Port-Royal des Champs, survivant d'un autre âge. Resté célibataire par dévotion, vivant dans la solitude...., disant chaque jour son bréviaire avec la régularité d'un prêtre; marquant par des prières chacun des anniversaires inscrits au Nécrologe de Port-Royal ; aimant Dieu comme on ne sait plus l'aimer, ayant réduit sa vie ici-bas à ne plus être qu'une aspiration vers l'éternité, tel était ce vieillard..., mort avec une sérénité parfaite le 21 février 1844. »

C'est dans l'article sur Faugère que la *Revue* cite ce qu'elle appelle cette importante remarque de Sainte-Beuve tirée de son article de la *Revue des Deux Mondes* « Quand Pascal arrive à parler de Jésus-Christ dans son livre, il ne tarit plus ; il tient du coup le centre et la clef, l'explication de la misère humaine aussi bien que le fondement de toute grâce; les paroles magnifiques et précises qu'il emploie ne sauraient même se citer hors de place, sans se profaner. C'est pour n'avoir pas senti, pour avoir insensiblement oublié à quel point et à quel degré de réalité Pascal croyait en Jésus-Christ, au Dieu homme et sauveur, qu'on a voulu faire de lui un sceptique [1]. »

Faugère avait préludé à son travail sur les Pensées par un éloge de Pascal qui avait partagé avec celui de Bordas-Demoulin le prix d'éloquence décerné par l'Académie française en 1842; et l'on pouvait s'attendre à trouver dans la *Revue ecclésiastique* un article sur ces deux éloges. On le chercherait vainement ; les

(1) Tome VII, p. 123. Sainte-Beuve n'a pas reproduit cet admirable passage dans son *Port-Royal*, tome III, publié en 1848, et c'est dommage.

rédacteurs en ont parlé d'une manière incidente seulement en 1844. Ils avaient été, dirent-ils alors, « péniblement affectés de voir que les deux auteurs pensaient
que Pascal et Port-Royal étaient tombés « dans une
erreur spéculative au sujet de la doctrine de la grâce ».
Mais dans la suite, ayant dû faire connaissance avec
Faugère, ils se proposaient de rendre compte des deux
éloges, en relevant leur erreur commune. (t. VII,
p. 159). Ce travail n'a jamais été fait, et je trouve à ce
sujet, dans les dossiers de la *Revue*, un détail assez
curieux. Un de ses rédacteurs, Jules Recoing, écrivait
du Mans, le 12 octobre 1844, au secrétaire administrateur Ambroise Guélon, et il lui disait en propres termes : « .... Puisque vous rendez justice à M. Prosper
Faugère, pourquoi ne voulez-vous absolument pas
parler de M. Bordas-Demoulin ? Son éloge de Pascal
est certainement plus chrétien que celui de M. Faugère. Une comparaison attentive des deux ouvrages
ne peut laisser de doute à cet égard. Mais il y a chez
M. Bordas-Demoulin des préventions contre Port-
Royal et deux assertions d'une exagération révoltante.
J'en conviens. Eh bien ! réfutez-les ; faites la part de
l'éloge et du blâme. Vous n'avez pas voulu de mon
article ; eh bien ! que l'un de ces messieurs se charge
d'en faire un autre. Je ne tiens pas du tout à mon article..., mais j'exprime le vœu qu'un article quelconque
sur l'opuscule de M. Bordas-Demoulin paraisse dans
l'un des plus prochains numéros de la *Revue*. Veuillez
vous faire l'interprète de ce vœu auprès de MM. Gilquin, Jarry et Videcoq.... Je désire que cette lettre
soit lue à la plus prochaine réunion de ces messieurs,
et j'ose vous prier d'être mon lecteur ; j'espère que
vous appuierez vigoureusement ma motion. Ainsi
donc j'attends un article sur Bordas-Demoulin pour

octobre, novembre, ou décembre prochain. M. Bordas-Demoulin, dans son *Éloge de Pascal*, réfute avec trop de force et de vigueur de logique les assertions impies de M. Cousin pour qu'il n'ait pas droit à une mention dans notre *Revue*. Cet opuscule contient d'ailleurs des pages admirables (avec d'autres qui font de la peine, j'en conviens). Eh bien, qu'on fasse la critique de ces dernières pages ; mais qu'on en parle. Le silence serait une injustice. »

Jules Recoing n'obtint pas ce qu'il demandait ; Bordas-Demoulin est d'ailleurs un personnage très énigmatique, et ce gallican militant qui rêvait ainsi que son collaborateur et ami Huit une réforme catholique radicale n'était pas de l'école de Port-Royal.

On ne refusa pas de parler de Michelet auteur du livre intitulé : *Le prêtre, la femme, et la famille;* on s'empressa d'acheter l'ouvrage moyennant 4 francs [1], et dans le numéro de février 1845 (t. VII, p. 284) un des rédacteurs les plus énergiques lui administra ce qui s'appelle une volée de bois vert. Voici le début de son article : « Nous venons de lire le livre de M. Michelet. Quelle profanation du talent ! Que d'impiété, d'aveugle fureur, de sombre passion ! Plus de trois cents pages employées, à quoi ? A dégrader, avilir la religion, à couvrir de boue ses ministres, à flétrir le célibat du prêtre, à présenter la confession et la direction sous les couleurs les plus fausses, les plus noires, les plus odieuses. On ne réfute pas de pareils livres ; il suffit, pour les signaler à l'indignation de toute âme chrétienne, d'en montrer le déplorable esprit, le but impie, et d'en citer quelques passages. » L'article n'a que six pages, et voici ce qu'on lit à la

---

(1) Compte des dépenses de 1844.

sixième page : « Nous nous serions peut-être conten-
tés de gémir dans le silence, si nous n'avions eu le
malheur de nous trouver nommés avec éloge dans une
note de ce funeste ouvrage [1]. Nous l'avouerons, c'est
avec la rougeur au front que nous avons lu cette note,
où M. Michelet semble montrer la prétention de donner appui et protection à la *Revue ecclésiastique*. Dans
la bouche de M. Michelet, et dans un livre aussi anti-
chrétien, ces marques de sympathie nous sont une
injure ; nous devions nous empresser de les repousser.
Vous nous louez parce que nous défendons Port-Royal
contre les attaques des modernes jésuites, parce que
nous nous élevons contre les nouveautés ultramontaines. Mais comment osez-vous nous donner ces éloges,
vous qui, sur la question du dogme, condamnez si
ouvertement Port-Royal, et qui regardez sa doctrine comme une doctrine surannée (p. 71) ; vous
qui allez bien au-delà des Jésuites lorsqu'ils en-
seignent, avec les philosophes et les pélagiens, que
les hommes sont sauvés moins par Jésus que par leur
libre arbitre ? La question morale subsiste, dites-vous,
et c'est là le triomphe et la gloire de Port-Royal. Port-
Royal n'accepterait pas plus que nous vos éloges ; il
n'a jamais séparé le dogme de la morale, et il n'a tant
combattu pour la doctrine que parce qu'il la savait
intimement liée à la pratique. Comme nous, Port-
Royal vous aurait renié ; comme nous, en répudiant

(1) P. 192. « Les jansénistes veulent souffrir en silence ; ils ne
veulent pas que nous les plaignions. L'histoire ne peut s'associer
à cette résignation de martyrs. Elle mentionnera comme un fait
des plus curieux (et des plus inaperçus) l'excellente Revue qu'ils
publient à petit nombre et pour eux-mêmes (*Revue ecclésiastique*,
rue Saint-Séverin, 4). C'est là qu'ils ont répondu avec force et modération aux déclamations inconvenantes contre Port-Royal, que le
P. de Ravignan faisait dans Saint-Séverin même (1842). »

votre appui, il aurait dit : *Oleum peccatoris non im-*
pinguet caput meum [1] (Ps. 140. v. §). »

Voilà donc, de Lacordaire à Michelet, une galerie
d'hommes célèbres que les dix volumes de la *Revue*
ecclésiastique rattachent à l'histoire posthume de Port-
Royal, et peut-être jugera-t-on que cette intéressante
revue n'est pas dépourvue de valeur historique. Elle
offre encore un autre avantage ; comme les *Nouvelles*
ecclésiastiques, elle contient en assez grand nombre
des notices biographiques, et, sous ce rapport, elle
aurait rendu de très grands services aux prétendus
historiens des derniers jansénistes qui n'ont même
pas soupçonné son existence. Dans le premier numéro,
paru en 1838, elle annonça la mort du célèbre orientaliste Silvestre de Sacy, et *L'Ami de la Religion* lui a
reproché de l'avoir présenté comme un chrétien de
l'ancienne roche c'est-à-dire comme un janséniste ;
elle ne disait pourtant pas que M. de Sacy était affilié
secrètement à l'Œuvre des convulsions qui subsistait
encore, qu'il y était appelé « l'Angéli, petit pontife de
l'Œuvre » et que la sœur Angélique faisait grand cas
de lui [2]. Dans les volumes suivants il est fait mention
de plusieurs « amis de la vérité, » des abbés Girard,
Constantin Grégoire, Noël, Auger, Euvrard, Ouriet.

____

(1) Michelet et Quinet, auteurs d'ouvrages contre les Jésuites,
avaient déjà été réfutés au tome VI (p. 186) ; le rédacteur de la
Revue les accusait de ne pas tant combattre contre les Jésuites
que de vouloir saper la religion jusque dans ses fondements.

(2) Silvestre de Sacy n'appartenait pas, comme on le croit généralement, à la famille du traducteur de la Bible. Fils d'un notaire
parisien, Abraham Silvestre, il changea en Sacy son nom d'Isaac.
J'ai connu personnellement deux de ses fils et deux de ses filles.
Étienne de Sacy, mort en 1871, n'avait pas encore fait sa première
communion à l'âge de 80 ans. Ustazade, le membre de l'Académie
française, avait abandonné les sentiments de la famille. Il écrivit
un jour que Pascal, s'il revenait au monde, serait l'auxiliaire des

Ce dernier, mort à Vitry-le-François le 16 octobre 1840, avait été partiellement privé de sacrements par son curé ; on lui avait administré sans difficulté l'Extrême-Onction, mais on lui avait refusé la communion en raison de son attachement à Jansénius et à Quesnel. Il fut enterré à l'église, mais très sommairement, le curé s'absenta du service [1].

En 1842 moururent l'abbé Auger, aumônier de Charenton, et Euvrard, prêtre de Saint-Séverin. Leurs portraits en lithographie ont été publiés par les soins de la Réunion catholique et à ses frais ainsi que ceux de Baillet, de Girard, de Rondeau, de Constantin Grégoire ; ils ont été offerts récemment au Cabinet des Estampes de la Bibliothèque nationale. Le baron Camet de la Bonnardière, ancien maire du XIe arrondissement et officier de la Légion d'honneur, mourut la même année, et la *Revue* lui consacra un article trop court, mais très intéressant. Il avait joué un rôle important dans les affaires du petit monde janséniste ; il avait reconstitué la caisse de secours, sauvé les tableaux qui se trouvaient dans le grenier de Port-Royal de Paris, réorganisé les deux congrégations des Frères Saint-Antoine et des Sœurs Sainte-Marthe. « Il possédait, dit la *Revue ecclésiastique* (t. V, p. 160) la précieuse relique de la Sainte Épine qui, de l'aveu non suspect de M. de Péréfixe, a fait une centaine de miracles en faveur de l'innocence des religieuses de

Jésuites, et cela le brouilla durant quelque temps avec Mlle Stéphanie, sa sœur ; elle se réconcilia bientôt avec lui, à propos de son édition des *Mille et une nuits*. « Si tu n'es plus janséniste, lui dit-elle, du moins tu es demeuré musulman. »

(1) *Revue ecclésiastique*, tome III, p. 225. — Voir également, tome V, p. 275, la notice relative à un autre curé de Vitry, l'abbé Franquet, interdit et excommunié par son évêque en 1834 pour cause de jansénisme.

Port-Royal. M. de la Bonnardière la prêtait tous les ans au respectable abbé Fleury, qui disait la messe de cette relique en l'ancienne chapelle de Port-Royal de Paris le vendredi le plus proche du 24 mars, et la faisait baiser aux assistants que la reconnaissance pour les bienfaits de Dieu attirait à cette messe. Depuis la mort de M. Fleury, la relique n'a pas été redemandée. Nous formons des vœux pour qu'elle soit religieusement conservée, destinée qu'elle est à reparaître avec un nouvel éclat dans des jours meilleurs »[1]. Au tome VI se lisent des notices sur le docteur Juglar, le bienfaiteur des pauvres, et sur la sœur Hilaire, supérieure générale de l'ordre des Sœurs de Sainte-Marthe.

On se serait attendu à trouver dans la *Revue ecclésiastique* quelques mots d'adieu à Royer-Collard, mort pieusement en septembre 1845 ; la *Revue* semble avoir ignoré cette mort, et cependant elle avait parlé avec de grands éloges (t. V, p. 96) du village de Sompuis et du digne abbé Paul Collard, qui l'avait évangélisé. Ce silence ne me surprend pas, attendu que Royer-Collard, grand admirateur de ce Port-Royal sans lequel, disait-il, on ne connaît pas toute la nature humaine, ne peut pas être compté parmi les jansénistes ; il l'est moins encore que Lanjuinais, et sa

---

(1) Voici le billet mortuaire de l'abbé Fleury :

« Vous êtes prié d'assister au convoi, service et enterrement de vénérable, discrète et scientifique personne messire J.-B. Julien Fleury, prêtre, aumônier de la maison d'accouchement, ancien chanoine de Chateauroux, décédé en la dite maison, rue de la Bourbe ; qui auront lieu le vendredi 28 novembre 1834, à 10 heures du matin, en la chapelle de ladite maison. »

La Sainte épine que possédait Camet de la Bonnardière a été léguée par lui aux Sœurs de Sainte-Marthe. Elle figure, si toutefois c'est bien elle, au centre d'un beau reliquaire qui est conservé soigneusement, et dont la reproduction photographique se trouve dans *Port-Royal* au XVIIe siècle, planche 129.

lettre si polie au Père de Ravignan, panégyriste des Jésuites, avait dû affecter péniblement les inspirateurs de la *Revue* ; ils jugèrent sans doute que cet homme qui réduisait à trente volumes une bonne bibliothèque janséniste, et qui riait aux éclats quand il lisait *Christine Briquet*, était comme l'a dit Sainte-Beuve « le plus mondain et le plus émancipé des port-royalistes [1]. »

Ce qu'il y a peut-être de plus intéressant dans la *Revue ecclésiastique* ce sont les articles consacrés à l'église de Hollande, qui était alors très vivante, et animée du plus pur esprit de Port-Royal. On publia successivement à dater de 1842 six lettres écrites d'Amersfoort et relatives à la situation de cette église. Plus tard la *Revue* publia intégralement une lettre pastorale de l'évêque de Harlem, Jean van Buul (t. VI p. 325), et elle en fit imprimer aux frais de la Réunion catholique une édition spéciale. Mais ce qu'il faut signaler surtout, c'est le récit d'une visite à Utrecht faite par deux rédacteurs de la *Revue* en septembre 1847, un an avant le voyage de Sainte-Beuve. Cette lettre complète heureusement le récit fait par l'auteur de Port-Royal (t. IV ; p. 306). Enfin c'est par les Hollandais que la *Revue ecclésiastique* eut connaissance, en 1845, de l'admirable *Abrégé de la vie de Jésus-Christ* par Pascal, que Faugère avait cherché en vain ; et c'est elle qui eut l'honneur de la publier pour la première fois [2].

Les deux derniers volumes de cette *Revue* (1846-1848) dénotent un changement dans la manière dont elle était rédigée. Mettant à profit une observation de

(1) Port-Royal, IV, 105.
(2) Tome VIII, 88e livraison, p. 97. Il fallut faire immédiatement un tirage à part de cette importante publication

l'un de ses rédacteurs [1], elle évitait de plus en plus
« ce qui peut choquer les personnes », et elle s'attachait de préférence à l'exposition calme et sereine du
dogme et de la morale. Les dernières livraisons sont
remplies par un grand article aux allures mystiques
intitulé : *Avis à nos frères pour les derniers temps*, et
l'auteur de cet article parlait longuement de la conversion des Juifs qu'il regardait comme imminente.
On comprend que des considérations de ce genre
n'aient pas alimenté longtemps la *Revue ecclésiastique* ;
elle disparut donc, sans que je puisse dire pourquoi ni
comment, dans le courant de 1848, avant les journées
de juin. Ceux qui la rédigeaient prirent quelques années plus tard la direction d'un autre journal pério-
dique dont nous aurons à parler dans le chapitre
suivant [2].

Somme toute, la question du jansénisme n'a pas
suscité sous le gouvernement de juillet des querelles
bien vives ; l'opinion publique ne s'émut pas le moins
du monde lorsque les Frères de Saint-Antoine, dont
l'administration était déplorable par la faute de son
supérieur Bonaventure Hureau, virent partir en 1840
leurs meilleurs sujets. Elle s'émut à peine en 1842 lorsque
les religieuses de l'ordre de Sainte-Marthe, persécutées
par les mandataires de l'archevêque Affre, qui leur
avait témoigné d'abord beaucoup de bienveillance, se
virent abandonnées par dix-neuf de leurs Sœurs. Ces

----

(1) L'abbé Contrault, curé de Neuilly en Vexin, l'un des collaborateurs de Silvy pour la transcription des archives du Vatican
(1769, 1858).

(2) Un ancien député de 1829, Devoisins-Lavroncières, écrivait
de Toulouse, en 1854, au directeur de l'ancienne Revue ecclésiastique : « Depuis que votre excellente Revue a cessé de paraître,
mon frère et moi et un bien petit nombre d'amis sommes dans une
ignorance complète de faits graves. ... »

dernières fondèrent alors une nouvelle congrégation qui subsiste encore, celle des religieuses de l'ordre de Sainte-Marie, dont le siège est actuellement rue Bara.

« Enrichissez-vous », avait dit aux Français Guizot, le ministre de Louis-Philippe, qui disparut en février 1848 sans que l'on ait jamais su pourquoi. Sous son règne, on avait songé surtout aux affaires et aux plaisirs, et comme les Jésuites n'étaient pas les maîtres, il n'y avait pas de raisons pour que le mouvement janséniste prît de l'importance.

CHAPITRE XXVIII

Le 28 février 1848, les insurgés parisiens, très étonnés de leur victoire, proclamèrent sans enthousiasme une république à laquelle ils n'avaient guère pensé jusqu'alors. Le suffrage universel fut immédiatement établi, et tout Français âgé de vingt cinq ans put être élu député. Il y avait en présence deux grands partis, les socialistes et les catholiques. Ces derniers avaient accueilli avec faveur la révolution nouvelle. L'archevêque de Lyon, le cardinal de Bonald, s'empressa de faire lire en chaire une pastorale où se trouvent ces lignes étonnantes : « ...Vous formiez souvent le vœu de jouir de cette liberté qui rend nos frères des États-Unis si heureux ; cette liberté, vous l'aurez. Si les autorités désirent arborer sur les édifices religieux le drapeau de la nation, prêtez-vous avec empressement au désir des magistrats. Le drapeau de la République sera toujours pour la religion un drapeau protecteur. Poursuivez avec zèle, mes chers coopérateurs, votre sainte mission ; occupez-vous des pauvres, concourez à toutes les mesures qui pourront améliorer le sort des ouvriers. Il faut espérer qu'on montrera enfin un intérèt sincère et efficace à la classe laborieuse [1]. » Le clergé bénissait les arbres de la liberté, Lacordaire parut en costume de moine dans les assemblées électorales, et il fut élu député républicain. Mais bientôt les socialistes eurent recours à l'émeute, les sanglantes journées de juin épouvantèrent la France et le parti de l'ordre, composé de monarchistes et de catholiques, fit élire Louis-Napoléon président de la République par cinq millions cinq cent mille suffrages [2]. De cette République présidée par le « neveu du grand empereur » à l'Empire proprement dit, il n'y avait pas loin, et l'on sait comment Napoléon III se fit proclamer empereur héréditaire des Français le 2 décembre 1852. L'histoire religieuse de cette longue période peut se résumer en deux lignes : la République de 1848 a fait voter la loi Falloux, et l'Empire, qui ne l'a pas abrogée, en a subi les conséquences.

La loi Falloux, préparée par un député catholique, ministre de l'Instruction publique, que l'on sait aujourd'hui avoir été petit-fils adultérin de Louis XVI, fut votée le 15 mars 1850. Elle donnait à tout Français âgé de vingt et un ans et muni d'un brevet de capacité le droit d'ouvrir une école. Les religieuses étaient dispensées de tout brevet, leur lettre d'obédience en tenait lieu. La surveillance exercée par l'État sur les écoles privées ne pouvait porter que sur la moralité, l'hygiène et la salubrité. Cette loi était conçue de telle sorte que les Jésuites étaient du coup investis du droit d'enseigner, qui leur avait été refusé par les régimes antérieurs et notamment par le gouvernement de Char-

(1) Transcrit par la *Revue ecclésiastique*, numéro de mars 1848, tome X, p. 289.

(2) Cavaignac en obtint 1.500.000 ; Ledru-Rollin, 400.000, et Lamartine 8.000 à peine (10 décembre 1848).

les X. Instruire la jeunesse riche, et diriger ainsi ce qu'on appelle les classes dirigeantes, ce fut de tout temps la prérogative à laquelle les Jésuites tenaient le plus. En 1850, grâce à la loi Falloux, il leur fut donné de poursuivre à ciel ouvert le travail de propagande souterrain auquel ils s'étaient livrés depuis 1814 avec une ardeur et une ténacité qu'on ne peut s'empêcher d'admirer. Bientôt la France se couvrit de collèges comme celui de Vaugirard, et d'écoles préparatoires comme celle de la rue des Postes, qui firent à l'enseignement de l'État une redoutable concurrence. Le jésuitisme se propagea comme l'arianisme au temps de saint Athanase; Molina, Liguori, Berruyer et Pichon, condamnés autrefois par des évêques et par des papes, furent les oracles de la théologie nouvelle, et des journaux comme l'*Univers*, rédigé par Louis Veuillot, un fanatique bien dangereux, car il avait un admirable talent, prêchèrent l'ultramontanisme le plus outré [1].

Maîtres du terrain, les Jésuites commencèrent à manœuvrer avec une habileté consommée. Ils laissèrent de côté provisoirement le jansénisme, dont leurs devanciers avaient tant abusé au xviie et au xviiie siècles; Jansénius et Saint-Cyran, Arnauld, Pascal et Nicole, le Formulaire et la Bulle *Unigenitus* furent relégués à l'arrière-plan; Bossuet et le gallicanisme, que professaient alors même quelques évêques, furent l'objet principal de leurs attaques furibondes. « C'est surtout à Bossuet qu'on en veut, disait l'évêque de Chartres dans une lettre pastorale qui est un très violent réquisitoire contre dom Guéranger; c'est ce grand homme

---

(1) « Le catholique sincère est celui qui fait profession de croire que Jésus-Christ, vrai Dieu et seul Dieu, parle par la bouche de Pierre, qui est le pape. » Tel était le credo de Louis Veuillot, *Odeurs de Paris.*

qu'on veut *déraciner*, comme s'exprime la faction [1]. »
C'est alors en effet que Bossuet fut vilipendé de la
manière la plus odieuse par l'abbé Davin, par le
chanoine de Meaux, Réaume, et par leurs dignes aco-
lytes. On ne s'attaquait pas à Bossuet panégyriste de
Quesnel et partisan déclaré de la grâce efficace et de
la prédestination gratuite, c'est comme promoteur de
la Déclaration de 1682 que l'on prétendait le clouer au
pilori et le mettre au ban du catholicisme.

Dans ces conditions, les amis et les défenseurs de
Port-Royal n'avaient pas à intervenir, d'autant plus
qu'il n'y a jamais eu de gallicanisme janséniste ; c'est
tout au plus si l'on peut soutenir qu'il y eut un jansénisme gallican très différent de celui de l'ultramontain Jansénius. Les anciens membres de la Réunion
catholique issue de la Société Saint-Augustin se tinrent
donc sur la réserve. Il semble même qu'ils aient eu un
moment la pensée d'abandonner la partie. Le 3 septembre 1849, Ambroise Rendu, inspecteur général de l'Instruction publique, et pour lors président de la Société
Saint-Augustin, proposa par lettre, lui absent, de
liquider la situation et d'attribuer les fonds de la
Caisse de secours aux Frères de Saint-Antoine et aux
Sœurs de Sainte-Marthe, et même aux Frères Saint-
Yon, et finalement à l'archevêché pour les prêtres

____

(1) Il se nommait Clausel de Montals, il occupa le siège de Chartres de 1824 à 1852.

Dans cette lettre pastorale de 1850, l'évêque de Chartres distingue
trois sortes de gallicanismes. « Il y a dit-il, un gallicanisme janséniste, un gallicanisme parlementaire, et enfin le gallicanisme du
clergé de France. Le premier est très coupable, le second, voisin du
premier ; mais le gallicanisme du clergé, qui a combattu avec vigueur
le jansénisme dans toutes ses parties et a été persécuté par
les parlements qui violaient ouvertement les décrets solennels de
Rome, peut être soutenu sans crime... »

infirmes. Cette étrange proposition ne fut pas accueillie comme l'avait espéré Rendu ; il la retira donc, et le 23 novembre il donna sa démission, parce que, disait-il, « son âge et ses fonctions dans l'Université le déterminaient à se démettre de sa qualité de membre de la Société Saint-Augustin. » Il fut à l'unanimité nommé président honoraire et prié d'assister parfois aux séances ; il y parut en décembre 1852 et en février 1853. Il fut remplacé par le baron Locré, fils du secrétaire général du Conseil d'État sous l'Empire [1].

Il ne s'est rien passé qui soit digne de remarque durant ces années-là, jusqu'en 1856. On soutenait péniblement, non sans récriminer, la Société des Frères Saint-Antoine que Bonaventure Hureau, son mauvais génie, administrait de plus en plus mal ; on encourageait avec infiniment plus de satisfaction les Sœurs de Sainte-Marthe, si appréciées dans les grands hôpitaux qu'elles desservaient, à l'École polytechnique, au lycée Louis-le-Grand, au collège Henri IV et ailleurs ; on établissait des écoles à Auxerre et à Troyes ; on réimprimait quelques bons livres, et finalement on venait en aide aux prêtres persécutés. En 1853, sous le second Empire, il fallut secourir ainsi un prêtre octogénaire dont il a été question dans le chapitre précédent, Pierre Contrault, curé de Neuilly-en-Vexin, près Marines. Ce vieillard fut alors interdit par l'évêque de Versailles parce qu'il avait refusé au curé du chef-lieu de canton de lui livrer, pour être jetés au feu, les ouvrages de Nicole et de Quesnel, et parce qu'il n'avait pas voulu accepter la Bulle *Unigenitus*. La Société Saint-Augustin lui alloua, dans la séance du 9 février à laquelle assistait le président honoraire Ambroise Rendu, une

____

(1) Procès-verbaux ms. *passim*.

rente viagère de 4oo francs, portée presqueaussitôt à
6oo francs. Par ailleurs, le petit monde janséniste n'é-
prouvait pas de contrariétés, car l'archevêque Sibour
n'était pas un persécuteur. Le très distingué Martin de
Noirlieu, curé de Saint-Jacques du Haut-Pas et ensuite
de Saint-Louis d'Antin, confessait les religieuses de
Sainte-Marthe sans leur poser de questions indiscrètes;
l'abbé Morizot, curé de Saint-Marcel, et ensuite archi-
prêtre de Notre-Dame, recrutait sa maîtrise parmi les
élèves et les novices des Frères Saint-Antoine, et il
passait à Saint-Lambert et à Port-Royal le temps de
ses vacances. On rencontra même un vicaire de Saint-
Sulpice, la paroisse ultramontaine par excellence,
l'abbé Vogin, prêtre du diocèse de Nancy, que l'étude
approfondie de la religion avait amené à professer les
doctrines de Port-Royal [1]. Le confessionnal de l'abbé
Vogin se trouvait à Saint-Sulpice, dans la chapelle où
s'élève le fastueux monument de « Monsieur Olier »,
le plus grand ennemi des anciens jansénistes. Le clergé
s'aperçut que l'abbé Vogin avait une clientèle très
spéciale, et n'osant pas le frapper, on se défit de lui
d'une manière honnête. On prétendit l'obliger à vivre
en communauté au presbytère; il se retira, il devint
prêtre habitué de la paroisse toute nouvelle de Notre-
Dame des Champs, et jusqu'en 187o, dans un modeste
entresol de la rue de Fleurus ou de la rue du Cherche-
Midi, il continua à recevoir chez lui, de temps en temps,
quelques hommes et quelques jeunes gens, la direction
des femmes à domicile étant rigoureusement interdite
aux prêtres.

(1) C'est lui qui disait un jour : « J'aime Bourdaloue, quoique
jésuite. » Il était très lié avec M. de Franqueville, et il avait su par lui
que Montalembert mourant regrettait vivement d'avoir autrefois
dit du mal du gallicanisme.

C'est durant cette période, en 1854 pour donner la date précise, que la Société Saint-Augustin entra pour la première fois en relations avec un ecclésiastique qui joua durant plus de dix ans un rôle très important, avec l'abbé Guettée (1816-1892).

Jusqu'alors elle ne le connaissait pas, et il faut noter que ce n'est pas elle qui a fait la première démarche. Il était l'auteur d'une grande *Histoire de l'Église de France* dont neuf volumes avaient paru de 1847 à 1853 avec des fortunes diverses. Elle avait été approuvée par l'évêque de Blois et par le cardinal de La Tour d'Auvergne de Lauragois, évêque d'Arras (28 mai 1850); quarante-deux prélats avaient de même encouragé cette publication; mais le 22 janvier 1852 elle fut mise à l'index. Guettée avait dû par suite se constituer son propre éditeur; il avait dès lors, et il eut toujours depuis de très grands besoins d'argent, et il crut pouvoir, avant d'aborder l'histoire du xvii⁰ siècle, frapper à la porte des jansénistes. Il avait déclaré à plusieurs reprises qu'il était à la fois gallican et ultramontain, et voici ce qu'il avait dit à propos du jansénisme (t. VIII, p. xxvii) : « Nous ne sommes point janséniste, et nous détestons la doctrine contenue dans les cinq fameuses propositions. Nous admirons les solitaires de Port-Royal, ce qui ne nous a pas empêché dans nos précédents volumes, et ne nous empêchera pas dans les suivants, de blâmer l'esprit de parti qui a fait quelquefois dévier ces nobles intelligences. Quant aux Jésuites, nous saurons leur rendre justice à l'occasion, et donner des éloges mérités à plusieurs d'entre eux qui se sont distingués par leur vertus et par leur science religieuse. Mais il nous a semblé qu'il était temps de secouer un peu le joug de cette société célèbre, dont les historiens catholiques ont subi jusqu'ici l'influence d'une manière trop directe. On a trop cherché jusqu'ici à identifier la cause des Jésuites avec celle de l'Église, et à faire de leurs adversaires les adversaires de l'Église. Si les solitaires de Port-Royal ont eu des torts dans leurs discussions avec eux, est-ce une raison de leur prodiguer les injures les plus grossières, et de fermer les yeux sur les services qu'ils ont rendus à l'Église? Les Jésuites n'ont eu jusqu'à présent que des apologistes passionnés ou des adversaires injustes. Nous serons pour eux, comme pour tous autres, historien véridique et impartial. »

On lit au procès-verbal de la Société Saint-Augustin, séance du mercredi 7 mai 1854 : « La demande d'une subvention pour la continuation de l'impression de *l'Histoire de l'Église de France*, dont neuf volumes ont paru, et qui pourrait en avoir trois derniers, n'est pas accueillie. En rendant justice aux efforts de l'auteur, à ses études laborieuses, on désirerait connaître mieux les termes et l'esprit dans lesquels sera présentée l'histoire des xviie et xviiie siècles, pour ne disposer des fonds de la Société que conformément aux vues des donateurs. Cependant on arrête [1] la souscription à deux exemplaires de cette histoire, dont l'auteur est M. Guettée. » Cet insuccès ne découragea pas le très remuant abbé ; il obtint le 13 novembre l'autorisation de publier en les annotant le *Journal* et les *Mémoires* de Ledieu, secrétaire de Bossuet, dont le manuscrit autographe avait été acheté 500 fr. au libraire Lamy, et c'est ainsi que Guettée entra en relations avec l'un des membres les plus actifs et les plus

---

(1) C'est-à-dire *on décide*. Ces procès-verbaux ne sont pas des œuvres littéraires ; ils étaient alors rédigés par Noël Ravisé, receveur de rentes.

fougueux de la Société Saint-Augustin, avec Martial Parent Duchâtelet (1794-1863), possesseur de manuscrits très précieux. Parent-Duchâtelet était, on peut le dire, un personnage singulier. Propriétaire d'une maison sise rue de Savoie, n° 6, il refusait absolument d'y recevoir comme locataires des ecclésiastiques. Il ne fit qu'une exception, il y recueillit par pitié le prêtre Verger, celui-là même qui le 3 janvier 1857 assassina l'archevêque Sibour, et il dut s'en expliquer dans un factum imprimé. Guettée subjugua Parent-Duchâtelet, qui se fit son protecteur; en 1858 il recevait de la Société Saint-Augustin une pension de 400 francs, portée presque aussitôt à 600 francs [1]. Les déclarations et les protestations que j'ai citées de lui ne lui donnaient peut-être pas droit à cette libéralité; mais il semblait alors vouloir hurler avec les loups. Il s'était, en 1857 lancé à corps perdu dans une grande discussion avec l'abbé Lequeux et avec *L'Ami de la Religion*; il avait publié chez un libraire de la rue de Savoie, et probablement aux frais de Parent Duchâtelet, une brochure de cent dix-huit pages intitulée : *Jansénisme et Jésuitisme*. Elle est d'une bonne facture, car l'abbé Guettée avait un véritable talent, et on comprend que Parent Duchâtelet et ses amis se soient laissé séduire. Grâce à l'amitié de Parent Duchâtelet il entra en relations avec les rédacteurs de l'*Observateur catholique*, et c'est surtout comme collaborateur de cette *Revue* qu'il a joué durant dix ans un rôle important. Il faut donc faire connaître cette publication destinée à remplacer la *Revue ecclésiastique*, dont

____

(1) On lui avait abandonné tout le profit de la publication du *Journal* de Ledieu, produit assez maigre (1 fr. 50 par exemplaire de l'ouvrage complet), et la vente n'était pas facile. On lui prêta de l'argent, ce qui fut plus tard une cause de difficultés.

le petit monde janséniste regrettait la disparition.

L'*Observateur catholique*, qui paraissait deux fois par mois, était édité chez un libraire de la rue de Savoie ; c'est dire que Parent Duchâtelet était l'âme de cette publication. On s'adjoignit Emery Poulain et Ambroise Guélon, qui avaient si bien fait vivre la *Revue ecclésiastique*, et le premier numéro parut en octobre 1855. Le nouveau journal s'annonçait dès les premières lignes comme un adversaire irréductible de Louis Veuillot et de l'*Univers*. Il se proposait de lutter avec énergie contre le Rationalisme, le Protestantisme et l'Ultramontanisme, qui semblaient, disait-il, s'être coalisés contre l'Église de France. Il se flattait de donner le coup mortel à l'Ultramontanisme, appelé par Guélon, qui ne mâchait pas ses mots : « un absurde système, la honte de l'Église catholique. » Ponr combattre Veuillot, on lui empruntait son vocabulaire et on parlait de l'*Univers*, « qui excite le dégoût avec ses oripeaux sanglants, ses déclamations niaises et furibondes... » Il n'était pas question de Port-Royal et du jansénisme dans les premiers numéros. C'est à la page 54 qu'il est parlé pour la première fois, et d'une manière pour ainsi dire fortuite, de Saint-Cyran et de ses disciples. Les articles étaient ordinairement signés Virey, Secrétant, Édouard de Bucy, l'abbé Duval, Poulain, Guélon et Parent Duchâtelet. Je ne saurais dire si parmi eux il ne se trouvait pas quelques noms de guerre.

L'*Observateur catholique* était à l'origine une revue bien faite et née très viable. C'est un document dont les historiens doivent tenir compte s'ils veulent étudier Veuillot et ses querelles avec Montalembert [1], s'ils

____

(1) Veuillot était un Montalembert roturier, et Montalembert,

veulent bien connaître Joseph de Maistre, et ce qu'on appelle la Mariolâtrie et bien d'autres questions encore. Le *Journal des Débats* prônait et encourageait l'*Observateur* en 1856 (t. II, p, 194). Ses abonnés, recrutés dans la bourgeoisie, dans le clergé, même dans l'épiscopat, et dans ce qu'il appelle les classes éclairées, lui suffisaient ; il n'avait pas besoin, disait-il, de subventions et de subsides mendiés. « L'*Observateur* vit et vivra pour réfuter les mauvaises doctrines de l'*Univers* et de ses amis. Il faut que M. du Lac en prenne son parti. [1] »

Au début de sa troisième année, c'est-à-dire en octobre 1857 l'*Observateur* poussait un cri de triomphe, et voici ce que disait Guélon, son propriétaire-gérant, au sujet de cette feuille « qui prospère d'elle-même, et qui sans annonces, sans réclames, et malgré son caractère purement théologique, a conquis une importance que ses adversaires chercheraient vainement à nier. Nous serons catholique, purement et simplement catholique, selon la véritable et large acception du mot. Sur ce terrain, nous serons toujours fort contre les erreurs, de quelque côté qu'on les soutienne, soit en dedans, soit en dehors de l'Église[2]. »

Catholique, l'*Observateur* tenait absolument à n'être pas autre chose, et quand on lui jetait l'appella-

un Veuillot gentilhomme ; c'est pourquoi ils s'entendaient si mal tout en soutenant la même cause.

(1) 11, 193. On attaqua l'*Observateur*, et les accusations odieuses ne lui manquèrent pas. On osa dire, en 1857, que l'affreux Verger, l'assassin de Sibour, était un de ses collaborateurs. Guélon répondit (tome III, p. 225), que Verger avait adressé au Comité de rédaction en décembre 1856, une lettre qu'il aurait voulu voir insérer ; cette lettre excentrique fut refusée, et Verger n'a pas écrit une seule ligne dans l'*Observateur catholique*.

(2) Tome V, p. 2.

tion de janséniste, il répondait en répétant ce qué disait un de ses plus fermes soutiens, l'orientaliste Garcin de Tassy, membre de l'Institut : « On a dit que M. Quatremère était janséniste. Si par cette expression on entend un hétérodoxe qui croit à la grâce nécessitante, certes, ce respectable savant n'était pas janséniste, car nul n'était plus que lui profondément catholique. Mais si on donne ce nom à un chrétien de mœurs austères, rigide observateur des lois de l'Église, attaché de cœur à nos usages gallicans, ennemi des innovations, dans ce sens M. Quatremère était janséniste [1]. » Cette déclaration si nette eut été contresignée par tous les rédacteurs de l'*Observateur catholique* . et même par l'abbé Guettée.

Ce n'est donc pas à titre de janséniste qu'il combattit avec une si grande vivacité la croyance à l'Immaculée-Conception et à l'Infaillibilité des papes. Il peut être bon de s'en expliquer ici franchement une fois pour toutes, et de bien établir que ces questions-là n'ont rien à voir avec ce qu'on nomme ordinairement le jansénisme. Bossuet croyait à l'Immaculée-Conception considérée comme une opinion pieuse, et il reconnaissait que de très grands saints et des docteurs illustres, tels que saint Bernard, saint Thomas, saint Bonaventure et saint Anselme n'y croyaient pas. Nicole auteur du traité sur le Symbole (t. II, p. 226) était assez disposé à l'admettre pourvu qu'on ne prétendit pas l'y contraindre.

Quant à la Bulle *Ineff.bilis*, émanée de l'initiative de Pie IX, on pouvait se demander si elle a plus de valeur que les affirmations contraires de plusieurs papes, et s'appesantir sur le passage si étonnant de

(1) Ibid, p. 192.

cette même Bulle qui déclare que l'Église ne fait jamais de dogmes nouveaux. Mais c'est là de la controverse générale, et les historiens de Port-Royal posthume n'ont pas à s'en occuper [1].

Même observation pour la question de l'Infaillibilité, qui n'a rien à démêler avec la grâce efficace et la prédestination. D'ailleurs nous avons établi au commencement de cet ouvrage que Jansénius fut de tout temps un infaillibiliste déclaré, et qu'il a devancé de deux cent cinquante ans le décret du Vatican. Le gallicanisme ne peut donc à aucun titre être confondu avec le jansénisme; ce sont choses absolument différentes, et l'*Observateur catholique* avait mille fois raison de ne vouloir pas les confondre.

En 1856, s'éleva sur la question de Port-Royal et du jansénisme un débat public dont les historiens n'ont pas parlé; c'est ce que j'appellerai l'affaire Lavigerie. Professeur suppléant à la Faculté de théologie, le jeune abbé, qui avait alors trente et un ans, prit pour sujet de son cours le jansénisme et Port-Royal, dont il se proposait de parler deux années durant. Il venait de parler du protestantisme, et comme le jansénisme était à ses yeux un calvinisme déguisé, il le trouvait naturellement sur son chemin. « Je n'ai pas voulu, disait il dans sa leçon d'ouverture, le rechercher arbitrairement, parce qu'un choix arbitraire eût pu paraître un défi; je ne veux pas davantage le fuir, parce

---

(1) Le cardinal Richard, qui faisait chercher et détruire les livres jansénistes, fut un jour consulté par un prêtre scrupuleux, au sujet d'un simple fidèle soupçonné de jansénisme. Il répondit sans hésiter qu'il ne fallait pas l'inquiéter sur les controverses antérieures au xixe siècle; il suffirait d'obtenir satisfaction à propos de l'Immaculée conception et de l'Infaillibilité, qui n'ont rien à voir avec la Grâce efficace et la Prédestination.

que la fuite pourrait sembler une faiblesse [1]. » Il jugeait
sans doute que le jansénisme a disparu du milieu de
nous, ou peu s'en faut, et pourtant le sujet qu'il devait
traiter lui semblait délicat et périlleux ; il allait navi-
guer entre Charybde et Scylla. « Vous connaissez,
Messieurs, ajoutait-il, l'esprit qui préside à cet enseignement. Prêtre catholique, je défends tout ce que
défend l'Église, je condamne ce qu'elle condamne. Ma
conviction était donc formée sur le jansénisme avant
même que d'aborder les études immédiatement préparatoires à cet enseignement ; mes études n'ont fait que
me confirmer dans ma conviction première. Je consi-
dère le jansénisme comme une doctrine profondément
fausse et dangereuse ; mais en le combattant avec fermeté, j'écarterai avec soin de mon langage toute
expression blessante ; je prendrai pour guide les
règles de charité et de modération que l'Évangile prescrit à ses défenseurs, et je rendrai aux hommes, à leurs
œuvres, à leurs caractères, à leurs vertus, le degré de
justice auquel ils ont droit. Peut-être mes paroles ne
trouveront-elles pas partout la même bienveillance ;
mais n'importe, je n'en ferai pas moins ce que je con-
sidère comme un devoir ; et je m'efforcerai d'unir la
prudence du serpent à la simplicité de la colombe.... »
L'*Observateur catholique* veillait au grain ; il annonça
tout de suite son intention d'assister régulièrement

(1) Brochure du temps, avec l'indication suivante : *Extrait de l'Ami
de la Religion*. (16 p. in-8°). D'autres fragments du cours ont paru de
même avec la mention : *Extrait de l'Enseignement catholique, journal
des prédicateurs*. Il paraît que ces imprimés sont devenus très rares ;
un conférencier qui avait le plus grand intérêt à les connaître, car il
se préparait à renouveler la tentative, ou, si l'on veut, l'équipée de
l'abbé Lavigerie, n'est jamais parvenu à se les procurer. La lecture
de l'*Observateur catholique* aurait suffi à l'édifier à cet égard, et peut-
être à le décourager.

aux cours de l'abbé Lavigerie et d'en rendre compte à ses lecteurs [1]. Il critiqua le discours d'ouverture ; il fit observer au très jeune professeur qu'il aurait dû, avant de traiter un pareil sujet, faire au préalable des études sérieuses, longues et difficiles, et ne pas se contenter de quelques idées préconçues qui ne pouvaient lui venir que du séminaire [2]. Cette première leçon fut jugée sévèrement « encore plus faible sous le rapport théologique qu'au point de vue historique, ce qui n'était pas peu dire. » L'article était signé Parent Duchâtelet, mais il décèle une sûreté d'informations et une science qui prouvent bien qu'il faut chercher ailleurs l'auteur de cette vigoureuse et solide réfutation. Si ce n'est pas l'abbé Guettée qui l'a composée, il en a été certainement l'inspirateur; l'*Observateur catholique* en est convenu plus tard.

A dater de ce jour, ce fut pour ainsi dire un duel à mort entre le journaliste et le professeur. Toutes les leçons jusqu'à la treizième et dernière furent successivement passées au crible. Elles furent l'objet d'une critique sans bienveillance, et le professeur de son côté se départit bien vite du calme, de la réserve, de l'esprit de charité dont il avait parlé dans sa leçon d'ouverture. On en vint aux gros mots ; il y eut même au cours de la huitième leçon un petit scandale en Sorbonne. Un des auditeurs, un vieillard qui n'était certainement pas Parent Duchâtelet, car ce dernier était la pétulance même, glissa dans l'oreille de son voisin quelques mots

----

(1) Tome III, p. 182. Les comptes rendus parurent très régulièrement, et on en fit des tirages à part ; ils obtinrent un succès de très bon aloi, car ils sont vraiment remarquables.

(2) L'abbé Combalot, une si méchante langue, disait alors même qu'il n'y avait qu'un moyen d'éclairer le séminaire de Saint-Sulpice, c'était d'y mettre le feu.

de protestation indignée. Le professeur s'emporta, il s'écria : « On use ailleurs assez largement du droit de me contredire, on n'a pas besoin de venir l'exercer ici ! » C'est tout juste si le vieillard ne fut pas mis à la porte comme le demandaient les auditeurs zélés [1]. Finalement l'abbé Lavigerie dut reconnaître qu'il s'était fourvoyé et qu'il n'aurait pas le dessus dans cette lutte par trop inégale. Il renonça donc à traiter l'histoire de Port-Royal et du jansénisme ; il se rabattit durant quelques leçons sur une étude de Pascal ; puis il abandonna complètement la partie. Voici d'après l'*Observateur* de l'année suivante (t. V, p. 195) quelle fut la conclusion de cette affaire : « Nos lecteurs se souviennent sans doute de la lutte que nous avons soutenue contre M. l'abbé Lavigerie, professeur d'histoire ecclésiastique à la Sorbonne. Ce jeune prêtre, qui ne manque pas de facilité, avait entrepris de faire l'histoire de Port-Royal. Son cours devait durer deux ans. Il l'avait ainsi annoncé. On a vu combien il était au-dessous de son sujet. La facilité ne suffit pas pour faire l'histoire de Port-Poyal ; il faut aussi beaucoup de science théologique et une rare impartialité. Il paraît que nous avons fait comprendre à M. le professeur qu'il était dépourvu de ces deux qualités. Aussi a-t-il abandonné le sujet qu'il devait traiter. Il a recommencé

---

(1) *Observateur*, tome IV, p. 53. — Ernest Havet, le commentateur de Pascal, fut mêlé un instant à cette polémique. L'abbé Lavigerie s'était servi de son livre pour accabler Pascal ; l'*Observateur* le malmena (tome IV, p. 126) ; il le traita de petit commentateur et le compara à la grenouille de La Fontaine. La réclamation de E. Havet (IV, 160) est un peu bien humble. Chose curieuse, Sainte-Beuve et son Port-Royal ne sont pas cités par l'abbé Lavigerie, qui cite Cousin, Faugère, Havet et même Varin. Il est question de lui, en passant, dans la 10ᵉ leçon, relative à Pascal. Sainte-Beuve de son côté, qui a repris son travail en 1858, n'a pas dit un seul mot de Lavigerie et de son contradicteur.

son cours ces jours derniers, et il y traite l'origine du christianisme. Nous désirons vivement que M. l'abbé Lavigerie traite ce sujet avec science et qu'il *dise tout.* Il fera ainsi une critique sanglante de notre époque *jésuitique,* et le plus bel éloge de Port-Royal. Nous ne suivrons pas M. Lavigerie dans son nouveau cours. Si nous avons critiqué sa prétendue histoire de Port-Royal, c'est que nous avions vu dans ses leçons un parti pris d'insulter une école savante et illustre que nous admirons [1]. »

C'est d'ailleurs la seule fois que l'*Observateur catholique* se soit appesanti sur l'histoire de Port-Royal et sur la question du jansénisme. Une fois pourtant, en 1861 (t. XII, p. 320) Guettée, réfutant Rosseeuw Saint-Hilaire et accessoirement Sainte-Beuve et Renan, parla de Port-Royal avec un grand bonheur d'expression. Rosseeuw Saint-Hilaire reprochait aux jansénistes du xviie leur inconséquence, et il voyait dans cette inconséquence la cause de la mort de Port-Royal. « Et d'abord, s'écria Guettée, Port-Royal est-il mort? Poser cette question, c'est demander si le catholicisme est mort. Ceux qui ont intérêt à le dire peuvent se passer cette fantaisie; mais il n'en est pas moins certain qu'il existe dans le monde des millions de chrétiens sincères qui ne sont ni protestants ni jésuites. Que sont-ils? Catholiques. Port-Royal n'a pas voulu fonder une secte en dehors de l'Église, et il a eu raison. Il n'est donc pas étonnant qu'il n'existe pas une secte port-royaliste, et comme on dit janséniste... Quant à M.M. Sainte-Beuve

---

(1) Tome V, p. 195. On comprend le silence des biographes de l'illustre cardinal sur cette période, qui n'est pas la plus belle d'une vie si bien remplie. Attaqué à plusieurs reprises par l'*Observateur catholique* (V. notamment tome 14, p. 363), le « pauvre professeur », devenu évêque de Nancy, ne répondit pas.

et Renan, ils sont l'un et l'autre en dehors de tout christianisme. Comment pouvaient-ils donc juger Port-Royal avec exactitude ? Nous ne nions pas le talent incontestable de ces deux écrivains ; mais nous avons remarqué dans leurs travaux sur Port-Royal d'innombrables erreurs de fait et d'appréciation qui nous ont convaincu que leurs travaux ne méritent pas les éloges pompeux qui en ont été faits ; qu'eux non plus ne connaissent pas le catholicisme et qu'ils confondent cette grande doctrine avec le jésuitisme, quoiqu'elle lui soit diamétralement opposée. »

En dehors de ces deux apologies, l'*Observateur* est demeuré muet sur la question du jansénisme.

Sa principale affaire, c'était la lutte contre Veuillot et l'*Univers*, contre l'ultramontanisme et contre le culte idolâtre de la Vierge Marie. Il ne faut donc pas s'exagérer l'importance de cette publication, qui ne tarda pas à être confisquée, pour ainsi dire, par l'abbé Guettée. Collaborateur occasionnel au début, il s'imposa en 1858, et devint dès lors le rédacteur principal, sinon le rédacteur en chef, et cela au moment où l'archevêque Morlot lui ôtait la permission de dire la messe dans le diocèse de Paris. Il finit même, a-t-il dit, par en être le seul propriétaire. Guettée trouva moyen de faire de la réclame pour ses nombreux ouvrages, et de satisfaire son goût très prononcé pour le commerce des livres. C'est ainsi qu'il lança son *Histoire des Jésuites*, publiée par livraisons de seize pages au prix de vingt-cinq centimes, et qu'il fit valoir en toute occasion son *Journal de Ledieu* et son *Histoire de l'Église de France*, dont le douzième volume parut en 1856. Très apprécié par ceux qui dirigeaient l'*Observateur catholique*, et ils avaient raison de faire le plus grand cas de son talent, il était néanmois surveillé par eux, et il n'aurait pu faire un pas en dehors de la voie droite. L'*Observateur catholique* fut mis deux fois à l'index, ce qui alors ne tirait pas à conséquence ; il ne pouvait pas être condamné comme le journal de Lamennais, car il ne donnait pas prise à la censure. Mais lorsque Parent Duchâtelet, le généreux mécène, vint à mourir en 1863, tout changea instantanément. Le besogneux Guettée chercha de nouveaux soutiens et de nouveaux bailleurs de fonds. Il crut les avoir trouvés dans les représentants de l'Église russe à Paris ; il leur fit des avances, et il prétendit leur assurer le concours de l'*Observateur catholique.* Guélon ' et ses amis de France et de Hollande firent les plus grands efforts pour arrêter ce malheureux sur le bord de l'abîme ; tout fut inutile, et l'on sait que Wladimir Guettée est mort prêtre russe desservant l'église schismatique de la rue Daru. Il s'était alors produit un fait grave ; chargé par Parent Duchâtelet de publier intégralement l'*Histoire littéraire de Port-Royal* de dom Clémencet, il lança un prospectus annonçant huit volumes, et il promit de déposer à la Bibliothèque impériale le manuscrit, qui ne lui appartenait pas. Le premier volume parut seul en 1868 ; le manuscrit fut vendu à Prosper Faugère, qui n'en tira aucun parti, et qui le légua à la Bibliothèque Mazarine. l'*Observateur catholique* ne survécut pas à Parent Duchâtelet ; il fut d'abord confisqué par Guettée puis il disparut de la manière la plus fâcheuse, dans des conditions qui attristèrent profondément les « Amis de la Vérité ».

Ils cessèrent, en 1864, de collaborer avec Guettée devenu schismatique et notoirement hostile au *filioque* du symbole de Nicée. Guettée accusa ces grands ennemis des Jésuites d'avoir recours aux procédés les plus jésuitiques pour se proclamer unis à Rome, qu'ils prétendent être le centre d'unité (*Observat. cath.*, t. 18, p. 110[1]).

La collection des dix-huit volumes de l'*Observateur catholique* n'en est pas moins un document précieux pour l'histoire religieuse des temps modernes. Elle fait notamment connaître quelques personnages dignes d'intérêt, tels que l'abbé Laborde, ancien curé de Lectoure[2], l'abbé Prompsault[3], ancien chapelain des Quinze-vingts, l'abbé Caffort, mort en 1832, et dont les sermons très remarquables furent publiés par l'abbé Migne[4], Contrault, mort à 89 ans, Guéneau de Mussy[5], Noël Ravisé[6], Pierre Videcoq[7], Emery, Poulain[8] et quelques autres encore. On y trouve également, d'après un article publié par Edmond Texier dans *Le Siècle*, le récit d'une visite faite à Port-Royal des Champs durant l'été de 1858. Il peut être bon d'en citer quelques lignes : « Port-Royal! voilà donc tout ce qui reste de la demeure de ces hommes célèbres et de

---

(1) Il alla même jusqu'à s'attaquer (tome 15, p. 645) à ce qu'il appelait « une petite coterie », composée de quelques faux amis de Port-Royal., qui feraient beaucoup mieux de s'unir ostensiblement aux Jésuites dont ils ont toutes les qualités, que de se targuer d'un titre qu'ils ne méritaient pas. » — Une autre fois, à propos d'une mention de la Boîte à Perrette (tome 16, p. 612), il lui reprocha de faire si peu pour lui.

(2) Tome VI, p. 42.

(3) Tome V, p. 215.

(4) Tome VI, p. 73.

(5) Tome VII, p. 221.

(6) Tome VII, p. 248.

(7) Tome VI, p. 82.

Le docteur Videcoq, collaborateur de la *Revue ecclésiastique* et de l'*Observateur catholique*, fut enterré à Saint-Séverin, avec un grand concours de frères Saint-Yon et de sœurs de Saint-Vincent de Paul ; le curé Hanicle, moliniste fougueux, rendit publiquement hommage à ses vertus, et il ne fit pas la moindre allusion à son jansénisme . le docteur Videcoq était néanmoins un militant.

(8) Tome VI, p. 82.

ces doctes femmes... Notre époque, raisonnable et raisonneuse, ne se préoccupe plus de ces grandes questions religieuses qui passionnaient les plus fiers esprits au xviiᵉ siècle. Le temps a emporté molinistes et jansénistes, et le trois pour cent a remplacé la grâce ; mais il est impossible de se défendre d'un sentiment de vague mélancolie en face de ces ruines qui rappellent tant de personnages illustres et tant d'illustres écrits. » Suit une description des ruines de l'église telles que les avaient fait reparaître les fouilles du duc de Luynes en 1844 ; le visiteur entré dans la chapelle y contemple quelques portraits, entre autres ceux d'Arnauld, de Nicole, de Jacqueline Pascal et celui de Blaise Pascal offert à Port-Royal « par la pieuse reine Marie-Amélie ». Ici, l'*Observateur catholique* prend la parole pour son compte, et, s'adressant aux frères de Saint-Antoine, qui possédaient alors ce domaine, il leur avoue qu'on est « péniblement affecté, en visitant les saintes et illustres ruines de Port-Royal, de l'état d'abandon où elles sont aujourd'hui. Il faut certainement laisser à ce désert son aspect sauvage, mais on voudrait voir ces lieux consacrés par de si touchants souvenirs entourés de soins plus pieux... [1] ».

Le culte de Port-Royal était alors très vivant dans un petit cercle de fidèles que la mort faisait disparaître chaque année sans qu'ils fussent remplacés par d'autres. On en pourrait citer beaucoup à Paris, dans la banlieue et jusque dans les provinces les plus éloignées, jusqu'à Toulouse et à Carcassonne ; mais ce ne seraient guère que des listes de noms, et le temps des petits nécrologes est à jamais passé. Dans le nombre figureraient beaucoup de femmes, et la chose n'est pas sur-

----

(1) Tome VI, p. 216.

prenante puisque dans l'histoire de Port-Royal à toutes les époques il s'est trouvé tant de femmes admirables. Je me contenterai d'en nommer quelques-unes, et parmi elles la fille du conventionnel Camus, Mlle Charlotte-Marie Camus, bienfaitrice des Sœurs de Sainte-Marthe, qui mourut âgée de soixante-trois ans le 28 novembre 1847 ; Mlle Labourée, dix-septième enfant d'un avocat au Parlement qui était mort en 1768 ; elle est morte à quatre-vingt-deux ans en 1838 ; Mlle Clément de Givry, sœur de l'ancien évêque de Versailles ; Mlle Grangeret de la Grange, la générosité même ; Mme Grandidier, Mlles Danjan, Pelart, Moreau, Lanté, Monteret, Fermepin, Thomassin, etc. Toutes ces nobles femmes se dévouèrent sans bruit ; elles soulagèrent les malheureux et notamment les prêtres injustement persécutés ; elles recueillirent les orphelins et les firent instruire à Paris, à Saint-Mandé chez les Frères Saint-Antoine, à Magny chez les Sœurs de Sainte Marthe ; elles vinrent surtout en aide de la manière la plus ingénieuse aux familles nombreuses ; enfin elles recueillirent avec un soin pieux toutes les reliques de Port-Royal qu'elles purent rencontrer.

Au premier rang de ces femmes qui ne se croyaient pas du tout des « mères de l'Église » et qui ne cherchaient pas à dogmatiser, doivent figurer Mlles Gillet (Sophie et Rachel), auxquelles l'histoire posthume de Port-Royal a de si grandes obligations. Elles avaient pour frère un membre de la société Saint-Augustin, riche entrepreneur de maçonnerie qui a beaucoup travaillé pour les Jésuites de la rue des Postes et de la rue de Vaugirard, et elles étaient en relations avec toute la société janséniste. Très instruites l'une et l'autre, infatigables au travail et passant les jours et les nuits à copier des manuscrits, on ne saurait dire tout ce qu'elles ont fait au cours d'une vie qui ne fut pas très longue.

Sophie Gillet devint aveugle, et Rachel dut travailler, seule, sans rien perdre de son zèle et de son activité. Elle fut au XIXe siècle ce qu'avaient été aussitôt après la destruction de Port-Royal Mlles de Joncoux et de Téméricourt. Elle mit en ordre les livres et les papiers des sociétés Saint-Antoine et Saint-Augustin, et ceux des Sœurs de Sainte-Marthe ; elle surveilla la translation de la bibliothèque janséniste, qui fut installée successivement rue de la Parcheminerie, rue du Cloître-Saint-Benoît et rue Saint-Jacques. Elle forma chez elle, dans une vieille maison qu'elle possédait rue Leclerc, près de l'ancienne barrière Saint-Jacques, une bibliothèque, ou pour mieux dire un dépôt de livres dont les doubles se comptaient par douzaines, et qui formaient un ensemble de plus de 10.000 volumes. Elle acheta ou se fit donner tout ce qui pouvait être recueilli dans la succession des fervents de Port-Royal, tableaux, gravures, livres, brochures, manuscrits, coupures de journaux et de revues, etc. Tout cela était soigneusement accroché aux murs, déposé sur des rayons, rangé dans des cartons, empilé dans des armoires. Personne n'était admis à contempler ces trésors, et tous les ans il sortait de cet antre mystérieux des tableaux et des caisses de livres que l'on expédiait aux amis de Hollande. Mlle Gillet était en relations suivies avec les anciens catholiques d'Utrecht, et elle fit plusieurs fois le voyage de Rhynwick et d'Amersfoort ; elle y copia beaucoup de documents, et elle rapporta même un double de leur catalogue. Elle se rendit aussi à Troyes, dont Sainte-Beuve a vanté la riche bibliothèque janséniste, et elle y fit un butin considérable. Enfin elle passa des journées entières à la Bibliothèque Impériale et à la bibliothèque de l'Arsenal. Elle correspondait très régulièrement avec les membres du clergé hollandais qui savaient à peu près le français, et notamment avec M. Karsten, qui le savait bien ; elle servit aussi d'intermédiaire entre l'*Observateur catholique* et quelques prêtres espagnols et italiens que leur opposition aux nouveaux dogmes avait exposés à des persécutions violentes, le dominicain Morgaez et les abbés Emmanuel, Parona, Tosi, etc. Elle publia même certains de leurs ouvrages et probablement à ses frais. C'est elle qui a publié en 1857 les deux volumes de Lettres de la Mère Agnès que Prosper Faugère a contresignées, car il n'a fait que revoir très légèrement le travail, et c'est tout au plus s'il a rédigé l'introduction sur les données que lui avait fournies le véritable éditeur. Une publication toute semblable, celle de huit cents lettres de la Mère Angélique de Saint-Jean, avait été entreprise par Mlle Gillet ; le manuscrit complet, tout préparé pour l'impression, se trouve aujourd'hui dans ses papiers. Ces lettres, dont quelques-unes sont très belles et d'une grande importance pour l'histoire ne verront sans doute jamais le jour, car l'heure actuelle n'est pas propice aux publications de cette nature. Ce fut même une erreur de publier intégralement la correspondance de la Mère Agnès.

Mlle Gillet ne fut pas mieux inspirée quand elle publia quelques ouvrages de l'abbé d'Etemare, qui ne sauraient intéresser qu'un nombre de lecteurs excessivement restreint [1]. Elle aurait pu employer d'une manière plus heureuse les fonds qu'elle avait à sa disposition. Attentive à tout ce qui pouvait concer-

---

(1) En voici les titres d'après un petit cahier de comptes de Mlle Gillet : Histoire de la religion représentée dans l'Écriture sainte sous divers symboles (2 vol. in-8°, 1862). — Principes sur l'intelligence de l'Écriture Sainte et recueil de divers écrits (1 vol. in-12,

ner Port-Royal et son histoire, Mlle Gillet fut en relations constantes avec les Sœurs de Sainte-Marthe, qui depuis la fâcheuse scission de 1842, luttaient péniblement pour l'existence. La supérieure générale de cette congrégation, dont le siège était à l'hôpital Saint-Antoine, était alors la sœur Sébastien, une femme très instruite et un noble caractère. Mlle Gillet prit soin de leurs archives et copia chez elles les manuscrits très précieux que leur avaient légués Camet de la Bonnardière et Louis Silvy ; la plupart des beaux livres anciens qui se trouvent aujourd'hui au musée de Port-Royal des Champs proviennent de leur bibliothèque. Elle se fit communiquer de même les documents que possédaient les frères Saint-Antoine, et d'une façon générale on peut assurer que, sans elle, les indications variées qui ont été données au cours de ce chapitre et du chapitre précédent auraient été perdues pour l'histoire. Elle est morte le 28 août 1875 ; les dernières notes qu'elle avait prises en lisant le *Journal des Débats* sont du 14 août ; elles sont relatives au chanoine allemand Dœllinger et à la nomination de l'évêque Richard comme coadjuteur de l'archevêque de Paris. Mlle Gillet avait légué ses collections à l'une de ses nièces, dont les sentiments et les principes étaient en parfaite harmonie avec les siens, et c'est ainsi qu'elles ont été remises en mains sûres. Les véritables amis de Port-Royal garderont pieusement le souvenir de la famille Gillet.

En 1868 le domaine de Port-Royal, transmis par Louis Silvy aux frères de la Société Saint-Antoine,

1865). — Explication du discours de Notre-Seigneur Jésus-Christ après la Cène (1 vol. in-18, 1860.) — Ressources de la piété dans les maux de l'Église (1 plaquette, 1860). — L'Apocalypse, (1 vol. in-18, 1866).

passa entre les mains des membres de la société Saint-Augustin, et cette transmission ne se fit pas sans difficulté. On a vu dans un des chapitres précédents combien Louis Silvy avait regretté la donation qu'il avait faite en 1832 ; Bonaventure Hureau l'avait payé d'ingratitude. Silvy mort, Hureau tâcha de tirer le meilleur parti possible de la propriété qu'il avait acquise à si peu de frais. Il fit imprimer des circulaires pour dire que Silvy ne lui avait rien laissé pour l'entretien de cet immeuble, et pour faire appel à la générosité des amis de Port-Royal. Il songeait surtout à faire de la maison construite par Silvy une sorte d'auberge où les pèlerins et les visiteurs pourraient être hébergés durant quelques jours. Aucun de ces projets ne put être réalisé, parce que Hureau n'inspirait pas la confiance. Il délaissa donc Port-Royal, il le greva d'hypothèques et, finalement, lorsqu'il se trouva réduit à vivre d'expédients, il proposa à la société Saint-Augustin de le lui vendre. Mais il en exigeait le double de ce qu'il valait réellement, il en voulait 80.000 francs, et il avait l'impudence de dire qu'il obtiendrait aisément cette somme des Jésuites eux-mêmes. Il fallut subir ses exigences, et c'est ainsi qu'en 1868, un an avant la mort de Bonaventure Hureau, le domaine de Port-Royal des Champs est devenu la propriété de la société qui le possède encore aujourd'hui.

C'est à la veille des grands événements de 1870 que se fit cette acquisition, qui ne fut pas le moins du monde une manifestation janséniste. Le prétendu parti s'agitait alors moins que jamais, et l'on peut dire qu'il n'a pas donné signe de vie pendant les dernières années du règne de Napoléon III. L'empereur n'avait pas de politique religieuse arrêtée, la preuve en est qu'il a laissé Pie IX lacérer le Concordat et violer les articles organiques. L'entourage de l'impératrice était composé d'ultramontains fanatiques ; il ne se trouvait plus personne en France pour soutenir les libertés de l'Église gallicane et la Déclaration de 1682, attaquées de tous côtés, sous la direction de Louis Veuillot, avec une fureur croissante. Les rares Français qui avaient dans le cœur les principes de Port-Royal n'eurent même pas l'idée de demander que l'appel des quatre évêques au futur concile fût adressé au concile qui allait se réunir. Ils se dirent tristement que les temps malheureux prédits par l'Évangile et par saint Paul étaient arrivés ; que les élus mêmes seraient séduits si la chose n'était pas impossible, et qu'on ne trouverait plus de foi sur la terre. Animés de ces sentiments, ils persistèrent à ne vouloir sous aucun prétexte faire schisme avec la sainte Église de Rome ; ils disaient comme la Mère Angélique en 1661 : « C'est maintenant l'heure de l'homme ; l'heure de Dieu viendra », et ils se préparaient à souffrir en silence. Telle était leur situation lorsque le dogme de l'infaillibilité fut proclamé le 18 juillet malgré l'opposition formelle de cent cinquante évêques [1]. Le libéralisme, le gallicanisme et le jansénisme étaient enveloppés dans une même condamnation, et l'histoire de l'Église allait entrer dans une phase nouvelle.

---

(1) On aime, en France, à simplifier les questions ; voici donc comment le Catéchisme de Paris (édition de 1914), présente la théorie de l'infaillibilité :

D. Le pape peut-il se tromper quand il enseigne ?

R. Non, le pape ne peut se tromper quand il enseigne à toute l'Église ce qu'il faut croire ou pratiquer pour aller au ciel ; Dieu l'assiste alors pour qu'il soit infaillible.

Ce n'est peut-être pas ce que signifient les mots *ex cathedra Petri*, qui ne donnent pas le privilège de l'infaillibilité aux encycliques des papes.

CHAPITRE XXIX

Le 18 juillet 1870, le jour où l'infaillibilité fut procla-
mée à Saint-Pierre de Rome au milieu des éclairs et du
tonnerre, est aux yeux de certains catholiques la date
célèbre entre toutes ; ils en feraient volontiers le point
de départ d'une ère nouvelle, analogue à l'hégire des
musulmans ou à l'ère républicaine de 1792, et les événements qui suivirent, la guerre franco-allemande, le
retrait des troupes françaises qui protégeaient Rome,
la perte du pouvoir temporel et la dislocation du concile
ne seraient pas de nature à refroidir leur enthousiasme.
Dans l'état actuel de l'Église, il est bien certain que le
concile du Vatican est le dernier des conciles généraux,
et que le Saint-Siège n'aura jamais la pensée d'en convoquer un nouveau. Les conciles ont été reconnus par
les Pères de 1870 des rouages absolument inutiles, et
leur autorité n'est même pas mentionnée dans le serment antimoderniste exigé par Pie X. Mais il n'y a pas
lieu d'entrer ici dans ce genre de considérations ; ce
qui est bien certain, c'est que les prétendus jansénistes,
les adeptes de Port-Royal, ne sont pas en bonne posture depuis 1870, pas plus que les sectateurs de Bossuet et du gallicanisme, pas plus que les partisans du

catholicisme libéral. A toutes leurs revendications, fussent-elles infiniment humbles et respectueuses, le Saint-Siège peut désormais opposer une fin de non-recevoir absolue. N'est-ce pas leur saint Augustin qui a dit, dans un tout autre sens il est vrai, mais peu importe : « Rome a parlé, la cause est finie » ? Rome parlera quand ce sera nécessaire, et toutes les causes possibles et imaginables seront finies.

Ainsi plus de discussions possibles ; il ne saurait être question désormais de la Grâce efficace et de la Prédestination, du Formulaire et de la Bulle *Unigenitus*, de la signature avec distinction du fait et du droit ou de l'appel au pape mieux inspiré ou au futur concile. Et cependant on continue à calomnier Port-Royal et ses partisans. On fulmine les anathèmes contre le jansénisme, « l'hérésie la plus méprisable qui ait jamais insulté le corps mystique de Jésus-Christ », comme disait dom Guéranger[1]. On s'attaque, à la suite de Mgr d'Hulst, à « ces faux saints de Port-Royal, grands pourfendeurs de restrictions mentales et grands praticiens de l'hypocrisie[2] ». On dit de plus belle ce dont Pascal se plaignait en 1657, dans la XVII⁰ *Provinciale* : « Ces gens-là disent que les commandements de Dieu sont impossibles ; — qu'on ne peut résister à la grâce et qu'on n'a pas la liberté de faire le bien et le mal ; — que Jésus-Christ n'est pas mort pour tous les hommes, mais seulement pour les prédestinés ; — et enfin ils soutiennent les cinq propositions condamnées par le pape. » A ces accusations odieuses, il n'est plus possible de répondre depuis 1870, et les accusés ont renoncé à se défendre. Ils ont même eu la sagesse

(1) *Institutions liturgiques*, tome II, p. 301.
(2) Le *Correspondant*, numéro du 25 septembre 1890.

de se taire lorsque le pape Pie X, dans son encyclique
sur la première communion des enfants, les a accusés
formellement d'en avoir retardé la date en haine de
l'Eucharistie. Les vrais coupables, si coupables il y a,
sont saint Thomas d'Aquin, saint Charles Borromée et
la Compagnie de Jésus tout entière, qui, au dire d'Escobar [1], faisait faire la première communion entre la
onzième et la quatorzième année.

L'histoire du mouvement janséniste depuis le concile
du Vatican est donc réduite à sa plus simple expression ; ce sera le récit nécessairement très bref de ce qui
s'est passé à Port-Royal des Champs et à Port-Royal
de Paris considérés comme sujets d'études historiques
et archéologiques; ce sera la nomenclature des publications relatives au monastère, aux messieurs et aux
religieuses, et par la force même des choses ce dernier
chapitre peut offrir un certain intérêt, puisque comme
le disait Guettée, Port-Royal n'est pas mort.

La guerre de 1870 et la Commune de 1871 jetèrent
un certain trouble dans les affaires des nouveaux propriétaires de Port-Royal des Champs. Ils avaient pour
secrétaire trésorier un chrétien des anciens jours, un
homme tout dévoué à la cause, le baron Locré, âgé
pour lors de soixante ans, secrétaire de section au
Conseil d'État, fils d' élèbre jurisconsulte qui était
lui-même, au vu et su de Napoléon, un port-royaliste
fervent. Avant de fuir Paris en août 1870, M. Locré
crut devoir mettre en sûreté les papiers dont il avait
la garde. Le registre des procès-verbaux fut placé par
lui dans un des coffres-forts du Conseil d'État, les
titres, soigneusement empaquetés, furent enterrés dans
le jardin de la librairie Plon. Ils en furent tirés lors de

____

[1] Traité I, examen XII, n° 36.

la capitulation du 27 janvier 1871. Épouvanté par la Commune, Locré s'enfuit de nouveau ; il laissa le registre au Conseil d'État, et il confia les valeurs à une famille amie qui les cacha dans tous les coins de son appartement. Le registre fut brûlé au quai d'Orsay lors des incendies de mai 1871 ; on mit plus de six mois à rassembler les valeurs, mais il ne s'était rien perdu.

En 1874, Locré eut recours à un jeune professeur pour lui faire rédiger une notice historique à l'usage des visiteurs de Port-Royal, car il admettait volontiers que les ruines du saint monastère fussent visitées par des voyageurs. sinon par des pèlerins. La notice anonyme eut l'approbation de Silvestre de Sacy, membre de l'Académie française, qui la jugea trop dure pour Sainte-Beuve, et qui lui trouva une allure un peu sévère, ce qu'il appelait « un bon défaut ». En 1875 et durant les années qui suivirent, les documents conservés à la bibliothèque et ceux qui étaient encore détenus par Prosper Faugère furent utilisés pour différents travaux d'histoire et de littérature, et je me trouve ici contraint de rappeler des souvenirs tout personnels. MM. Taine et Renan lurent avec intérêt certains articles de revues ; ils demandèrent à voir l'auteur, et l'un et l'autre l'encouragèrent très vivement. Il reçut de même des encouragements venus d'ailleurs. En 1876, je me suis rencontré, chez l'un des aumôniers du lycée Louis-le-Grand, avec Mgr Maret, évêque de Sura, doyen de la Faculté de théologie de Paris. Il me dit à brûle-pourpoint : « Vous publiez des choses bien intéressantes. — Monseigneur, elles ne sont peut-être pas d'une « orthodoxie » parfaite. — Continuez, c'est bien intéressant. » Et il me conseilla de tâcher de me faire ouvrir la bibliothèque janséniste. — « Vous la connaissez,

Monseigneur? — Oui et non; je n'y suis jamais entré, et je ne sais même pas où elle se trouve, mais on m'a prêté, grâce à M. Parent Duchâtelet, des livres précieux qui en provenaient. Entrez-y; vous y trouverez des trésors ! » J'avais peine à garder mon sérieux, car j'avais sur moi la clef de la mystérieuse bibliothèque, et je répondis en très bon disciple d'Escobar, que c'était cruel d'infliger ainsi aux gens le supplice de Tantale.

Peu de temps après, je me trouvai avoir des relations d'un tout autre genre avec deux membres du haut clergé ; avec l'abbé Fuzet, alors secrétaire général de la Faculté catholique de Lille, mort depuis, comme l'on sait, archevêque de Rouen, et avec Mgr Ricard, prélat de la maison du pape et professeur à la Faculté de théologie d'Aix. C'est une histoire sur laquelle j'ai gardé trente ans le silence le plus absolu, mais aujourd'hui elle peut être dévoilée sans inconvénient. Collaborateur de la *Revue historique*, je reçus pour en rendre compte un livre nouveau qui avait pour titre : *Les Jansénistes du XVIIe siècle, leur histoire et leur dernier historien, M. Sainte-Beuve*, par l'abbé Fuzet. Les revues bien pensantes le présentaient au public comme un chef-d'œuvre. Je l'étudiai sans parti-pris, et avec un véritable désir d'en dire du bien, mais je fus indigné en voyant comment l'auteur avait traité son sujet; c'était un pamphlet d'une extrême violence. Je publiai donc dans la *Revue historique* un des articles les plus sévères, les plus durs peut-être qu'elle ait fait paraître, et l'auteur ne répondit pas. Quelques années s'écoulèrent et je ne pensais plus à cette affaire, lorsque parut sous la signature de Monsignor Ricard un livre du même genre, encore plus farci de calomnies. d'invectives et d'outrages. Je repris la plume, dans la *Revue critique* cette fois, et un nouvel article, plus brutal que le précédent, confondit les deux publications dans une même réprobation ; je disais qu'elles ne méritaient pas d'attirer l'attention des lecteurs qui se respectent. Je reçus alors de l'abbé Fuzet, curé-doyen de Villeneuve-les-Avignon, une lettre tout à fait singulière, datée du 18 mars 1884. L'abbé me priait instamment de ne plus l'attaquer, et il me faisait les confidences les plus inattendues. Il avait reconnu la justesse de mes critiques, et lorsque le professeur de Marseille lui écrivit pour lui demander l'autorisation de le citer, c'est-à-dire de le plagier à son ordinaire, il avait eu la loyauté de lui envoyer, pour le mettre en garde, la mercuriale de la *Revue historique*. Il n'arrive pas souvent aux critiques de profession de recevoir des lettres aussi humbles ; je fus profondément touché ; je répondis à l'abbé Fuzet de manière à le rassurer pour l'avenir, et il s'ensuivit une correspondance de plus en plus amicale qui s'est continuée durant trente ans. « Nous étions bien abusés, m'écriv't en style de Pascal le curé de Villeneuve les-Avignon ; vous me preniez pour un suppôt de l'*Univers* ; je pensais que vous étiez un janséniste enragé, passant vos journées à pleurer sur les ruines de Port-Royal entre le portrait de Saint-Cyran et celui de la Mère Angélique. Voyez ce que c'est que l'imagination... Je vous remercie de votre absolution, j'y tenais beaucoup... Signor Ricard est un menteur impudent[1]... » Devenu évêque de la Réunion, Mgr Fuzet vint me voir, et je lui rendis aussitôt sa visite, mais nous ne pûmes pas nous rencontrer. En 1892, il fut élevé sur le siège de Beauvais, je pris les devants et je le félicitai en lui rappelant que ce siège avait été refusé à Bossuet en

---

(1) Lettre du 31 mars 1884.

1679. Voici textuellement la lettre que je reçus en réponse à la mienne :

« L'évêque nommé de Beauvais, bien sensible aux aimables félicitations de M. G.. le prie d'agréer tous ses remerciements. Il est confus de monter sur un siège qui fut refusé à Bossuet. Il n'a pas tenu aux Révérends Pères qu'il n'en fût autrement. Sans doute les saintes âmes de Port-Royal ont voulu montrer au successeur de Buzenval qu'il perdit autrefois son temps à défendre la célèbre Compagnie, même aux dépens de la vérité, comme le lui démontra un érudit professeur de la Faculté des Lettres de Paris [1]. »

Promu à l'archevêché de Rouen Mgr Fuzet vint me voir, et je lui rendis visite à l'hôtel Voltaire. Une seule fois au cours de ces dernières années il fut question entre nous du livre contre les jansénistes, et voici dans quelles conditions. Éditeur de l'histoire de Port-Royal par Racine, j'avais cru devoir joindre à cette édition un essai de bibliographie port-royaliste aussi complet que possible. Il présentait pourtant une lacune ; l'ouvrage de l'abbé Fuzet n'y était pas mentionné, parce qu'il aurait fallu le juger, et que j'avais promis à son auteur de n'en parler jamais. Informé de ce procédé, l'archevêque de Rouen me remercia avec effusion, et c'est par respect pour sa mémoire que je crois devoir entrer aujourd'hui dans ces détails. Le livre incriminé subsiste, et il peut faire encore beaucoup de mal ; il est bon de faire savoir qu'il a été désavoué et condamné formellement par son auteur, qui s'est grandement honoré en reconnaissant la faute qu'on lui avait fait commettre dans sa jeunesse.

Le Père Hyacinthe Loyson enfin a, dans son désarroi.

____

[1] Lettre du 4 décembre 1892.

cherché à se rattacher à Port-Royal avant d'aborder les Anglicans et les Coptes. Il s'est présenté chez la Sœur Sébastien, supérieure des Sœurs de Sainte-Marthe, mais il a été immédiatement éconduit [1]. Il est allé trouver M Karsten, président du séminaire d'Amersfoort en Hollande ; mais ce vénérable prêtre, animé du pur esprit de Port-Royal, lui a parlé, comme aurait fait l'évêque d'Aleth, de pénitence publique en expiation de ses scandales, et quand le moine révolté lui a demandé au moins sa bénédiction, M. Karsten s'y est refusé, et il lui a dit ces simples mots, que M. Loyson a travestis depuis : « Je prierai pour vous, c'est tout ce que je peux faire. » Enfin nous nous sommes rencontrés chez un ami commun, et il a fait effort pour me démontrer que Port-Royal et lui étant persécutés pour la même cause, nous devions marcher de concert ; il a vu tout de suite que sur ce terrain-là nous ne parviendrions jamais à nous entendre. Quand il a cédé sa petite chapelle à des prêtres venus de Hollande après la mort de M. Karsten, il a pu se convaincre que les amis de Port-Royal ne le suivraient jamais dans le schisme.

En 1897, je fus amené à rédiger pour la belle Histoire de la Littérature française de M. Petit de Julleville le chapitre intitulé *Pascal et les écrivains de Port-Royal*. Composé selon les règles de la critique moderne, et écrit avec une grande modération, il eut le privilège d'irriter vivement les Jésuites qui l'attaquèrent dans leurs *Etudes*. Ils eurent même la candeur de dire qu'un ouvrage aussi considérable ne serait pas refait d'ici à cinquante ans, et que par conséquent

---

(1) « Votre mariage, Monsieur ! », lui dit-elle simplement, et il n'insista plus.

ce chapitre, traité par un sectaire, empoisonnerait plusieurs générations de lecteurs.

Mais j'entre ici, bien malgré moi d'ailleurs, dans une série de détails trop personnels. Ce qui devrait être un chapitre d'histoire contemporaine prend les allures d'un fragment de Mémoires ; hâtons-nous de revenir aux faits purement historiques, et qu'il nous suffise de rappeler ce que tout le monde peut savoir. Les visiteurs de Port-Royal des Champs devenant chaque année plus nombreux, il a fallu les mettre à même de satisfaire leur curiosité légitime. Les ruines n'ont pas été restaurées, on s'en serait bien gardé ; elles ont été simplement mises au jour et consolidées. Un oratoire-musée sans prétention a remplacé en 1892 la masure édifiée jadis par M. Silvy ; on a vérifié l'emplacement de l'ancienne Solitude, remis à sa véritable place la fontaine de la Mère Angélique, marqué par une stèle le lieu où fut enterré Racine, et un monument de granit recouvre dans le cimetière de Saint-Lambert la fosse commune dite Carré de Port-Royal. En 1899, grâce à la munificence de M. Jacobé de Naurois, arrière petit fils de Racine, un buste du poéte a été solennellement inauguré en présence d'une délégation de l'Académie française, à laquelle se joignit Paul Deschanel, alors président de la Chambre des députés, et on entendit ce jour-là un admirable discours de Jules Lemaître. On donna comme pendant au buste de Racine un buste de Pascal, œuvre du sculpteur Jean Frère comme le précédent, et offert au musée par le vicomte de Cormenin[1]. En 1906, les ossements du prince de Conti furent déposés dans la crypte ;

(1) Des répétitions de ces deux bustes ont été offertes à l'église Saint-Étienne du Mont. On peut les voir dans les deux chapelles qui se trouvent derrière le banc-d'œuvre.

un procès-verbal secret a relaté cette translation, et
une plaque de cuivre vissée sur le cercueil dit que ces
restes ont été portés à Port-Royal par les soins de
Mgr Fuzet, archevêque de Rouen, qui avait su les
découvrir dans les ruines de la chartreuse de Villeneuve-les-Avignon. — En 1909 enfin fut commémoré
dans la plus stricte intimité, sans que la presse en ait
eu connaissance, le second centenaire de la destruction
du saint monastère. Dix ou douze personnes assistèrent
à un service funèbre célébré dans l'église de Saint-
Lambert ; on alla en pèlerinage à Port-Royal, où
aucun discours ne fut prononcé, et finalement un *De
profundis* fut récité par le curé de Magny au milieu
des pierres tombales qui se dressent dans l'église, la
vraie nécropole de Port-Royal. A cette occasion parurent différents ouvrages, notamment le beau livre
de M. André Hallays intitulé *Le Pèlerinage de Port-
Royal*, et la grande iconographie, aussi complète que
possible, qui fut éditée par la librairie Hachette sous ce
titre : *Port-Royal au XVIIe siècle, images et portraits* [1]. Ajoutons, pour être complet, une charmante
plaquette de luxe intitulée : *Une journée de Port-Royal
en 1654*, œuvre exquise de Mme Marcelle Tinayre,
illustrée par M. Julien Tinayre. Elle se trouve au
musée de Port-Royal, où ne figurent pas nécessairement tous les ouvrages dans lesquels il est
question de Port-Royal ou du jansénisme. D'autres publications ou devancèrent ou suivirent celles-là, notamment les Mémoires d'Hermant (six volumes in-8e) des-
tinés à servir de réponse et de réfutation au Mémoires
du jésuite René Rapin ; une édition port royaliste des

____

(1) Cette édition de grand luxe a été épuisée en quelques semaines;
elle n'a pas été publiée à nouveau jusqu'à ce jour.

Pensées de Pascal que l'illustre philosophe américain William James jugeait « admirable » ; une réédition de l'*Histoire de Port-Royal* de Racine, et quelques livres, brochures ou articles de moindre importance. Le caractère distinctif de toutes ces publications, c'est qu'elles ne portent pas la guerre chez les ennemis de Port-Royal ; elles ont uniquement pour objet de détruire les calomnies, de réfuter les erreurs, de venger à l'occasion la mémoire de l'abbé de Saint-Cyran, de la Mère Angélique, de Pascal considéré comme un transfuge et comme un hypocrite, de Bossuet enfin que l'on a présenté comme un ambitieux vulgaire et comme un vil courtisan.

Il parut également, surtout au sujet de Pascal, de nombreux ouvrages ; on débita des insanités, et l'esprit de parti osa dire que l'auteur des expériences sur le vide était un plagiaire et un faussaire ; l'auteur des *Provinciales* fut dépeint comme un hypocrite et comme un transfuge. Mais les réfutations les plus solides furent opposées de tous les côtés à ces calomnies, et en définitive la justification de Pascal et la glorification de Port-Royal ont été complètes. Enfin l'année 1914 a vu paraître, quelques semaines avant la guerre, le quatorzième et dernier volume d'une édition savante des œuvres complètes de Pascal. Elle a pour auteur M. Brunschvicg, aujourd'hui membre de l'Institut, qui s'est adjoint pour les parties trop spéciales M. Félix Gazier, professeur de rhétorique au lycée d'Orléans, tué à Bouchavesnes en 1916, et M. Pierre Boutroux, professeur au Collège de France. C'est une édition considérée comme définitive.

Voilà ce qu'ont fait pour la défense de Port-Royal les « jansénistes » de ce temps, et ne pouvant les réfuter, car c'est chose impossible, leurs adversaires ont pris le parti de faire le silence autour des livres publiés, ou même de se les procurer pour les anéantir. C'est ainsi qu'a disparu d'une façon mystérieuse le petit volume consacré par Mme Jules Lebaudy, sous le pseudonyme de Guillaume Dall, à la glorification de la Mère Angélique. Édité chez Perrin, on ne pouvait se le procurer à la Librairie Académique, mais on le trouvait, si l'on savait s'y prendre, à cinquante pas de là, dans les boîtes d'un bouquiniste[1].

Les ressources de la société Saint-Augustin lui ont permis de faire face aux dépenses parfois considérables de ces publications; mais il a fallu en outre venir au secours de ce qui restait des derniers représentants de l'esprit de Port-Royal, des Sœurs de Sainte-Marthe et des Frères Saint-Antoine, et c'est une obligation à laquelle les administrateurs de l'ancienne caisse de secours ne se sont point dérobés. Les Sœurs de Sainte-Marthe eurent beaucoup à souffrir après 1870 de l'intolérance du clergé de Paris. On débauchait, pour les placer dans des communautés bien pensantes, leurs novices et leurs jeunes sœurs ; elles ne pouvaient plus se recruter, et elles durent abandonner successivement les grands hôpitaux dont elles assuraient le service à la satisfaction générale. Des indiscrétions fâcheuses, des récriminations intempestives, achevèrent de gâter

____

(1) L'histoire de Mme Lebaudy, cette noble femme, comme disait un membre de l'Institut qui avait le secret de ses charités, doit trouver place ici. C'est en contemplant les ruines de Port-Royal qu'elle a pris la résolution de consacrer à des œuvres de bienfaisance les douze millions de rentes qui lui étaient échus à la mort de son mari. Elle est venue souvent à Port-Royal, elle a contresigné le procès-verbal de translation des restes de Conti ; elle aurait voulu contribuer à reconstituer l'étang desséché par M. Silvy. Peu de temps avant sa mort, elle m'a fait venir, 92, rue d'Amsterdam, et elle m'a remis son portrait, celui « d'une amie de Port-Royal », avec prière de le déposer dans l'Oratoire-musée où il est actuellement.

leurs affaires à tel point que les mandataires de l'archevêché parlaient de signatures à exiger, de refus possibles de sacrements et même de sépulture religieuse. Il
fallut intervenir ; un vigoureux article de journal amena
les persécuteurs à résipiscence en établissant qu'un enterrement civil de religieuse en 1881 ce serait un singulier anachronisme. Les Sœurs de Sainte-Marthe purent
se retirer sans être inquiétées ; elles abandonnèrent
l'hôpital Saint-Antoine, siège de la communauté, elles
se dispersèrent, et un certain nombre d'entre elles,
groupées autour de la Sœur Sébastien, leur supérieure, vinrent habiter leur maison de Magny-les-
Hameaux.

C'est là qu'elles s'éteignirent doucement les unes
après les autres. On leur avait ôté le souci des choses
temporelles, et l'évêque de Versailles, Mgr Goux, avait
autorisé le curé de Magny, l'abbé Finot, auteur d'un
bon livre de vulgarisation intitulé *Port-Royal et
Magny*, à les traiter avec une extrême douceur. En
mars 1918, au plus fort du bombardement de Paris, on
enterrait à Magny la dernière des Sœurs de Sainte-
Marthe, la Sœur Simon, que M. André Hallays a
représentée si touchante quand elle montrait aux visiteurs émus le masque mortuaire de la Mère Angélique [1]. Elle repose avec ses anciennes compagnes et
avec les anciennes supérieures de l'ordre de Sainte-
Marthe dans le cimetière de Magny ; c'est bien ainsi
que devait finir une congrégation qui avait si fidèlement conservé l'esprit de Port-Royal.

La congrégation des Frères Saint-Antoine finit moins
bien. A Frère Bonaventure Hureau succéda en 1869

---

[1] Ce masque était en dépôt chez les sœurs de Magny ; il est
aujourd'hui au musée de Port-Royal des Champs.

Frère Victor Gilquin, son fidèle Achate, qui mourut en 1872 ; le dernier supérieur, élu tant bien que mal par un semblant de chapitre, se nommait Étienne Sannier, il était l'incapacité même. Quand il mourut en 1888 la communauté se composait de deux membres, le frère supérieur et le frère cuisinier. Les administrateurs de la fondation Silvy durent alors intervenir. Ils s'adressèrent au ministre des finances pour remettre à l'État le domaine de Saint-Lambert, un bien désormais sans maître. Mais en même temps ils proposèrent au ministre de continuer l'Œuvre des écoles s'ils étaient laissés en possession des biens meubles et immeubles que Louis Silvy avait donnés en 1829 à la congrégation des frères Saint-Antoine. Cette proposition fut acceptée et depuis plus de trente ans les administrateurs de la fondation Silvy sont considérés par l'État comme propriétaires du domaine de Saint-Lambert, qui mérite d'être visité par les connaisseurs, car c'est une sorte d'annexe du musée de Port-Royal, et il s'y trouve quelques beaux tableaux.

Enfin, les amis de Port-Royal ont manifesté leur désir de favoriser les études sérieuses dont le jansénisme pourrait être l'objet en offrant à l'Université de Louvain 1.200 volumes pris parmi les doubles de leur bibliothèque. On sait que le rôle religieux de la Faculté de Louvain au XVIe et au XVIIe siècles a été très important. Avant Jansénius et après lui, ses docteurs ont pris en mainte circonstance la défense des vérités augustiniennes. Même au temps des défaillances et des capitulations, ils se sont attachés à faire triompher la Grâce efficace par elle-même et la prédestination gratuite. Le fonds janséniste de la bibliothèque de Louvain était très riche ; les ouvrages de théologie et d'histoire religieuse qui lui ont été adres-

sés en janvier 1920 pourront aider à le reconstituer.
Ils ont été accueillis avec reconnaissance par le cardinal Mercier et par Mgr Ladeuze, recteur de l'Université de Louvain.

Voilà en définitive à quoi s'est réduit dans ces dernières années le rôle des propriétaires et des amis de
Port-Royal. Ils ont même fini par constituer une petite
association déclarée qui présente quelques analogies
avec les Sociétés des amis du Louvre et des amis de
Versailles. Tout récemment ils se sont associés aux
recherches historiques et archéologiques dont Port-
Royal de Paris a été l'objet; et l'on sait que ces
recherches ont abouti à des découvertes qui eussent
vivement intéressé Cousin et Sainte-Beuve. On peut
aujourd'hui reconstituer le Port-Royal de 1625, celui
de Mme de Pontcarré; on a retrouvé l'appartement de
Mme de Guéméné et celui de Mme de Sablé, avec le bel
escalier de pierre gravi autrefois par les amis de la
marquise, par Pascal, le Père Rapin, La Rochefoucauld
et tant d'autres. C'est une véritable résurrection, et
pour finir on vient de mettre à jour l'ancienne grille
du chœur des religieuses; on peut ouvrir et fermer le
petit guichet par lequel la Mère Angélique et toutes
ses filles recevaient très fréquemment la communion;
on sait même au juste où repose son corps, qu'il n'est
pas à propos d'exhumer. Conserver ce qui existe,
transmettre à la postérité ce que nos ancêtres nous ont
transmis à nous-mêmes, faire connaître l'histoire de
Port-Royal, favoriser les études sérieuses et honnêtes
dont il peut être l'objet, défendre sa mémoire contre
les calomnies, tel doit être le but d'une société des
amis de Port-Royal vraiment digne de ce nom.

Quant au rôle religieux des admirateurs et des
adeptes, il est bien aisé à déterminer. Les jansénistes,

c'est-à-dire les catholiques orthodoxes animés du véritable esprit de Port-Royal, n'ont point de visées très hautes. Ils savent que l'hérésie dont on leur fait un crime n'a jamais existé que dans l'imagination malade de leurs persécuteurs, que c'est bien un fantôme, puisque jamais aucun de ces prétendus hérétiques, ni l'ultramontain Jansénius, ni l'abbé de Saint-Cyran, ni Arnauld, ni Pascal, ni Quesnel, ni Mésenguy, n'a soutenu les dogmes impies de la grâce nécessitante et de l'anéantissement du libre arbitre. Jamais un homme qui se dit chrétien ne s'est représenté le bon Dieu, le Dieu infiniment juste et infiniment miséricordieux de l'Évangile comme un tyran qui damne ou qui sauve selon son bon plaisir, et qui impose, sous peine de châtiments éternels, des commandements impossibles. La grande, la seule prétention de l'école de Port-Royal à toutes les époques, ç'a été de ne vouloir pas mentir et de ne pas vouloir innover en fait de dogme ou de morale évangélique. *Non erit vobis veritas nova,* — vous n'aurez pas de vérité nouvelle, comme le disait en 1643 l'épitaphe de Saint-Cyran. Si les Dominicains espagnols avaient triomphé au xvie siècle, au temps des célèbres congrégations *de Auxiliis;* si le pape Paul V mieux inspiré n'avait pas relégué dans les archives du Vatican une bulle destinée à pacifier le monde chrétien, le molinisme n'aurait pas amené pour ainsi dire nécessairement la résistance augustinienne orthodoxe que les Jésuites ont flétrie sous le nom de jansénisme. L'*Augustinus* n'aurait pas été composé ; Port-Royal n'aurait pas eu à intervenir pour soutenir par tant d'écrits lumineux les doctrines inattaquables de la Grâce efficace et de la Prédestination ; le discours de Clément VIII et la Bulle de Paul V les établissaient sur des fondements inébranlables.

Sainte-Beuve et ceux qui ont marché à sa suite sont partis de ce principe faux que Port-Royal prétendait innover et dogmatiser pour son compte, et qu'il avait un système théologique à lui, à la manière de Calvin. Rien n'est plus contraire à la vérité, et l'histoire des trois siècles que nous venons d'étudier avec une attention scrupuleuse nous a démontré que les prétendus jansénistes n'ont jamais eu d'autre préoccupation que celle de contrecarrer des novateurs audacieux, de maintenir dans leur intégrité les vérités séculaires que reconnaît l'Église tout entière, la toute-puissance de Dieu se conciliant d'une manière mystérieuse avec le libre arbitre de l'homme.

Pénétrés de ces sentiments et imbus de ces principes, les vrais disciples de Port-Royal ont donc par-dessus toute chose la passion de l'orthodoxie et l'horreur du schisme. Ils croient de bouche et de cœur tout ce que l'Église croit ; et ils sont prêts à réciter sans en modifier une ligne le symbole des Apôtres, le symbole de Nicée, le symbole de saint Athanase inséré dans l'office de prime, et enfin la profession de foi du pape Pie IV, sorte de symbole du concile de Trente que les port royalistes modernes ont fait réimprimer en 1870. Ils ne soumettent point les dogmes à l'examen de la raison, parce que Pascal leur a appris à dire : « Humiliez-vous, raison impuissante », mais ils définissent le dogme à la manière de Tertullien, de saint Vincent de Lérins, et même de Pie IX auteur de la Bulle sur l'Immaculée Conception [1], ce qui a toujours été cru, par tous et en tous lieux ; *quod semper, quod ubique, quod ab omnibus creditum est.* Comme saint Paul, ils diraient anathème à un envoyé de Dieu

---

(1) Voir ci-dessus, p. 259.

même s'il prétendait leur apporter un dogme nouveau.

Il n'y a donc pas à craindre de la part des jansénistes animés du véritable esprit de Port-Royal un retour offensif, un acte de révolte quelconque. Ils ne suivront pas l'exemple de la malheureuse Église de Hollande, dont ils réprouvent hautement les tendances de plus en plus schismatiques. Ils ont appris de leurs devanciers à se taire, à prier, à souffrir, *silere, orare, pati*. Ils attendent le jour du Seigneur puisque l'Église à laquelle ils appartiennent a les promesses de Jésus-Christ et que la vérité doit finir par triompher. Les éclipses ne durent pas éternellement ; les obscurcissements de la foi ne sont que des épreuves passagères et prédites. S'il pouvait leur être donné de voir le molinisme abandonné et le catholicisme vivifié par un retour définitif à ce qu'ils savent être la vérité, ils disparaîtraient volontiers de la scène du monde. Quand on n'a ni passé, ni présent, on ne songe guère à l'avenir.

En attendant il peut être permis à des catholiques de gémir sur les maux de l'Église actuelle, que le molinisme et le liguorisme triomphants semblent mener aux abîmes ; et ce n'est pas blasphémer de répéter ce que m'a dit à moi-même en 1884, dans la sacristie du collège Rollin, Mgr Soulé, ancien évêque de la Guadeloupe, chanoine évêque du chapitre de Saint-Denis. « Plût à Dieu que nous les eussions encore, les principes de Port-Royal ; nous n'en serions pas où nous en sommes ! »

Si les vœux du saint évêque qui sera peut-être traité de janséniste honteux pouvaient être exaucés, l'Église catholique reverrait de beaux jours. Il n'y aurait plus ni molinistes, ni jansénistes, ni partisans de la morale relâchée ni rigoristes outrés et décourageants, ni gallicans, ni ultramontains ; il n'y aurait plus que des chrétiens redisant en chœur ce que le Père Quesnel écrivait à Fénelon en 1711 : « J'ai en horreur tout parti, soit dans l'État, soit dans l'Église. Mon nom est chrétien, mon surnom est catholique, mon parti est l'Église ; mon chef est Jésus-Christ ; ma loi, c'est l'Évangile ; les évêques sont nos pères, et le souverain pontife est le premier de tous. » Cette belle profession de foi a trouvé place à la première page de cette longue histoire, elle est digne d'en former la conclusion.

APPENDICES

I

Propositions erronées extraites du livre de Molina et condamnées par la Bulle inédite de Paul V en 1607.

1° Dans l'état de la nature tombée, l'homme, avec le seul concours général de Dieu, peut faire une action moralement bonne, laquelle étant dirigée à la fin naturelle de l'homme, sera une action de vraie vertu en la rapportant à Dieu, comme on peut et qu'on devrait la rapporter dans l'état de la nature même.

2° Si l'homme, tant qu'il est dans ce monde, ne pouvait pas par ses forces naturelles, avec le seul concours général de Dieu, faire quelque chose ou s'efforcer pour obtenir sa justification, il ne serait pas en son pouvoir de se sauver.

3° Il n'y a aucun acte qui, étant produit par une impression spéciale du Saint-Esprit, serait surnaturel, que l'homme ne puisse produire quant à la substance et à toutes les circonstances convenables, par les seules forces naturelles du libre arbitre, avec le concours général de Dieu seulement.

4° L'homme, après avoir été instruit que le secours de la grâce de Dieu est nécessaire pour produire des actes surnaturels, pourrait par ses seules forces naturelles désirer ce secours, prier Dieu de le lui donner, et faire effort pour se disposer à le recevoir.

5° Toutes les fois que l'homme s'efforce ou est disposé à s'efforcer de faire tout ce qu'il peut de soi-même par rapport à la justification, Dieu lui donne la grâce prévenante, et des secours avec lesquels il le fait de la manière qu'il le faut faire pour le salut.

6° Jésus-Christ a établi cette loi avec son Père éternel que toutes les fois que nous nous efforcerions de faire ce qui est en nous par nos forces naturelles, les secours de la grâce nous seraient donnés pour le faire de la manière qu'il le faut pour le salut.

7° Dieu, selon le cours ordinaire, ne prévient pas tout à fait et n'excite pas par la grâce le libre arbitre ; mais il le prévient seulement quelquefois, et l'excite entièrement lorsqu'il est assoupi et qu'il croupit dans la paresse.

8° Si la vocation intérieure de Dieu et l'excitation qui se fait par la grâce prévenante ne dépend point de notre libre arbitre, l'usage libre de la volonté humaine n'a aucun lieu.

9° L'homme, par la faculté de son libre arbitre, avec le seul concours général de Dieu, peut acquiescer aux vérités de la foi qu'on lui a proposées et expliquées comme étant révélées de Dieu, et parce que Dieu les a révélées, et cela d'un consentement purement naturel.

10° Cet acquiescement de l'esprit aux choses révélées par lequel nous consentons à ce qui est révélé étant supposé, il est au pouvoir du libre arbitre, avec le seul concours général de Dieu, de produire un acte naturel d'espérer de Dieu ce qu'il nous a révélé et nous a promis.

11° L'homme, dans l'état de la nature tombée, peut, par les seules forces naturelles de son libre arbitre et le concours général de Dieu, former un acte naturel d'amour de Dieu sur toutes choses, et de plaire à Dieu en tout ; et un propos absolu de garder tous ses commandements naturels qui obligent sous peine de péché mortel.

12° Notre libre arbitre, éclairé surtout des lumières de la foi, peut avec le seul concours de Dieu former un acte d'attrition par la crainte de la justice de Dieu, et un acte de contrition des péchés commis, par l'amour de sa bonté, avec un ferme propos de ne plus pécher mortellement à l'avenir.

13° Les secours de la grâce ne sont pas nécessaires pour former simplement des actes de foi, d'espérance et d'amour ; mais seulement pour les rendre proportionnés à la fin surnaturelle.

14° L'homme, dans la nature tombée, tant que le jugement de la raison n'est pas étouffé en lui, peut, par les forces de son (libre) arbitre, avec le seul concours général de Dieu, surmonter en tous temps quelque tentation que ce soit qu'il est nécessaire de surmonter alors pour observer la loi naturelle.

15° Celui qui avec le seul concours général de Dieu, ne résiste point à quelconque (sic) tentation que ce soit, dès lors pèche en y consentant ; parce que, quelque privé qu'il soit de tout autre plus grand secours, il avait le pouvoir, quoique avec une grande difficulté, de ne pas violer le précepte de Dieu.

16° Pour surmonter quelque tentation que ce soit qui ne dure pas longtemps, les seules forces naturelles qui sont restées dans le libre arbitre après le péché, sont suffisantes.

17° Dans l'état de la nature tombée, pour surmonter les tentations, la grâce n'est autrement nécessaire que pour les surmonter plus aisément, chacune, et même toutes ; il en est de même pour ne succomber à aucune, et pour que la victoire qu'on remportera mérite la vie éternelle.

18° L'homme, même celui qui est infecté des souillures du péché mortel, peut s'efforcer par sa vigueur naturelle, avec le seul concours général de Dieu, de souffrir la mort pour Dieu, et faire, si l'occasion se présente, qu'il obtienne par sa pénitence la rémission de ses péchés ; et quiconque s'efforcerait ainsi, rentrerait en grâce, et serait véritablement martyr.

19° Si les secours de la grâce prévenante de Dieu ne sont pas tellement soumis à la volonté humaine qu'ils ne sont efficaces qu'autant qu'il intervient le consentement du libre arbitre et de coopération à la grâce, la liberté humaine ne peut se concilier avec leur efficace dans les actes qui appartiennent au salut.

20° Si notre libre arbitre, de ce qu'il consent et coopère, ne le fait que par l'efficace du secours divin, il s'ensuit de là que la liberté est détruite, puisque l'homme peut, s'il veut, rejeter l'inspiration du Saint-Esprit qui touche le cœur, et ne point consentir, s'il le veut, à Dieu qui l'excite et qui l'appelle.

21° C'est de la seule liberté que vient la différence qui se trouve entre deux hommes qui sont appelés de Dieu par un secours égal, dont l'un se convertit et l'autre reste dans son péché.

22° Il n'y a aucun secours de la grâce prévenante qui aide plus fortement le libre arbitre pour produire les actes salutaires que celui qui, en éclairant intérieurement l'entendement et touchant la volonté, l'excite, l'attire et l'invite à agir.

23° De ce que celui qui étant prévenu de Dieu consent, ce n'est pas qu'il ait reçu une grâce plus puissante que s'il n'eût point consenti ; mais on doit considérer qu'il a reçu un plus grand don ou bienfait, parce que la grâce lui est donnée dans des circonstances où Dieu prévoit qu'il arrivera qu'il consentira par sa liberté innée.

24° Le secours de la grâce n'est censé efficace que parce qu'il est tellement congru et convenable au génie, à la complexion et à la condition de l'homme, et aux autres circonstances extérieures, que cet homme lui donne son consentement par sa liberté qui est innée.

25° Dieu par sa grâce efficace meut la volonté de l'homme aux actes libres et bons seulement en persuadant intérieurement, en invitant, en excitant, en attirant par quelque attrait moral ou métaphorique.

26° Si Dieu, par sa grâce efficace, prémouvait la volonté humaine d'une manière véritable et proprement active, c'est-à-dire par une action vraie et réelle, de telle sorte qu'il l'inclinât et l'appliquât aux actes libres de la piété, alors il lui ôterait sa liberté.

27° Dieu en donnant sa grâce prévenante, quelque efficace qu'elle soit, n'appelle pas tellement intérieurement que ce soit lui proprement qui fasse consentir l'homme, mais il attend son consentement.

28° Le secours par lequel Dieu aide le libre arbitre de l'homme en influant efficacement dans la production des actes salutaires, n'est pas une impression qui meuve le libre arbitre comme cause, mais qui influe avec le libre arbitre dans les actes.

29° Celui qui est intérieurement appelé ou excité n'agit pas parce qu'il est aidé de Dieu, mais au contraire il est aidé parce qu'il veut bien agir.

30° Le secours de la grâce de Dieu et le libre arbitre de l'homme sont deux causes partielles qui dépendent mutuellement l'une de l'autre dans la production des actes salutaires qui procèdent des deux.

31° Pour concilier la liberté de la volonté humaine dans les actes qui appartiennent au salut avec la certitude de la prescience divine, de la providence et prédestination qui sont en Dieu, avant tout acte libre de sa divine volonté, il faut poser une science que quelques-uns appellent *moyenne*, par laquelle il connaît certainement et infailliblement de quel côté se tournera le libre arbitre de quelque homme que ce soit, par sa liberté propre, selon l'hypothèse qu'il voudra le placer dans tel ou tel ordre des choses, des circonstances et des secours.

32° C'est détruire la liberté de la volonté que de dire que Dieu prédéfinit absolument qu'un tel consentira à la vocation ou excitation divine sans avoir auparavant prévu le consentement futur de l'homme.

33° La certitude avec laquelle Dieu prévoit infailliblement que l'homme consentira et coopérera à sa grâce prévenante n'est pas fondée sur le décret absolu par lequel il prédéfinit qu'il consentira et coopérera, mais sur l'usage futur des secours de la grâce que fera l'homme en vertu de sa liberté naturelle.

34° La providence de Dieu dans la distribution des secours de la grâce ne devient pas prédestination à l'égard de quelques-uns à cause du décret de la volonté de Dieu ; mais cela dépend de la prévision du bon usage de la volonté humaine.

35° La certitude de la prédestination divine ne vient pas de l'efficace des dons de Dieu comme s'ils tiraient de leur origine la force de délivrer infailliblement les hommes ; mais elle vient de la prescience conditionnelle que Dieu a de l'usage qui se fera des mêmes dons en vertu de la liberté naturelle de ceux qui en usent.

36° On ne doit pas tellement rapporter à Dieu l'usage des secours et des bienfaits divins que, de ce que l'homme en usant bien, cela vienne de l'efficace de la grâce ou de la prédéfinition de Dieu.

37° Ce n'est pas par une volonté absolue que Dieu a voulu donner aux adultes la béatitude et les mérites nécessaires pour l'acquérir.

38° La persévérance dans le bien jusqu'à la fin de la vie ne dépend pas d'un don particulier que Dieu accorde à ses élus selon son bon plaisir, mais il convient plutôt de dire que Dieu donne indifféremment à tous les adultes un secours qui leur est suffisant pour persévérer en effet.

39° Si le don de la persévérance fait efficacement par la vertu divine, et en tant qu'elle vient de Dieu, que les hommes veulent persévérer, et qu'en effet ils sont persévérants dans le bien totalement jusqu'à la fin de la vie, de telle sorte qu'ils ne la perdent jamais malgré leur résistance, on doit dire que ceux à qui ce don serait accordé seraient privés de leur liberté.

40° Pour persévérer dans la justice jusqu'à la fin de la vie, Dieu, outre la grâce habituelle, donne seulement aux adultes les secours avec lesquels ils peuvent persévérer, s'ils le veulent, mais non pas qui fassent qu'ils le veulent et qu'ils persévèrent en effet.

41° De ce que ceux qui persévèrent doivent certainement persévérer, cela ne vient pas de la vertu du décret, ou de l'efficace des secours, ou même d'un don spécial qui a été préparé par le décret éternel de Dieu, mais de la prévision de l'usage des secours qu'ils doivent faire un jour selon leur liberté innée.

42° Pour que la volonté de Dieu de donner aux adultes les secours qui donnent de pouvoir persévérer soit réputée une volonté de donner à ceux qui doivent persévérer le don de la persévérance, il faut supposer que Dieu, avant de rien prédéfinir de leur persévérance, prévoit qu'ils coopéreront de telle manière qu'ils persévéreront, non par l'efficace des secours qu'il leur donnera, mais par leur propre liberté innée.

Extrait de : *Projet de la Bulle de Paul V contre la doctrine de Molina et des Jésuites sur la Grâce et le Libre arbitre, dressée par son ordre à la fin des congrégations de Auxiliis en 1607. — 45 p. in-12. 1764.*

II

EDITION JANSÉNISTE DE LA BULLE UNIGENITUS (1741)

LA CONSTITUTION
UNIGENITUS DU PAPE CLÉMENT XI

du 8 Septembre 1713

Avec les 101 Propositions du P. Quesnel mises en parallèle
avec l'Écriture et la Tradition.

Paris, 1741

AVERTISSEMENT

Il y a longtemps qu'on a dit que le meilleur livre contre la
Bulle qui condamne le P. Quesnel, c'est la Bulle elle-même.
Il n'y a point de fidèle instruit de la religion, qui ne soit saisi
d'étonnement, lorsqu'on lui fait pour la première fois la lecture des cent et une propositions que le Pape condamne comme
étant visiblement mauvaises, impies, blasphématoires, hérétiques, et plusieurs autres qualifications pareilles. Cette Bulle
est adressée à tous les fidèles : chaque particulier doit donc la
lire, et prendre intérêt aux disputes qui sont dans l'Eglise à
son sujet. Ceux qui sont demeurés dans l'indifférence sur cela
doivent penser enfin qu'ils ont la même foi que le clergé, et
qu'il est nécessaire de prendre un parti. Mais quel parti prendre ? Il faut s'instruire. C'est pour aider les simples fidèles à y

parvenir que l'on donne au public cette petite Constitution ; afin que la trouvant d'un prix très modique, ils puissent se mettre au fait à peu de frais.

Il est bon aussi de leur faire remarquer qu'il n'est pas toujours vrai que le Pape et le grand nombre des Évêques parlent au nom de l'Église, surtout quand il n'y a ni examen, ni liberté, ni unanimité. Le pape Libère, avec deux Conciles nombreux, et presque tous les évêques du monde, n'ont-ils pas souscrit à la condamnation de saint Athanase, et n'ont-ils pas condamné la foi de la consubstantialité du Verbe ? Le pape Honorius, avec deux autres Conciles, et tous les patriarches de l'Orient n'ont-ils pas décidé en faveur de l'hérésie des Monothélites, sans que personne se soit élevé contre, excepté un seul moine nommé Sophrone ? Cependant le sixième Concile général a anathématisé le pape Honorius et tous ses adhérents ; et chacun sait que toute l'Église a détesté la prévarication du pape Libère, et de tant d'évêques qui avaient condamné saint Athanase, et qui avaient approuvé la formule des Ariens contre la foi de la consubstantialité du Verbe. L'Écriture sainte nous apprend que saint Paul a repris saint Pierre en face. Après de tels exemples, ne les en croyons point sur leur parole, quand nous avons l'Écriture et la Tradition pour nous.

CONSTITUTION
DU PAPE CLEMENT XI
du 8 Septembre 1713
Clement, Evêque, Serviteur des Serviteurs de Dieu, etc.

Lorsque le Fils unique de Dieu, qui s'est fait Fils de l'homme pour notre salut et pour celui de tout le monde, enseignait à ses disciples la doctrine de la vérité, et lorsqu'il instruisait l'Église en la personne de ses Apôtres, il donna des préceptes pour former cette Église naissante ; et prévoyant ce qui devait l'agiter dans les siècles futurs, il sut pourvoir à ses besoins par un excellent et salutaire avertissement : c'est de nous tenir en garde contre les faux prophètes, qui viennent à nous revêtus de la peau de brebis ; et il désigne principalement sous ce nom ces maîtres de mensonge, ces séducteurs pleins d'artifices, qui ne font éclater dans leurs discours les apparences de la plus solide piété, que pour insinuer imperceptiblement leurs dogmes dangereux et que pour introduire, sous les dehors de la sainteté, des sectes qui conduisent les hommes à leur perte ; séduisant avec d'autant plus de facilité ceux qui ne se défient pas de leurs pernicieuses entreprises que comme des loups, qui dépouilleraient leur peau pour se couvrir de la peau de brebis, ils s'enveloppent, pour ainsi parler, des maximes de la loi divine, des préceptes des saintes Écritures, dont ils interprètent malicieusement les expressions, et de celles même du Nouveau Testament qu'ils ont l'adresse de corrompre en diverses manières pour perdre les autres, et pour se perdre eux-mêmes. Vrais fils de l'ancien Père de mensonge, ils ont appris par son exemple, et par ses enseignements, qu'il n'est point de voie plus sûre, ni plus prompte, pour tromper les âmes, et pour leur insinuer le venin des erreurs les plus criminelles que de couvrir ces erreurs de l'autorité de la parole de Dieu.

Pénétrés de ces divines instructions, aussitôt que nous eûmes appris dans la profonde amertume de notre cœur qu'un certain livre, imprimé autrefois en langue française et divisé en plusieurs tomes, sous ce titre *Le Nouveau Testament en français, avec des réflexions morales*, etc. Que ce livre, quoique nous l'eussions déjà condamné parce qu'en effet les vérités catholiques y sont confondues avec plusieurs dogmes faux et dangereux, passait encore dans l'opinion de beaucoup de personnes pour un livre exempt de toute sorte d'erreurs, qu'on le mettait partout entre les mains des fidèles, et qu'il se répandait de tous côtés, par les soins affectés de certains esprits remuants, qui font de continuelles tentatives en faveur des nouveautés : qu'on l'avait même traduit en latin afin que la contagion de ses maximes pernicieuses passât, s'il était possible, de nation en nation et de royaume en royaume. Nous fûmes saisis d'une très vive douleur de voir le troupeau du Seigneur, qui est commis à nos soins, entraîné dans la voie de perditions par des insinuations si séduisantes et si trompeuses. Ainsi donc excités par notre sollicitude pastorale, par les plaintes réitérées de personnes qui ont un vrai zèle pour la foi orthodoxe, surtout par les lettres et par les prières d'un grand nombre de nos vénérables Frères les Evêques, et principalement des Evêques de France, Nous avons pris la résolution de d'arrêter par quelque remède plus efficace le cours d'un mal qui croissait toujours et qui pourrait avec le temps produire les plus funestes effets.

Après avoir donné toute notre application à découvrir la cause d'un mal si pressant, et après avoir fait sur ce sujet de mûres et sérieuses réflexions, Nous avons enfin reconnu très distinctement que le progrès dangereux qu'il a fait, et qui s'augmente tous les jours, vient principalement de ce que le venin de ce livre est très caché, semblable à un abcès dont la pourriture ne peut sortir qu'après qu'on y a fait des incisions. En effet, à la première ouverture du livre, le lecteur se sent agréablement attiré par de certaines apparences de piété. Le style de cet ouvrage est plus doux et plus coulant que l'huile ; mais ses expressions sont comme des traits prêts à

partir d'un arc qui n'est tendu que pour blesser imperceptiblement ceux qui ont le cœur droit. Tant de motifs nous ont
donné lieu de croire que nous ne pouvions rien faire de plus
à propos ni de plus salutaire, après avoir jusqu'à présent
marqué en général la doctrine artificieuse de ce livre, que d'en
découvrir les erreurs en détail; et que de les mettre plus
clairement et plus distinctement devant les yeux de tous les
fidèles, par un extrait de plusieurs propositions contenues
dans l'ouvrage, où nous leur ferons voir l'ivraie dangereuse
séparée du bon grain qui la couvrait. Par ce moyen nous
dévoilerons, et nous mettrons au grand jour, non seulement
quelques-unes de ces erreurs, mais nous exposerons un grand
nombre des plus pernicieuses, soit qu'elles aient été déjà
condamnées, soit qu'elles aient été inventées depuis peu.
Nous espérons que le Ciel bénira nos soins, et que nous ferons
si bien connaître et si bien sentir la vérité que tout le monde
sera forcé de suivre ses lumières.

Ce ne sont pas seulement les Evêques ci-dessus mentionnés
qui nous ont témoigné que par ce moyen nous ferions une chose
très utile et très nécessaire pour l'intérêt de la foi catholique
et pour le repos des consciences, que nous mettrions fin aux
diverses contestations qui se sont élevées principalement en
France, et qui doivent leur origine à de certaines esprits qui
veulent se distinguer par une doctrine nouvelle et qui tâchent
de faire naître dans ce royaume florissant des divisions encore
plus dangereuses : mais même notre très cher Fils en Jésus-
Christ, Louis, Roi de France Très chrétien, dont nous ne pouvons assez louer le zèle pour la défense et pour la conservation
de la pureté de la foi catholique, et pour l'extirpation des
hérésies. Ce prince par ses instances réitérées, et dignes
d'un Roi Très chrétien, nous a fortement sollicité de remédier
incessamment au besoin pressant des âmes, par l'autorité
d'un Jugement Apostolique.

Touchés de ces raisons, animés par le Seigneur, et mettant
notre confiance en son divin secours, nous avons cru devoir
faire une si sainte entreprise et nous nous y sommes attachés
avec tout le soin et toute l'application que l'importance de

l'affaire pouvait exiger. D'abord nous avons fait examiner
par plusieurs docteurs en théologie, en présence de deux de
nos vénérables Frères Cardinaux de la sainte Église romaine
un grand nombre de propositions extraites avec fidélité et
respectivement des différentes éditions dudit livre, tant françaises que latines dont nous avons parlé ci-dessus : Nous
avons ensuite été présents à cet examen; Nous y avons appelé
plusieurs autres Cardinaux pour avoir leur avis ; et après
avoir confronté pendant tout le temps, et avec toute l'attention nécessaire, chacune des propositions avec le texte du
livre, nous avons ordonné qu'elles fussent examinées et dis-
cutées très soigneusement dans plusieurs Congrégations qui
se sont tenues à cet effet. Les propositions dont il s'agit sont
celles qui suivent.

PROPOSITIONS CONDAMNÉES
ÉCRITURE ET TRADITION

<table>
<tr><td>

I.

Que reste-t-il à une âme qui a perdu Dieu et sa grâce, sinon le péché et ses suites, une orgueilleuse pauvreté et une indigence paresseuse, c'est-à-dire une impuissance générale au travail, à la prière et à tout bien ? *Luc.,* 14, 3.

II.

La grâce de Jésus-Christ, principe efficace de toute sorte de bien, est nécessaire pour toute bonne action... sans elle non seulement on ne fait rien, mais on ne peut rien faire, *Jean,* 15, 5.

III.

En vain vous commandez, Seigneur, si vous ne donnez vous-même ce que vous commandez. *Act.,* 16, 10.

IV.

Oui, Seigneur, tout est possible à celui à qui vous rendez tout possible, en le faisant en lui. *Marc.,* 9, 22.

</td><td>

1.

Sans moi vous ne pouvez rien faire. S. Jean, 15, 5.

Jésus-Christ dit que *plusieurs chercheront à entrer par la porte étroite et ne le pourront.* Luc., 13, 4.

2.

Personne ne peut venir à moi, si mon Père ne l'attire. Jean, 6, 43

Personne ne doute (dit S. Aug.) *que sans la grâce on ne peut faire absolument aucun bien qui appartienne à la véritable justice,* gra., 243.

3.

Donnez vous-même ce que vous commandez, et commandez ce que vous voulez. S. Aug., Conf. liv. 10. cha. 29.

4.

Je puis tout en celui qui me fortifie. Phil. 4, 13.

</td></tr>
</table>

V.

Quand Dieu n'amollit pas le cœur par l'onction intérieure de sa grâce, les exhortations et les grâces extérieures ne servent qu'à l'endurcir davantage. *Rom.*, 9, 18

VI.

Quelle différence, ô mon Dieu, entre l'Alliance judaïque et l'Alliance chrétienne ! L'une et l'autre a pour condition le renoncement au péché et l'accomplissement de votre loi : mais là vous l'exigez du pécheur, en le laissant dans son impuissance ; ici vous lui donnez ce que vous lui commandez, en le purifiant par votre grâce. *Rom.* 11, 27.

VII.

Quel avantage y a-t-il pour l'homme dans une Alliance où Dieu le laisse à sa propre faiblesse en lui imposant sa loi ? Mais quel bonheur d'entrer dans une Alliance où Dieu nous donne ce qu'il demande de nous ! *Hebr.* 8, 7.

VIII.

Nous n'appartenons à la nouvelle Alliance qu'autant que nous appartenons à cette nouvelle grâce qui opère en nous ce que Dieu nous commande. *Hebr.* 8, 10.

5.

Où ne se trouve pas la grâce du Libérateur, la défense de pécher en augmente le désir. S. August. Liv. 3 des Questions, Q. 66.

6.

La Loi a bien fait connaître ce qu'il fallait faire ou éviter : mais elle n'a donné aucun secours aux personnes qu'elle avait instruites pour leur faire accomplir ce qu'elle leur avait enseigné. Il n'en est pas ainsi de la grâce de l'Évangile, etc. Bede sur l'Évang. de S. Jean, ch. 5, pag. 490.

7.

La lettre tue, mais l'esprit vivifie. 2 Cor. 3, 6.
S'il n'y avait rien eu de défectueux dans la première alliance, il n'y aurait pas eu lieu d'y en substituer une seconde. Hebr. 8, 10.

8.

Appartenir au Nouveau Testament, c'est aimer la loi de Dieu, et l'avoir écrite dans le cœur ou la foi opère par la charité. August. de l'espr. etc. ch. 26.

IX.

La grâce de J.-C. est une grâce souveraine sans laquelle on ne peut jamais confesser J.-C. et avec laquelle on ne le renie jamais. I *Cor.* 12, 3.

X.

La grâce est une opération de la main toute-puissante de Dieu que rien ne peut empêcher ni retarder. *Matt.* 20, 34.

XI.

La grâce n'est autre chose que la volonté toute puissante de Dieu qui commande, et qui fait tout ce qu'il commande. *Marc.* 2, 11.

XII.

Quand Dieu veut sauver l'âme, en tout temps, en tout lieu, l'indubitable effet suit le vouloir d'un Dieu. *Marc.* 2, 11.

XIII.

Quand Dieu veut sauver une âme, et qu'il la touche de la main intérieure de sa grâce, nulle volonté humaine ne lui résiste. *Luc.* 5, 13.

XIV.

Quelque éloigné que soit du salut un pécheur obstiné,

9.

Nul homme parlant par l'esprit de Dieu, ne dit anathème à Jésus : et nul ne peut confesser que Jésus est le Seigneur, sinon par le Saint-Esprit. 2 Cor. 12, 3.

10.

L'effet de la volonté du Tout-puissant n'est point empêché par la volonté d'aucune créature. Aug. Man. à Laur. ch. 96.

11.

Je mettrai en vous mon esprit, et je ferai que vous marcherez dans la voie de mes commandements. Ezech. 36, 27.

12.

Si Dieu veut le salut d'un homme, il faut nécessairement qu'il soit sauvé, parce que le Tout-puissant ne peut rien vouloir inutilement. Aug. Man à Laur. ch. 96.

13.

Quand Dieu veut sauver quelqu'un, nulle volonté humaine ne lui résiste. Aug. Liv. de la corr. et de la gr. ch. 14.

14.

Cette grâce, par laquelle Dieu instruit intérieurement,

quand Jésus se fait voir à lui par la lumière salutaire de sa grâce, il faut qu'il se rende, qu'il accoure, qu'il s'humilie, et qu'il adore son Sauveur. *Marc.* 5, 6.

n'est rejetée *par aucun cœur quelque dur qu'il soit, parce que son premier effet, et pour lequel Dieu la donne, est d'ôter la dureté du cœur.* Aug. de la pred. ch. 8.

XV.

Quand Dieu accompagne son commandement et sa parole extérieure de l'onction de son Esprit, et de la force intérieure de sa grâce, elle opère dans le cœur l'obéissance qu'elle demande. *Luc.* 9, 60.

15.

Quand Dieu instruit l'homme, non par la seule lettre de la loi, mais par l'esprit de la grâce, l'homme alors voit non seulement ce qu'il doit faire, mais le veut faire et le fait effectivement. Aug. de la grâce de J.-C. ch. 8.

XVI.

Il n'y a point de charmes qui ne cèdent à ceux de la grâce ; parce que rien ne résiste au Tout-puissant. *Act.* 8, 12.

16.

Il n'y a rien ni dans le ciel, ni sur la terre, qui soit ou plus doux ou plus fort... ou plus agréable... que l'amour Imit. liv. 3. ch. 5.

XVII.

La grâce est cette voix du Père qui enseigne intérieurement les hommes et les fait venir à J.-C. Quiconque ne vient pas à lui après avoir entendu la voix extérieure du Fils, n'est point enseigné par le Père. *Jean.* 6, 45.

17.

Si quiconque apprend du Père vient au Fils, quiconque ne vient point à lui indubitablement n'a point appris du Père. Aug. de la grâce, ch. 14.

XVIII.

La semence de la parole que la main de Dieu arrose porte toujours son fruit. *Act.* 11, 21.

18.

Ma parole qui sort de ma bouche ne retourne point à moi sans fruit. Isaie, chap. 55, 11.

XIX.

La grâce de Dieu n'est autre chose que sa volonté toute-puissante. C'est l'idée que Dieu lui-même nous en donne dans ses Écritures. *Rom.* 14, 4.

XX.

La vraie idée de la grâce est que Dieu veut que nous lui obéissions, et il est obéi : il parle en maître et tout est soumis. *Mar.* 4.

XXI.

La grâce de J.-C. est une grâce... forte, puissante, souveraine, invincible, comme étant l'opération de la volonté toute-puissante, une suite et une imitation de Dieu incarnant et ressuscitant son Fils. 2. *Cor.* 5, 21.

XXII.

L'accord de l'opération toute-puissante de Dieu dans le cœur de l'homme avec le libre consentement de sa volonté, nous est montré dans l'incarnation, comme dans la source et le modèle de toutes les autres opérations de miséricorde et de grâce, toutes aussi gratuites et aussi dépendantes de Dieu que cette opération originale. *Luc.* 1, 38.

19.

Toutes mes résolutions seront immuables, et toutes mes volontés s'exécuteront. Is. 46, 9.

20.

Le cœur du Roi est dans la main du Seigneur comme une eau courante, il le fait tourner de quel côté il veut. Prov. 21, 1.

21.

La puissance par laquelle Dieu nous attire à lui, est celle-là même par laquelle il a ressuscité son Fils. S. Chrys. hom. 3. sur l'Epit. aux Ephes. 6, 10.

22.

Cette parole : qu'il me soit fait, etc., est une parole de consenement... Ainsi notre Seigneur nous prévient en nous donnant ce qu'il veut récompenser : il fait tout gratuitement. S. Bernard sermon. 4. sur l'Evangile *Missus est.*

XXIII.

Dieu nous a donné lui-même l'idée qu'il veut que nous ayions de l'opération toute-puissante de sa grâce, en la figurant par celle qui tire les créatures du néant, et qui redonne la vie aux morts. *Rom.* 4, 17.

23.

S'il est possible à Dieu de rendre la vie aux morts, et de faire passer les créatures du néant à l'être, il lui est pareillement possible de faire enfants d'Abraham ceux qui ne sont pas engendrés de lui. Chrys. hom. 8. sur le 4. ch. de l'Ep. aux Rom.

XXIV.

L'idée juste qu'a le Centenier de la toute-puissance de Dieu et de J.-C. sur les corps, pour les guérir par le seul mouvement de sa volonté, est l'image de celle qu'on doit avoir de la toute-puissance de sa grâce à guérir les âmes de la cupidité. *Luc.* 7, 7.

24.

Seigneur, je ne suis pas digne que vous entriez chez moi : mais dites seulement une parole, et mon âme sera guérie. Prière avant la communion.

Domine non sum dignus ut intres sub tectum meum, etc.

XV.

Dieu éclaire l'âme et la guérit, aussi bien que le corps, par sa seule volonté : il commande, et il est obéi. *Luc.* 18, 42.

25.

Comme le Père ressuscite les morts et leur rend la vie, ainsi le Fils donne la vie à qui il lui plaît. Jean. 5, 21.

XXVI.

Point de grâces que par la foi. *Luc.* 8, 48.

26.

Point de foi sans la grâce et point de grâce sans la foi. Aug. Hypogn. liv. 3. ch. 14.

XXVII.

La foi est la première grâce, et la source de toutes les autres. 2. *Pier.* 1, 3.

27.

Quelle est la grâce que nous avons reçue la première ? c'est la foi. Aug. tr. 3. sur S. J. n. 8.

XXVIII.

La première grâce que Dieu accorde au pécheur c'est le pardon de ses péchés. *Marc.* 11, 25.

28.

La première grâce qu'a reçue le pécheur, c'est que ses péchés lui fussent remis. Aug. tr. 3. sur S. Jean, n. 8.

XXIX.

Hors *de l'Église* point de grâce. *Luc.* 10, 35.

29.

Hors de l'Eglise catholique, il n'y a rien de saint. S. Léon Serm. 77.

XXX.

Tous ceux que Dieu veut sauver par J.-C. le sont infailliblement. *Jean.* 6, 40.

30.

Tous ceux que Dieu veut sauver le sont indubitablement. S. Fulg. de l'Inc. etc. n. 61.

XXXI.

Les souhaits de J.-C. ont toujours leur effet : il porte la paix jusqu'au fond des cœurs, quand il la leur désire. *Jean* 20, 19.

31.

Pour moi je sais que vous m'exaucez toujours. Jean. 11, 42.

XXXII.

Assujettissement volontaire, médicinal et divin de J.-C.... de se livrer à la mort, afin de délivrer pour jamais par son sang les aînés, c'est-à-dire les élus, de la main de l'Ange exterminateur. *Gal.* 4, 4.

32.

Dieu a choisi un certain nombre pour en composer le peuple qu'il a prédestiné à la vie éternelle, qu'il a élu en l'appelant selon le décret de sa volonté. S. Prosper. Lettre à Rufin, ch. 7.

XXXIII.

Combien faut-il avoir renoncé aux choses de la terre et à soi-même pour avoir la confiance de s'approprier, pour ainsi dire, J.-C., son

33.

Heureux et mille fois heureux qui peut dire, J.-C. vivant en lui; je vis en la foi du Fils de Dieu qui m'a aimé et qui s'est livré lui-

amour, sa mort, et ses mystères, comme fait saint Paul en disant : *Il m'a aimé, et s'est livré pour moi.* Gal. 2, 20.

XXXIV.

La grâce d'Adam... ne produisait que des mérites humains. 2. *Cor.* 5, 21.

XXXV.

La grâce d'Adam est une suite de la création, et était due à la nature saine et entière. 2. *Cor.* 5, 21.

XXXVI.

C'est une différence essentielle de la grâce d'Adam et de l'état d'innocence, d'avec la grâce chrétienne, que chacun aurait reçu la première en sa propre personne ; au lieu qu'on ne reçoit celle-ci qu'en la personne de J.-C. ressuscité à qui nous sommes unis. *Rom.* 7, 4.

XXXVII.

La grâce d'Adam le sanctifiant en lui-même, lui était proportionnée : la grâce chrétienne nous sanctifiant en J.-C. est toute-puissante, et digne du Fils de Dieu. *Ephes.* 1, 6.

34.

même à la mort pour moi. S. Jer. com. sur l'Ep. aux Gal. T. 4. Q. 247.

Qu'on ne nous parle plus des mérites humains, qui sont péris par le péché d'Adam : mais que la grâce de J.-C. triomphe maintenant. S. Aug. de la pr. des SS. c. 15, n. 31.

35.

Dieu a créé le premier homme avec une bonne volonté, lui donnant en même temps la nature et la grâce. Aug. de la C. de D. l. 13. c. 9.

36.

Toute la foi chrétienne consiste en deux hommes... dont l'un nous a perdus en lui-même, et l'autre nous a sauvés en lui-même. S. Aug. du péché orig. ch. 28.
Nous avons tout reçu de sa plénitude. Jean 1, 16.

37.

La grâce d'Adam était grande, mais différente de la nôtre. Nous avons besoin maintenant d'une grâce plus forte et plus puissante. S. August. livre de la correct. et de la gra. ch. 11.

XXXVIII.

Le pécheur n'est libre que pour le mal sans la grâce du Libérateur. *Luc.* 8, 29.

38.

Nul n'est libre pour le bien s'il n'est délivré par le Libérateur. S. Aug. l. 4. cont. les Pel.

XXXIX.

La volonté que *la grâce* ne prévient point n'a de lumière que pour s'égarer, d'ardeur que pour se précipiter, de force que pour se blesser : capable de tout mal, et impuissante à tout bien. *Matt.* 20, 3.

39.

La volonté muable de la créature qui n'est pas conduite par la volonté immuable du Créateur, se porte avec d'autant plus de cupidité au péché, qu'elle agit avec plus d'ardeur. Tr. de la voc. des Gent. liv. 1. ch. 6.

XL.

Sans laquelle *grâce de J.-C.* nous ne pouvons rien aimer qu'à notre condamnation. 2. *Thess.* 3. 18.

40.

Rien de tout ce que fait l'homme ne se fait bien s'il se fait sans charité. S. Aug. de la gr. et du lib. arb. ch. 18.

XLI.

Toute connaissance de Dieu, même naturelle, même dans les philosophes païens, ne peut venir que de Dieu. Sans la grâce elle ne produit qu'orgueil, que vanité, qu'opposition à Dieu même ; au lieu des sentiments d'adoration, de reconnaissance et d'amour. *Rom.* 1, 19.

41.

Quelque science et quelque connaissance de la loi que l'homme puisse avoir, il n'y a en lui, quand la grâce l'abandonne, que l'enflure trompeuse et pernicieuse de l'impiété et de l'orgueil, et point du tout de justice et de sainteté solide et véritable. S. Aug. Lettre 257. à Hil. n. 5.

XLII.

Il n'y a que la grâce de J.-C. qui rende l'homme propre au sacrifice de la foi :

42.

La justice des infidèles n'est point une justice ; parce que la nature n'a rien que d'impur sans cela rien qu'impureté, rien qu'indignité. *Act.* 11, 9.

XLIII.

Le premier effet de la grâce *du baptême* est de nous faire mourir au péché ; en sorte que l'esprit, le cœur, les sens n'aient non plus de vie pour le péché que ceux d'un mort pour les choses du monde. *Rom.* 6, 2.

XLIV.

Il n'y a que deux amours d'où naissent toutes nos volontés et toutes nos actions : l'amour qui fait tout pour Dieu et que Dieu récompense ; l'amour de nous-mêmes et du monde, qui ne rapporte pas à Dieu ce qui doit lui être rapporté, et qui par cette raison même devient mauvais. *Jean.* 2, 9.

XLV.

Quand l'amour de Dieu ne règne plus dans le cœur du pécheur, il est nécessaire que la cupidité charnelle y règne et corrompe toutes les actions. *Luc.* 15, 23.

XLVI.

La cupidité ou la charité rendent l'usage des sens bons ou mauvais. *Matt.* 5, 28.

et de souillé sans la grâce. S. Prosper Let. à Rufin. ch. 7.

43.

Nous avons été ensevelis en J.-C. par le baptême, pour mourir au péché ; afin que, comme J.-C. est ressuscité par la gloire de son Père, nous marchions aussi dans une nouvelle vie. Rom. 6, 4.

44.

Il y a deux amours d'où naissent tous les mouvements de la volonté humaine... Dans l'amour de Dieu il n'y a rien de trop ; dans l'amour du monde il n'y a rien que de mauvais. S. Léon serm. 88.

45.

La cupidité charnelle règne où l'amour de Dieu ne règne pas. S. Aug. Ench. ch. 117.

46.

Nos mœurs ne sont bonnes ou mauvaises que selon que nous sommes possédés d'un bon ou d'un mauvais amour. Aug. let. 155, à Mac.

XLVII.

L'obéissance à la loi doit couler de source, et cette source c'est la charité. Quand l'amour de Dieu en est le principe intérieur, et la gloire la fin, le dehors est net ; sans cela ce n'est qu'hypocrisie ou fausse justice. *Matt.* 23, 26.

47.

C'est par la charité seule qu'on obéit véritablement à Dieu... C'est être enflé d'une fausse justice que de croire bien faire ce qui ne se fait point par la charité. Aug. du don de persévér. ch. 16.

XLVIII.

Que peut-on être autre chose que ténèbres, qu'égarement et que péché, sans la lumière de la foi, sans J.-C., sans la charité. *Eph.* 5, 8.

48.

Toute âme privée de la lumière de J.-C. est dans l'aveuglement et dans les ténèbres. Aug. serm. 77, sur S. Matt.

XLIX.

Nul péché sans l'amour de nous-mêmes, comme nulle bonne œuvre sans l'amour de Dieu. *Marc.* 7, 22.

49.

Il n'y a rien de bon que ce qui se fait par la charité. S. Chrys. sur le ch. 10 de l'Ep. aux Heb. Tom. 6.

L.

C'est en vain qu'on crie à Dieu, *mon Père,* si ce n'est point l'esprit de charité qui crie. *Rom.* 8, 15.

50.

C'est nous qui crions ; mais nous ne crions que par ce divin Esprit, qui répand dans nos cœurs la charité, sans laquelle quiconque crie en vain. Aug. serm. 71. ch. 18.

LI.

La foi justifie quand elle opère : mais elle n'opère que par la charité. *Act.* 13, 39.

51.

Qu'est-ce que la foi qui n'opère pas par l'amour, sinon un cadavre sans mouvement ? S. Bern. serm. 24. sur le Cant.

LII.

Tous les autres moyens de salut sont renfermés dans la foi comme dans leur germe et leur semence : mais ce n'est pas une foi sans amour et sans confiance. *Act.* 10, 43.

52.

Il n'y a qu'une seule œuvre dans laquelle tout est renfermé : c'est la charité. Aug. sur le ps. 89. n. 17.

LIII.

La seule charité fait les actions chrétiennes chrétiennement par rapport à Dieu et à J.-C. *Col.* 3, 4.

53.

La charité seule opère le bien. Aug. Ep. 186.

LIV.

C'est la charité seule qui parle à Dieu : c'est elle seule que Dieu entend. 1. *Cor.* 13, 1

54.

C'est la charité qui gémit, c'est la charité qui prie. Celui qui nous l'a donnée ne saurait y fermer les oreilles. Aug. tr. 6. sur S. J.

LV.

Dieu ne couronne que la charité; qui court par un autre mouvement et un autre motif court en vain. 1. *Cor.* 9, 14.

55.

Quand j'aurais distribué tout mon bien pour nourrir les pauvres, et que j'aurais livré mon corps pour être brûlé; si je n'ai la charité, tout cela ne me sert de rien. 1. Cor. 13, 3.

LVI.

Dieu ne récompense que la charité, parce que la charité seule honore Dieu. *Matt.* 25, 36.

56.

Qu'est-ce qu'avoir de la piété, sinon servir Dieu ? Et comment le servir et l'honorer que par la charité. Aug. Ep. 167. n. 11.

LVII.

Tout manque à un pécheur quand l'espérance lui manque, et il n'y a point d'espérance en Dieu où il n'y a point d'amour de Dieu. *Matt. 27, 5.*

57.

L'amour n'est point sans espérance, ni l'espérance sans amour, ni l'un ni l'autre sans la foi. S. Aug. Man. à Laur. ch. 8.

LVIII.

Il n'y a ni Dieu ni religion, où il n'y a point de charité. *1. Jean. 4, 8.*

58.

C'est dans l'amour de Dieu que consiste le culte de Dieu. C'est la vraie religion. S. Aug. de la Cité de Dieu, liv. 10. ch. 3.

LIX.

La prière des impies est un nouveau péché ; et ce que Dieu leur accorde, un nouveau jugement sur eux. *Jean. 10, 25.*

59.

La prière de celui qui détourne ses oreilles pour ne pas entendre la loi, sera exécrable. Prov. 28, 9.

LX.

Si la seule crainte du supplice anime le repentir, plus ce repentir est violent, plus il conduit au désespoir. *Matt. 27, 5.*

60.

Quand la crainte est seule, elle est plus propre à porter le pécheur au désespoir qu'à contribuer à sa conversion. Conc. de Mayence. Instr. Chrét. p. 174.

LXI.

La crainte n'arrête que la main, et le cœur est livré au péché, tant que l'amour de la justice ne le conduit pas. *Luc. 20, 19.*

61.

L'ancienne Loi arrêtait la main et non la volonté ; parce que la volonté de celui qui par crainte s'abstient de pécher, ne renonce pas absolument au péché, comme y renonce la volonté de celui qui s'en abstient par amour de la justice. S. Thom. 1, 2. q. 2. Art. 1.

LXII.

Qui ne s'abstient du mal que par la crainte du châtiment, le commet dans son cœur, et est déjà coupable devant Dieu. *Matt.* 21, 46.

62.

Certainement celui-là est coupable dans le cœur, qui ne s'abstient de pécher que par la crainte, et non par la droiture de sa volonté. S. Aug. liv. 1. à Bonif. ch. 9.

LXIII.

Un baptisé est encore sous la loi comme un Juif, s'il n'accomplit pas la loi, ou s'il l'accomplit par la seule crainte. *Rom.* 6, 14.

63.

Si quelqu'un n'a pas l'esprit de J.-C. il n'est point à lui. Rom. 8, 9.

LXIV.

Sous la malédiction de la loi on ne fait jamais le bien, parce qu'on pèche ou en faisant le mal, ou en ne l'évitant que par la crainte. *Gal.* 5, 18.

64.

La loi sans la grâce fait des prévaricateurs, soit en faisant commettre le mal, si l'ardeur de la cupidité franchit les barrières de la crainte, soit en rendant au moins la volonté coupable si la crainte de la peine l'emporte sur l'attrait de la cupidité. Aug. de l'esp. etc. c. 1.

LXV.

Moïse et les prophètes, les prêtres et les docteurs de la loi sont morts sans donner d'enfants à Dieu, n'ayant fait que des esclaves par la crainte. *Marc.* 11, 9.

65.

La génération de Moïse n'engendre que des enfants de colère, celle de J.-C. engendre des enfants de grâce. S. Pierre Damien serm. 49, sur S. Matt.

LXVI.

Qui veut s'approcher de Dieu ne doit ni venir à lui avec des passions brutales, ni se conduire par un instinct naturel, ou par la crainte, comme les bêtes ; mais par la foi et par l'amour, comme les enfants. *Hebr.* 12, 20.

66.

Vous n'avez pas reçu un esprit de servitude pour vous conduire encore par la crainte ; mais vous avez reçu l'esprit d'adoption des enfants par lequel nous crions : mon Père, mon Père. Rom. 8, 15.

LXVII.

La crainte servile ne se représente *Dieu* que comme un maître impérieux, injuste, intraitable. *Luc.* 19, 21.

67.

Ils s'imaginent, ceux qui sont conduits par la crainte, *un Dieu sévère et inflexible, lui qui est si bon ; ils se le figurent dur et implacable, lui qui est plein de miséricorde ; ce Dieu aimable est à leurs yeux un Dieu cruel et terrible.* S. Bern. serm. 38. sur le Cant. n. 2.

LXVIII.

Quelle bonté de Dieu d'avoir ainsi abrégé la voie du salut en renfermant tout dans la foi et dans la prière ! *Act.* 2, 21.

68.

Quiconque invoquera le nom du Seigneur sera sauvé. Act. 2, 21. Joel 2, 32.

LXIX.

La foi, l'usage et l'accroissement de la foi ; tout est un don de votre pure libéralité. *Marc.* 9, 22.

69.

Qu'avez-vous que vous n'ayez reçu ? et si vous avez tout reçu, de quoi vous glorifiez-vous ? 1. Cor. 4, 7.

LXX.

Dieu n'afflige jamais des innocents ; et les afflictions

70.

Sous un Dieu juste, personne ne peut être malheureux

servent toujours, ou à punir le péché, ou à purifier le pécheur. *Jean.* 9, 3.

LXXI.

L'homme peut se dispen-ser, pour sa conservation, d'une loi que Dieu a faite pour son utilité. *Marc.* 2, 28.

LXXII.

Marques *et propriétés* de l'Église chrétienne. Elle est catholique, comprenant et tous les anges du ciel, et tous les élus, et les justes de la terre et de tous les siècles. *Hebr.* 12, 22.

LXXIII.

Qu'est-ce que l'Église, si-non l'assemblée des enfants de Dieu, demeurant dans son sein, adoptés en J.-C. subsistant en sa personne, rachetés de son sang, vivant de son esprit, agissant par sa grâce, et attendant la paix du siècle à venir ? 2. *Thess.* 1. 1.

LXXIV.

L'Église ou le Christ entier, qui a pour chef le Verbe incarné, et pour membres tous les Saints. 1. *Tim.* 3, 16.

71.

La nécessité n'a point de loi ; c'est pourquoi elle porte avec soi son excuse et sa dispense. S. Bern. des préc. et des disp. ch. 5.

72.

Vous vous êtes approchés de la montagne de Sion, de la Jérusalem céleste, d'une troupe innombrable d'anges, de l'assemblée des premiers nés qui sont écrits dans le ciel, de Dieu qui est le juge de tous, des esprits des justes qui sont dans la gloire. Hebr. 12, 22 et 23.

73.

L'Église consiste dans les fidèles qui sont gens de bien, et dans les saints serviteurs de Dieu répandus partout, et liés ensemble d'une unité spirituelle dans la même communion des sacrements. S.Aug. liv. 7 du Bat. ch. 31.

74.

Les Saints qui ont vécu avant la loi, sous la loi, et sous la grâce, tous les Saints qui sont les membres de l'Église, sont la plénitude du corps de J.-C. qui est l'Eglise. S. Greg. liv. 5. ep. 28. à Jean de Const.

LXXV.

Unité admirable de l'Église... C'est un seul homme composé de plusieurs membres, dont J.-C. est la tête, la vie, la subsistance et la personne... Un seul Christ composé de plusieurs Saints, dont il est le sanctificateur. *Ephes.* 2, 14.

75.

Nous ne sommes qu'un en J.-C. et avec lui nous ne sommes qu'un seul Christ... Quelle est donc la grandeur du chrétien, qui s'élève à un tel degré de perfection en J.-C. qu'il est J.-C. même en quelque sorte! S. Ans. Médit. 1. n. 6.

LXXVI.

Rien de si spacieux *que l'Église de Dieu,* puisque tous les élus et les justes de tous les siècles la composent. *Ephes.* 2, 22.

76.

Tous les Saints de tous les temps et de tous les siècles composent l'Église, et lui appartiennent. Aug. serm. 4. sur Jacob et Es. c. 11.

LXXVII.

Qui ne mène pas une vie digne d'un enfant de Dieu ou d'un membre de J.-C. cesse d'avoir intérieurement Dieu pour Père et J.-C. pour chef. 1. *Jean.* 2, 22.

77.

Tous ceux qui sont poussés par l'Esprit de Dieu sont enfants de Dieu. Rom. 8, 14.

LXXVIII.

Le peuple juif était la figure du peuple élu dont J.-C. est le chef... On s'en retranche aussi bien en ne vivant pas selon l'Évangile qu'en ne croyant pas à l'Évangile. *Act.* 3, 23.

78.

J.-C. est le chef du corps de l'Eglise, le principe, le premier né d'entre les morts, afin qu'il soit le premier en tout. Coloss. 1. 18.

LXXIX.

Il est utile et nécessaire en tout temps, en tous lieux, et à toutes sortes de personnes, d'étudier l'Écriture et d'en connaître l'esprit, la piété et les mystères. 1. *Cor.* 14, 5.

79.

Il est utile et nécessaire que chacun apprenne des Ecritures divines ce qui est propre à son état, et pour s'affermir davantage dans la piété, et pour ne point se laisser emporter par les maximes du monde. S. Bas. Reg. abr.

LXXX.

La lecture de l'Écriture sainte est pour tout le monde. *Act.* 8, 28.

80.

L'Ecriture sainte est généralement proposée à tous. S. Thomas Part. 1. q. 1, 1.

LXXXI.

L'obscurité sainte de la parole de Dieu n'est pas aux laïques une raison pour se dispenser de la lire. *Act.* 8, 31.

81.

Quoi qu'il se trouve dans les Livres sacrés plusieurs choses obscures, et que vous avez de la peine à entendre, ne cessez point de vous y appliquer ; cette obscurité exerce votre esprit. S. Prosper Epigr. 70.

LXXXII.

Le dimanche doit être sanctifié par des lectures de piété et surtout des saintes Écritures. C'est le lait du chrétien, et que Dieu même qui connaît son œuvre lui a donné. Il est dangereux de l'en vouloir sevrer. *Act.* 15, 13.

82.

Ce n'est pas un péché léger quand on néglige de s'appliquer à de saintes lectures et à la prière le jour de dimanche : vous pouvez lire, ou vous faire lire dans vos maisons les écrits des Prophètes et l'Évangile. S. Césaire hom. 12.

LXXXIII.

C'est une illusion de s'ima-

83.

La seule chose que je vous

giner que la connaissance des mystères de la religion ne doive pas être communiquée au sexe par la lecture des Livres saints... Ce n'est pas de la simplicité des femmes, mais de la science orgueilleuse des hommes que sont nées les hérésies. *Jean.* 4, 25.

conseille, et que je vous recommande préférablement à toute autre, c'est d'aimer l'Écriture sainte, et de vous appliquer à la lire... que ce soient-là vos perles et vos diamants, portez-les toujours sur votre sein et à vos oreilles. S. Jérome Épit. 97. à la vierge Démétriade.

LXXXIV.

C'est fermer aux chrétiens *la bouche de* J.-C. que de leur arracher des mains ce Livre saint ou de le leur tenir fermé en leur ôtant le moyen de l'entendre. *Matt.* 5, 2.

84.

L'Évangile est la bouche de J.-C. quoiqu'il soit dans le ciel, il ne laisse pas de parler continuellement sur la terre. S. Aug. serm. 85. sur le temps.

LXXXV.

Interdire la lecture. *de l'Écriture*, et particulièrement de l'Évangile, aux chrétiens, c'est interdire l'usage de la lumière aux enfants de la lumière et leur faire souffrir une espèce d'excommunication. *Luc.* 11, 32, 33.

85.

Votre parole est une lampe qui éclaire mes pieds, et une lumière qui me fait voir les sentiers où je dois marcher. Ps. 118, 105.

LXXXVI.

Ravir *au simple peuple* la consolation d'unir sa voix à celle de toute l'Église, c'est un usage contraire à la pratique apostolique et au dessein de Dieu. 1. *Cor.* 14, 16.

86.

L'Église peut être comparée à la mer... Le chant des hommes, des femmes, des vierges, des petits enfants, forme un accord semblable au bruit retentissant des eaux. S. Ambr. L. 3. de l'ouvrage des six jours, ch. 5.

LXXXVII.

C'est une conduite pleine de sagesse, de lumière et de charité, de donner aux âmes le temps de porter avec humilité et de sentir le poids du péché ; de demander l'esprit de pénitence et de contrition et de commencer au moins à satisfaire à la justice de Dieu, avant que de les réconcilier. *Act.* 9, 9.

87.

C'est une conduite qu'il faut soigneusement observer, de faire précéder les exercices intérieurs et extérieurs de la pénitence avant l'absolution... Il n'y a qu'un impie qui puisse condamner cette sévérité. Le cardinal d'Aguirre, différ. sur les Can. 11 et 12 du 3. Conc. de Tol. dans laquelle il cite S. Cyp., S. Léon etc.

LXXXVIII.

On ne sait ce que c'est que le péché et la vraie pénitence, quand on veut être rétabli d'abord dans la possession des biens dont le péché nous a dépouillés, et qu'on ne veut point porter la confusion de cette séparation. *Luc.* 17, 11.

88.

Plusieurs de ceux qui demandent la pénitence veulent être d'abord rétablis dans la communion. Ces sortes de pénitents cherchent bien moins à être déliés qu'à lier le prêtre même. S. Ambr. Liv. 2. de la pénit. ch. 4.

LXXXIX.

Le quatorzième degré de la conversion du pécheur est, qu'étant réconcilié, il a droit d'assister au sacrifice de l'Église. *Luc.* 15, 23.

89.

N'entendez-vous pas celui qui dit à haute voix, avant le saint sacrifice : *que tous ceux qui sont en pénitence sortent de l'Église.* S. Chrysost. Hom. 2 sur l'Ep. aux Éphes.

XC.

C'est l'Église qui a l'autorité *de l'excommunication*, pour l'exercer par les premiers pasteurs, du consentement au moins présumé de tout le corps. *Matt.* 18, 17.

90.

C'est l'Église qui a reçu de J.-C. le pouvoir de lier et de délier en la personne de saint Pierre. S. Aug. Traité 124. sur S. Jean.

XCI.

La crainte d'une excommunication injuste ne doit jamais nous empêcher de faire notre devoir... On ne sort jamais de l'Église, lors même qu'il semble qu'on en soit banni par la méchanceté des hommes, quand on est attaché à Dieu, à J.-C. et à l'Église même par la charité. *Jean. 9, 22.*

XCII.

C'est imiter saint Paul que de souffrir en paix l'excommunication et l'anathème injuste, plutôt que de trahir la vérité, loin de s'élever contre l'autorité, ou de rompre l'unité. *Rom. 9, 3.*

XCIII.

Jésus guérit quelquefois les blessures que la précipitation des premiers pasteurs fait sans son ordre. Il rétablit ce qu'ils retranchent par un zèle inconsidéré. *Jean. 18, 11.*

XCIV.

Rien ne donne une plus

91.

Il faut plutôt obéir à Dieu qu'aux hommes. Act. 5, 29.
Elle doit souffrir l'excommunication, plutôt que de commettre une action contraire à la loi de Dieu, à sa conscience et à son devoir. Innoc. III. C. *Litteras.* De rest. spol. *parlant d'une femme injustement excommuniée.*

92.

La providence divine permet souvent que les gens de bien même soient chassés de la communion de l'Église par des schismes et des tumultes que des hommes charnels excitent contre eux. Ces personnes doivent souffrir patiemment cette ignominie et cette injustice : elles ne doivent point se porter à des nouveautés, ni former aucun schisme. S. Aug. de la vér. Rel. chap. 6.

93.

Si un évêque vient à user du droit de lier et de délier contre l'intention de Dieu, Dieu n'a garde de suivre sa passion et de ratifier ce qu'il a fait. S. Nicon T. 5. de la Bibl. des pères p. 228.

94.

Ils font craindre le grand

mauvaise opinion de l'Église à ses ennemis, que d'y voir dominer sur la foi des fidèles, et y entretenir des divisions pour des choses qui ne blessent ni la foi ni les mœurs. *Rom.* 14, 16.

pouvoir que leur donne leur dignité. Ils affectent de faire connaître qu'ils sont les maîtres. Ils changent en une altière domination une charge qui est toute d'humilité. S. Greg. Hom. 17. sur les Ev.

XCV.

Les vérités sont devenues comme une langue étrangère à la plupart des chrétiens ; et la manière de les prêcher est comme un langage inconnu, tant elle est éloignée de la simplicité des apôtres, et au-dessus de la portée du commun des fidèles ; et on ne fait pas réflexion que ce déchet est une des marques les plus sensibles de la vieillesse de l'Église, et de la colère de Dieu sur ses enfants. 1. Cor. 14.

95.

L'Eglise étant tombée dans ces derniers jours, comme dans une vieillesse caduque, ne pourra plus engendrer des enfants sipirituels par la prédication. Ce n'est pas qu'après ces jours de débilité et de vieillesse, elle ne reprenne à la fin des temps une vigueur et une force nouvelle par la prédication efficace et puissante de la parole de Dieu. S. Greg. Liv. 19. de ses Morales n. 15.

XCVI.

Dieu permet que toutes les puissances soient contraires aux prédicateurs de la vérité, afin que la victoire ne puisse être attribuée qu'à sa grâce. *Act.* 17, 8.

96.

Il faut gémir de la misère et de l'erreur de notre siècle, ou l'on croit que Dieu a besoin de la protection des hommes, et on recherche la puissance du siècle pour défendre l'Eglise de J.-C. S. Hil. Tr. contre Auxence.

XCVII.

Il n'arrive que trop souvent que les membres le plus saintement, et le plus

97.

Dans les derniers temps l'Église sera publiquement exposée aux railleries et aux

étroitement unis à l'Église, sont regardés et traités comme indignes d'y être, ou comme en étant déjà séparés : mais le juste vit de la foi, et non pas de l'opinion des hommes. *Act.* 4, 11.

outrages des méchants, et l'iniquité étant arrivée à son comble, la foi tournera à honte et la vérité à crime. En effet on sera alors d'autant plus méprisé que l'on sera plus juste. S. Greg. Mor. sur Job. Liv. 20. ch. 18.

XCVIII.

L'état d'être persécuté et de souffrir comme un hérétique, un méchant, un impie, est ordinairement la dernière épreuve et la plus méritoire, comme celle qui donne plus de conformité à J.-C. *Luc.* 22, 37.

98.

Un chrétien ne manque jamais d'être persécuté comme J.-C. mais ce qu'il y a de plus déplorable, c'est que dans ce temps malheureux ce sont les chrétiens qui persécutent J.-C. Hélas ! Seigneur, ceux-là sont les plus ardents persécuteurs de vos serviteurs qui occupent dans votre Église les premières places. S. Bernard. Serm. de la conv. de saint Paul. n. 3.

XCIX.

L'entêtement, la prévention, l'obstination à ne vouloir ni rien examiner, ni reconnaître qu'on s'est trompé, changent tous les jours en odeur de mort à l'égard de bien des gens ce que Dieu a mis dans son Église pour y être une odeur de vie ; comme les bons livres, les instructions, les saints exemples, etc. 2. *Cor.* 2, 16.

99.

O temps, ô mœurs, ô siècle de fer, ou l'or est changé en écume ; temps ou les pierres du sanctuaire sont renversées dans les places publiques ; où tel est le peuple tel est le prêtre ! Les évêques qui devraient conduire les âmes à Dieu, s'appliquent maintenant à chercher les moyens pour les éloigner du service de Dieu. et à aveugler les hommes par les ténèbres des dogmes pervers. S. Pierre Dam. opusc. 15 ch. 3.

C.

Temps déplorable, où on croit honorer Dieu en persécutant la vérité et ses disciples ! Ce temps est venu... Être regardé et traité par ceux qui en sont les ministres *de la religion* comme un impie, indigne de tout commerce avec Dieu, comme un membre pourri, capable de tout corrompre dans la société des Saints ; c'est pour les personnes pieuses une mort plus terrible que celle du corps. En vain on se flatte de la pureté de ses intentions en poursuivant des gens de bien à feu et à sang si on est aveuglé par sa propre passion ou emporté par celle des autres, faute de vouloir rien examiner. On croit souvent sacrifier à Dieu un impie et on sacrifie au diable un serviteur de Dieu. *Jean.* 16, 2.

CI.

Rien n'est plus contraire à l'esprit de Dieu et à la doctrine de J.-C. que de rendre communs les serments dans l'Église ; parce que c'est multiplier les occasions des parjures, dresser des pièges aux faibles et aux ignorants, et faire quelquefois servir le nom et la vérité de Dieu aux desseins des méchants. *Matt.* 5, 37.

100.

Qu'on ne s'étonne pas si ce pape s'élève avec tant de véhémence contre un évêque dont la sainteté fut si hautement reconnue depuis. Il est facile qu'en des contestations et des procès toutes sortes de personnes se trompent. Et c'est aussi ce qui arriva à saint Léon, lorsqu'il parla avec tant d'aigreur contre saint Hilaire. Qui ne sait, qu'il arrive souvent qu'on remplit les oreilles des papes de fausses accusations et de rapports propres à les surprendre et qu'ils persécutent un innocent lorsqu'ils pensent ne rien faire que de juste ? Baronius sur l'an 464.

101.

Ne jurez jamais; si vous ne jurez jamais, jamais vous ne ferez de faux serments... Il est toujours dangereux de jurer. L'usage fréquent des serments conduit l'homme au parjure. Dans les œuvres de S. Bern. T. 2. p. 854.

SUITE DE LA BULLE

A ces causes, après avoir reçu, tant de vive voix que par écrit, les suffrages des susdits cardinaux et de plusieurs autres théologiens, et après avoir ardemment imploré le secours du ciel par des prières particulières que nous avons faites, et par des prières publiques que nous avons ordonnées à cette intention, Nous déclarons par la présente constitution, qui doit avoir son effet à perpétuité, que nous condamnons et réprouvons toutes et chacune des propositions ci-dessus rapportées, comme étant respectivement fausses, captieuses, malsonnantes, capables de blesser les oreilles pieuses, scandaleuses, pernicieuses, téméraires, injurieuses à l'Église et à ses usages, outrageantes, non seulement pour elle, mais pour les puissances séculières ; séditieuses, impies, blasphématoires, suspectes d'hérésie, sentant l'hérésie, favorables aux hérétiques, aux hérésies et au schisme ; erronées, approchantes de l'hérésie, et souvent condamnées ; enfin comme hérétiques, et comme renouvelant diverses hérésies, principalement celles qui sont contenues dans les fameuses propositions de Jansénius, prises dans le sens qu'elles ont été condamnées.

Nous défendons à tous les fidèles de l'un et de l'autre sexe de penser, d'enseigner ou de parler sur lesdites propositions, autrement qu'il n'est porté dans cette Constitution ; en sorte que quiconque enseignerait ou mettrait au jour ces propositions, ou quelques-unes d'entre elles, soit conjointement. soit séparément, ou qui en traiterait, même par manière de dispute, en public, ou en particulier, si ce n'est peut-être pour les combattre, encourre *ipso facto*, et sans qu'il soit besoin d'autre déclaration, les censures ecclésiastiques et les autres peines portées de droit contre ceux qui font de semblables choses.

Pour toutes ces raisons, en vertu de l'autorité Apostolique, nous défendons de nouveau par ces présentes, et condamnons derechef ledit livre, sous quelque titre et en quelque langue qu'il ait été imprimé ; de quelque édition, et en quelque version qu'il ait paru ou qu'il puisse paraître dans la suite (ce qu'à

Dieu ne plaise) nous le condamnons comme étant très capable de séduire les âmes simples par des paroles pleines de douceur et par des bénédictions, ainsi que s'exprime l'apôtre, c'est-à-dire par les apparences d'une instruction remplie de piété. Nous condamnons tous les autres livres ou libelles, soit imprimés, ou (ce qu'à Dieu ne plaise) qui pourraient s'imprimer dans la suite pour la défense dudit livre. Nous défendons à tous les fidèles de les lire, de les copier, de les retenir, et d'en faire usage, sous peine d'excommunication, qui sera encourue *ipso facto* par les contrevenants.

Nous ordonnons de plus à nos vénérables Frères les patriarches, archevêques, évêques et autres ordinaires des lieux comme aussi aux inquisiteurs de l'hérésie, de réprimer et de contraindre par les censures, par les peines susdites et par tous les autres remèdes de droit et de fait, ceux qui ne voudraient pas obéir et même d'implorer pour cela, s'il est besoin, le secours du bras séculier.

Que personne donc ne se donne la licence d'enfreindre en aucune manière les déclaration, condamnation, ordonnance et défense que dessus, et n'ait la témérité de s'y opposer. Que si quelqu'un ose commettre cet attentat qu'il sache qu'il encourra l'indignation du Dieu Tout-Puissant et des Bienheureux Apôtres saint Pierre et saint Paul.

Donné à Rome, le 8 septembre 1713.

III

La Bulle Unigenitus et le pape Clément XI
(Archives du Vatican)

————

Extrait des trois registres contenant les procès-verbaux des congrégations tenues pour l'examen des 155 propositions tirées du livre des Réflexions morales et dénoncées à Rome.

Jugement du pape Clément XI relevé d'après le résumé qu'en a fait son secrétaire, résumé qui est en tête du premier des trois volumes... — Les propositions sont rangées selon l'ordre où elles se trouvent rangées dans la Bulle.

————

1. Quid aliud remanet. Hæretica.
2. J.-C. gratia....... Prout jacet, hæretica, ex contextu suspecta de hæresi et illi proxima.
3. In vanum Domine. Male sonans et piarum aurium offensiva.
4. Et a Domino...... Ad minimum suspecta de hæresi.
5. Quando Deus..... Impia, erronea, perniciosa in praxi et piarum aurium offensiva.
6. Discrimen inter... Impia, blasphema, erronea et hæresi proxima.
7. Quæ utilitas...... Impia, blasphema, erronea et hæresi proxima.
8. Nos non perterremus Erronea.

9. Gratia Christi..... Suspecta de hæresi.
10. Gratia est operatio. Ad minimum suspecta de hæresi.
11. Gratia non est aliud Hæretica.
12. Quando Deus vult
salvare .... Suspecta de hæresi, nisi tamen sint ipsissima verba S. Prosperi, ut dixit D. Cardinalis Sancti Clementis in suo voto ; quod est videndum.

13. Quando Deus vult
animam .... Sanctitas suspendit judicium suum.

14. Quantumcumque re-
motus .... Male sonans et suspecta de hæresi.

15. Quando Deus vult
mandatum ..... Suspecta de hæresi et illi proxima.

16. Nullæ sunt illecebræ Suspecta de hæresi.
17. Gratia est vox illa,.. Erronea et sapiens hæresim.
18. Semen verbi quod
Deus .... Hæretica vel saltem suspecta de hæresi.
19. Dei gratia nihil aliud Prout jacet et relative ad alias suspecta de hæresi.
20. Vera gratia idem est Hæretica.
21. Gratia Jesu Christi. Suspecta de hæresi.
22. Concordia omnipo-
tentis .... Dimittenda.
23. Deus ipse nobis... Dubia.
24. Justa idœa....... Suspecta de hæresi.
25. Deus illuminat...,. Suspecta de hæresi.
26. Nullæ dantur gra-
tiæ ....
27. Fides est prima gra-
tia .... } Le Saint-Père avait d'abord passé ces deux propositions ; depuis il a jugé à propos de les insérer dans sa Bulle.

28. Prima gratia quam
Deus .... Suspecta de hæresi.
29. Extra Ecclesiam .. Ad minimum erronea.

30. Omnes quos Deus.. — Suspecta de hæresi et hæresi proxima.

31. Desideria Christi... — Erronea et hæresi proxima.

32. J.-C. se morti tradidit .... — Male sonans et suspecta de hæresi.

33. Proh! quantum oportet .... — Posse omitti.

34. Gratia Adami non. — Erronea, et damnata in Baio.

35. Gratia Adami est sequela .... — Temeraria, erronea, sapiens hæresim pelagianam et damnata in Baio.

36. Differentia essentialis .... — Male sonans et hæresim sapiens.

37. Gratia Adami sanctificando .... — Sapiens hæresim.

38. Peccator non est liber............ — Erronea et damnata in Baio.

39. Voluntas quam gratia .... — Erronea, damnata in Baio et hæresi proxima.

40. Sine gratia nihil amare .... — Erronea, hæresi proxima et damnata in Baio.

41. Omnis cognitio Dei. — Erronea et damnata in Baio.

42. Sola gratia Dei.... — Erronea et damnata in Baio.

43. Primus effectus gratiæ .... — Suspecta de hæresi et saltem male sonans.

44. Non sunt nisi duo amores .... — Erronea et pluries damnata.

45. Amore Dei in corde. — Erronea et pluries damnata.

46. Cupiditas aut caritas — Erronea et pluries damnata.

47. Obedientia legis... — Erronea et damnata in Baio.

48. Quid aliud esse possumus .... — Suspecta de hæresi.

49. Ut nullum peccatum est .... — Erronea et alias damnata.

50. Frustra clamamus. — Perniciosa in praxi et piarum aurium offensiva.

51. Fides justificat....	Suspecta de hæresi.
52. Omnia alia salutis.	Erronea.
53. Sola caritas christiani	Male sonans et suspecta de errore.
54. Sola caritas est....	Scandalosa, temeraria, impia et erronea.
55. Deus non coronat..	Male sonans, suspecta de hæresi, ac virtutibus christianis injuriosa.
56. Deus non remunerat	Erronea et scandalosa.
57. Totum deest peccatori	Erronea.
58. Nec Deus est nec religio	Male sonans et suspecta, sed valde cogitandum an sit recensenda inter alias in Constitutione damnandas.
59. Oratio impiorum...	Impia, scandalosa, temeraria et erronea.
60. Si solus supplicii timor	Impia, erronea et hæresi proxima
61. Timor non nisi manum	Suspecta de hæresi, sed cogitandum an sit recensenda inter alias in Constitutione ponendas.
62. Qui a malo non abstinet	Erronea et hæresi proxima, sed valde cogitandum an sit referenda inter alias in Constitutione damnandas.
63. Baptizatus adhuc est	Vel dimittenda, vel censuranda tantum ut male sonans.
64. Sub maledicto legis.	Impia, erronea et hæresi proxima
65. Moyses, prophetæ..	Male sonans, piarum aurium offensiva et scandalosa.
66. Qui vult Deo appropinquare	Erronea, scandalosa et suspecta de hæresi.

67. Timor servilis non sibi .... Impia, blasphema, et hæretica.

68. Dei bonitas abbreviavit .... Periculosa, male sonans et suspecta.

69. Fides, usus augmentum .... Erronea, favens hæresi et periculosa in fide.

70. Nunquam Deus affliget .... Erronea.

71. Homo ob sui conservationem .... Scandalosa et perniciosa in praxi.

72. Nota Ecclesiæ christianæ........... Hæretica.

73. Quid est Ecclesia.. Hæretica.

74. Ecclesia, sive integer. Hæretica.

75. Ecclesia est unus.. Ex antecedentibus et consequentibus hæretica.

76. Nihil spatiosius.... Hæretica.

77. Qui non ducit vitam Suspecta de hæresi.

78. Separatur quis a populo............ Vel dimittenda, quia agitur de errore clarius expresso et damnato in aliis propositionibus, vel tantum censuranda tanquam suspecta de hæresi.

79. Utile et necessarium est .... Temeraria, scandalosa, injuriosa Ecclesiæ, perniciosa in praxi, erronea ac hæreticis et hæresibus favens.

80. Lectio sacræ Scripturæ .... Injuriosa Ecclesiæ, temeraria, scandalosa, seditiosa, ac hæreticis et hæresibus favens.

81. Obscuritas sancti verbi .... Prætermisit sanctissimus Dominus noster ut dubiam.

82. Dies dominicus.... Vel omittenda, vel ad summum censuranda ut suspecta de errore in propositionibus præ-

83. Est illusio sibi persuadere ....

84. Abripere christianorum manibus...

85. Interdicere christianis ....

86. Eripere simplici populo...........

87. Modus plenus sapientia ....

88. Ignoramus quid sit.

89. Quatuordecimus gradus ....

90. Ecclesia auctoritatem ....

91. Excommunicationis injustæ ....

92. Pati potius in pace.

93. Jesus quandoque sanat ....

94. Nihil pejorem de Ecclesia ....

cedentibus clarius contento, et periculosa in praxi.

Periculosa et seditiosa.

Captiosa, temeraria, injuriosa Ecclesiæ et hæreticis favens.

Temeraria, erronea, injuriosa Ecclesiæ et hæreticis favens.

Temeraria, injuriosa Ecclesiæ et ejus praxi, ac favens praxi hæreticorum.

Temeraria, male sonans, perniciosa in praxi, et inducens in errores alias damnatas.

Erronea, temeraria, scandalosa, perniciosa in praxi, Ecclesiæ et pœnitentibus injuriosa.

Scandalosa, temeraria et erronea.

Scandalosa, erronea, schismati favens et sapiens hæresim.

Periculosa, suspecta, scandalosa et favens schismati.

Scandalosa, temeraria, injuriosa in sanctum Paulum, et favens schismati.

Injuriosa Ecclesiæ, scandalosa, perniciosa in praxi et schismati favens.

Temeraria, seditiosa, contumelliosa Ecclesiæ ac favens hæreticis et hæresibus.

95. Veritates eo devenerunt.......... Temeraria et contumeliosa Ecclesiæ.

96. Deus permittit ut omnes .... Impia, scandalosa, blasphema, injuriosa utrique potestati, scilicet tam ecclesiasticæ quam sæculari, ac favens hæreticis et hæresibus.

97. Nimis sœpe continget .... Sanctitas sua existimavit hanc propositionem in sensu auctoris damnandam esse ut temerariam et maxime injuriosam Ecclesiæ, sed prout jacet posse omitti.

98. Status persecutionis. Temeraria, scandalosa, contumeliosa in Ecclesiam et hæreticis favens.

99. Pervicacia, præventio .... Temeraria, injuriosa Ecclesiæ ac conscientiarum relaxativa.

100. Tempus deplorabile. Temeraria, scandalosa, contumeliosa Ecclesiæ, ac erroribus jam damnatis favens.

101. Nihil spiritui Dei.. Temeria, injuriosa Ecclesiæ, ac favens hæreticis et hæresibus.

TABLE DES MATIERES

APPENDICES

TABLE ALPHABÉTIQUE

Les chiffres romains renvoient au tome; les chiffres arabes à la page.
Les chiffres en caractères gras indiquent le passage où il est plus
particulièrement question du personnage cité ou du fait relaté.

Gazier, Augustin 2
Histoire générale du